이 믿음에 거하라

이 믿음에 거하라
- 사도행전 강해 6

지은이 · 김홍전
펴낸이 · 김명순
초판 1쇄 · 2009년 5월 20일
초판 2쇄 · 2015년 5월 29일

펴낸곳 · 성약출판사
등록 · 제3-607호
주소 · 서울시 용산구 한강대로 104길 14 (우 140-821)
전화 · 02-754-8319
팩스 · 02-775-4063
홈페이지 · http://sybook.org
이메일 · sybook@sybook.org

ⓒ 성약출판사 2009

값 11,000원
잘못된 책은 바꾸어 드립니다

ISBN 978-89-7040-073-0
ISBN 978-89-7040-914-6 (전9권)

Remain True to the Faith
- Expositions on Acts, Vol. VI
by Hong Chun Kim
ⓒSungyak Press 2009

Printed in Korea

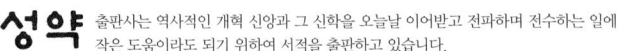
성약 출판사는 역사적인 개혁 신앙과 그 신학을 오늘날 이어받고 전파하며 전수하는 일에 작은 도움이라도 되기 위하여 서적을 출판하고 있습니다.

이 믿음에 거하라

신학박사 김홍전 지음

성약

일러두기

1. 이 책에서 성경 말씀을 인용할 때에는 주로 "개역 한글판 성경전서"(1961년 대한성서공회 발행)를 사용하였습니다. 그러나 설명의 편의를 위해서 구역(舊譯)을 인용하기도 하고, 낱말이나 구절을 다시 번역하거나 설명을 더하는 일을 제한하지 않았습니다.

2. 이 개역 한글판에 따르면 성삼위의 한 위(位)의 성호(聖號)인 '성신'(聖神)은 구약전서에만 보존되고 신약전서에서는 '성령'(聖靈)으로 바뀌었습니다. 이 책에서는 구역(舊譯)에 사용되었고 개역(改譯)의 구약전서에 보존되어 있으며 한국 교회에서 60년대까지 널리 사용되던 성호인 '성신'을 사용하였습니다. 이 성호가 신·구약의 성구나 설명문에 나올 때에 '성령'으로 고쳐 읽으시는 것은 독자의 자유입니다.

발행인의 서문

저자는 계시로서 사도행전이 가진 의미와 사도행전을 살펴 나갈 때 어떤 관점으로 보는 것이 옳은지를 강설 가운데에서 다음과 같이 가르쳐 줍니다.

"하나님께서 인생을 내시고 사명을 주셔서 하나님의 뜻대로 도달하기를 바라시는 어떤 거룩한 목표와 경계(境界)를 만들어 주시고 그것을 다 마련해 주셨지만, 사람은 하나님께서 도달하기를 원하시던 데로 간 것이 아니라 그 반대의 길로 제 마음대로 타락해 나갔습니다. 그 후에 인류가 퍼진 다음에 하나님께서 인생을 지으신 본의를 이루시기 위해 사람들을 건져 내시는 크신 경영 혹은 경륜을 나타내 보이셨는데……마침내 이 모든 날 마지막에 하나님께서는……마지막 날들이라는 한 역사(歷史) 시기를 정하시고, 그 역사 시기의 시초에 하나님의 위대한 구원의 심오한 경륜과 깊고 중요한 것들을 사람이 더 이상 알 수 없을 만큼 잘 드러내도록 계시하셨습니다.……즉 예수님이 십자가에 달려 돌아가시고 부활하시고 승천하셨다는 이 전고(前古)에 없고 다시없을 위대한 사실이 발생했고, 그와 동시에 필연적으로 그가 십자가에 돌아가시고 부활하시고 승천하신 사실의 큰 목적이 구체적으로 나타나는데, 그 사실의 큰 목적이 나타나는 구체적인 현현(顯現)이 신약의 교회라는 형식입니다. 그와 동시에 신령한 중보자시요 왕이신 예수 그리스도의 통치를 받는 은혜의 왕국, 레그눔 그라티아에(regnum gratiae)의 시대가 시작되었습니다.……이것의 최초의 역사, 한 세대의 역사가 사도행전의 이야기입니다. 사도행전을 볼 때 그러한 관점으로 보는 것이 옳습니다. 즉 하나님의 거룩하신 구원의 경륜의 큰 사실이 충만한 형식과 심오한 형식을 취하여 나타나는 최초의 30년 어간의 한 세대의 역사적 사실이 사도행전의 이야기입니다. 이것이 사도행전이 가지고 있는 큰 의미인데, 그런 것을 보이실 때에 거기에 있는 인간들의 생활을 구체적으로 보여 주시면서 이 인간들의 사회의 움직임이라는 형식을 취해서 보여 주셨습니다. 다른 말로 하면, 보이지 않는 신령한 보편의 교회의 실체가 어떤 보이는 형식으로 나타나고자 할 때 취하는 것은 하나의 종교 단체 혹은 사회 형태인 것입니다. 여기 사도행전에도 그러한 사람들의 모임으로 된 사회의 형태가 구체적인 현상으로 드러나 있습니다"(제1권의 제1강 중에서).

저자는 이런 관점으로 성약교회의 출범 초기부터 시차를 두고 사도행전 전체의 내용을 연속적으로 강설하였습니다. 1964년 1월 5일부터 1966년 9월 28일까지 118회에 걸쳐 1장부터 16장까지 강설하였고, 1974년 2월 27일부터 10월 30일까지는 30회에 걸쳐 1장부터 13장까지 다시 가르쳤습니다. 또한 1980년 8월 31일부터 1981년 3월 15일까지는 17장부터 28장까지 28회에 걸쳐 주일 오전에 강설하였습니다. 그 밖에도 부분적으로 몇 차례에 걸쳐 사도행전을 설교하였습니다. 이들 가운데 녹음하여 보존된 123회에 달하는 강설들을 성경 본문의 차례에 따라 편집하여 차례로 출간하려고 합니다.

이제 그 여섯째 권을 내놓게 되었습니다. 은혜의 왕국의 왕이신 예수님께서 여전히 다스리고 계심을 믿는 그의 백성들인 독자 제위께서 이 책을 통하여 그리스도께서 은혜의 왕국을 땅 위에 세우시고 경영하신 최초의 시대의 역사를 올바로 깨달아 알기 원하며, 그리하여 우리 시대에도 한결같이 그 나라의 성격을 확연히 드러낼 수 있기를 구주 예수님께 빌어 마지않습니다.

2009년 5월 15일

목 차

일러두기 · 4
서문 · 5

제1강 　복음을 바르고 깊이 있고 담대하게 선포함
　　　　복습: 제1차 전도 여행의 행로 · 15
　　　　바울 사도의 다양한 경험과 주님의 인도 · 17
　　　　사람들의 숭배를 받는 위험 · 19
　　　　사람이 교회의 부패를 막을 수 있는가 · 22
　　　　복음은 타협을 용인하지 않음 · 25
　　　　복음을 바르고 깊이 있고 담대하게 선포함 · 30
　　　　1차 여행의 귀로: 박해를 받았던 곳으로 다시 돌아감 · 35
　　　　기도 (1966. 6. 1. 수요일) · 38

제2강 　바울 사도는 왜 왔던 길로 되돌아갔는가
　　　　복습: 제1차 전도 여행의 행로와 귀로 · 43
　　　　어려운 귀로를 택한 이유: 선포한 복음을 해명함 · 45
　　　　바울 사도의 모범과 한국 교회의 그릇된 현실 · 52
　　　　충만한 지식으로 승리의 생활을 하게 함 · 59
　　　　기도 (1966. 6. 8. 수요일) · 60

제3강　전도 여행 가운데 위대한 신학을 수립함 (1)
　　　　어려운 귀로를 택한 이유: 마음을 굳게 하여 믿음에 거하라 권함 · 66
　　　　교회를 조직함 · 68
　　　　바울 신학의 수립 · 75
　　　　인식론과 경험론 · 78
　　　　산업 사회의 병폐와 실존주의 철학과 자유주의 신학 · 81
　　　　전도 여행 가운데 수립한 위대한 신학 · 86
　　　　기도 (1966. 6. 22. 수요일) · 91

제4강　전도 여행 가운데 위대한 신학을 수립함 (2)
　　　　바울 신학의 배경과 위대성 · 96
　　　　바울 신학의 구성과 전도 여행의 관련성 · 103
　　　　바울 선생이 받은 계시 · 110
　　　　안디옥 교회에 돌아와서 보고함 · 117
　　　　하나님 나라에 들어가려면 많은 환난을 겪어야 함 · 118
　　　　기도 (1966. 6. 29. 수요일) · 131

제5강　예루살렘 회의의 성격
　　　　갈라디아서의 기록 · 135
　　　　안디옥에서 변론이 일어남 · 139
　　　　양측의 논지와 한국 교회에 있는 폐단 · 144
　　　　예루살렘 회의의 성격 · 151
　　　　기도 (1966. 7. 6. 수요일) · 161

제6강 예루살렘 회의의 교훈

예루살렘 회의로 모인 이유와 바울 사도의 태도 · 165

상반된 의견 · 169

헤브라이즘과 헬레니즘을 아우르는 기독교의 위대한 본질 · 174

충만한 복음 대신에 율법주의가 횡행하는 현실 · 178

예루살렘 회의의 결정은 오늘의 교회에 무엇을 교훈하는가 · 183

기도 (1966. 7. 13. 수요일) · 193

제7강 종교적 형식주의의 폐단

히브리 민족주의자들의 입장 · 197

종교적 형식주의의 예들: 할례, 헌금, 교회, 기도 · 205

바울을 이방인의 사도로 인정함 · 214

기도 (1966. 7. 20. 수요일) · 221

제8강 베드로의 연설: 너희가 어찌하여 하나님을 시험하느냐

베드로의 연설 · 226

하나님을 시험하는 일들 · 228

너희가 어찌하여 하나님을 시험하느냐 · 238

바울 일행의 보고의 요지 · 249

기도 (1966. 7. 27. 수요일) · 251

제9강 예루살렘 회의의 결정

구약과 신약의 대립? · 259

구약의 정신과 신약의 정신은 동일함 · 263

야고보의 연설과 예루살렘 회의의 결정 · 270

우상의 제물과 피와 목매어 죽인 것과 음행을 멀리하라 · 274

신령하게 자유스럽게 자연스럽게 · 280

기도 (1966. 8. 17. 수요일) · 284

제10강 교회는 사회에 대해 어떤 태도를 취해야 하는가

주님이 오신 유대인 사회와 초대 교회가 처한 사회 · 289

일반 인류 사회와 특수한 유대인 사회 · 292

주님은 사회에 대해 어떤 태도를 취하셨는가 · 296

기독교는 사회 개선 운동이 아니라 죽음에서 생명을 주는 것임 · 301

사회 복음주의와 참교회의 길 · 307

기도 (1981. 5. 17. 주일 오전) · 309

성구 색인 · 311

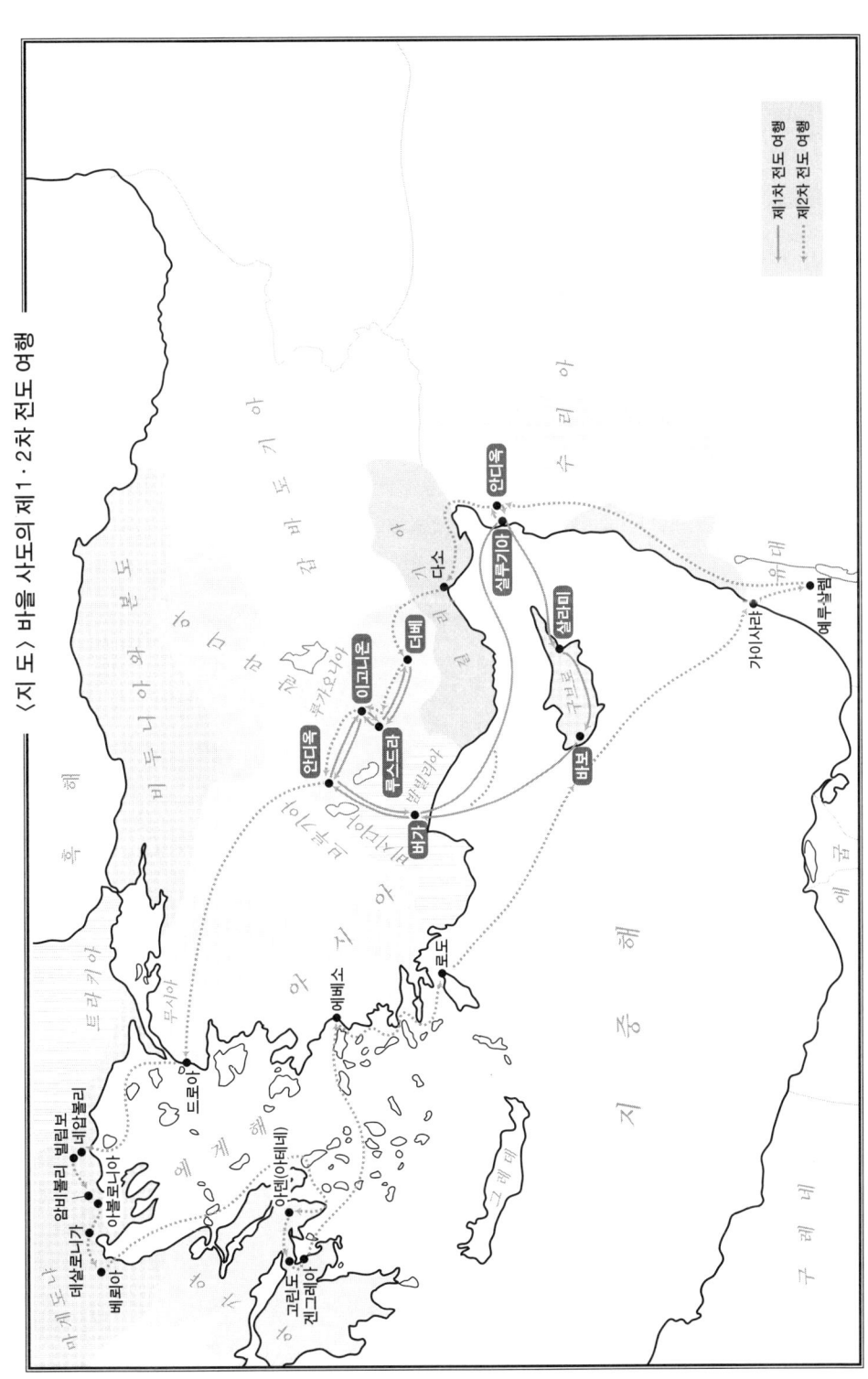

〈지 도〉 바울 사도의 제1·2차 전도 여행

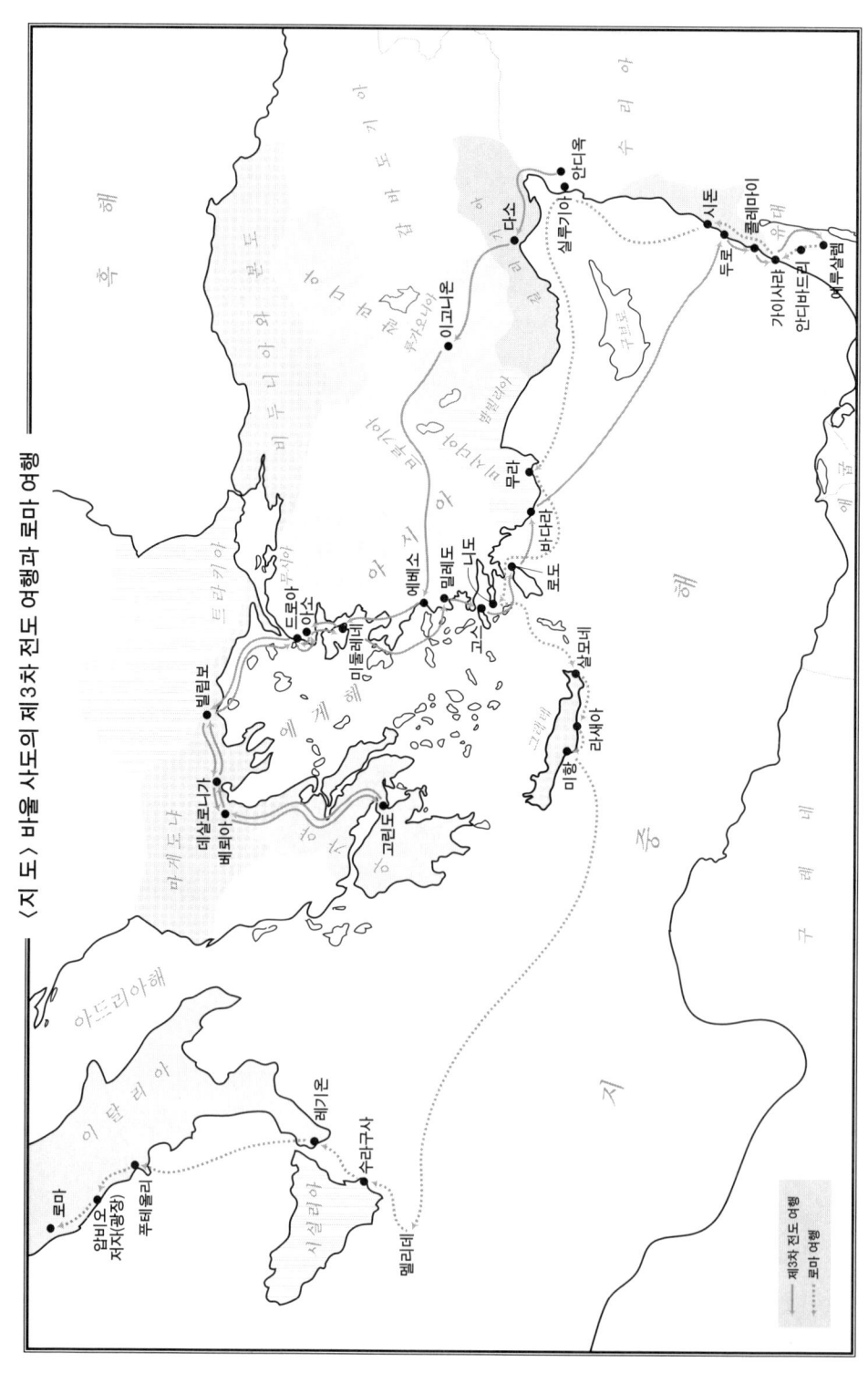

〈지도〉 바울 사도의 제3차 전도 여행과 로마 여행

제1강

복음을 바르고 깊이 있고 담대하게 선포함

사도행전 14:11-28

¹¹무리가 바울의 행한 일을 보고 루가오니아 방언으로 소리 질러 가로되 신들이 사람의 형상으로 우리 가운데 내려오셨다 하여 ¹²바나바는 쓰스라 하고 바울은 그중에 말하는 자이므로 허메라 하더라. ¹³성 밖 쓰스 신당의 제사장이 소와 화관들을 가지고 대문 앞에 와서 무리와 함께 제사하고자 하니 ¹⁴두 사도 바나바와 바울이 듣고 옷을 찢고 무리 가운데 뛰어 들어가서 소리 질러 ¹⁵가로되 여러분이여, 어찌하여 이러한 일을 하느냐. 우리도 너희와 같은 성정(性情)을 가진 사람이라. 너희에게 복음을 전하는 것은 이 헛된 일을 버리고 천지와 바다와 그 가운데 만유를 지으시고 살아 계신 하나님께로 돌아오라 함이라. ¹⁶하나님이 지나간 세대에는 모든 족속으로 자기의 길들을 다니게 묵인하셨으나 ¹⁷그러나 자기를 증거하지 아니하신 것이 아니니 곧 너희에게 하늘로서 비를 내리시며 결실기를 주시는 선한 일을 하사 음식과 기쁨으로 너희 마음에 만족게 하셨느니라 하고 ¹⁸이렇게 말하여 겨우 무리를 말려 자기들에게 제사를 못하게 하니라. ¹⁹유대인들이 안디옥과 이고니온에서 와서 무리를 초인(招引)하여 돌로 바울을 쳐서 죽은 줄로 알고 성 밖에 끌어 내치니라. ²⁰제자들이 둘러섰을 때에 바울이 일어나 성에 들어갔다가 이튿날 바나바와 함께 더베로 가서 ²¹복음을 그 성에서 전하여 많은 사람을 제자로 삼고 루스드라와 이고니온과 안디옥으로 돌아가서 ²²제자들의 마음을 굳게 하여 이 믿음에 거하라 권하고 또 우리가 하나님 나라에 들어가려면 많은 환난을 겪어야 할 것이라 하고 ²³각 교회에서 장로들을 택하여 금식 기도 하며 저희를 그 믿은 바 주께 부탁하고 ²⁴비시디아 가운데로 지나가서 밤빌리아에 이르러 ²⁵도를 버가에서 전하고 앗달리아로 내려가서 ²⁶거기서 배 타고 안디옥에 이르니 이곳은 두 사도의 이룬 그 일을 위하여 전에 하나님의 은혜에 부탁하던 곳이라. ²⁷이르러 교회를 모아 하나님이 함께 행하신 모든 일과 이방인들에게 믿음의 문을 여신 것을 고하고 ²⁸제자들과 함께 오래 있으니라.

제1강

복음을 바르고 깊이 있고 담대하게 선포함

사도행전 14:11-28

복습: 제1차 전도 여행의 행로

오늘도 바울 선생의 제1차 전도 여행의 마지막 부분을 생각하겠습니다. 제1차 여행을 맨 처음에 시작한 곳은 수리아 안디옥입니다. 여기서 해안까지 나와서 널찍한 입구의 항구인 실루기아에서 배를 타고 구브로로 갔습니다. 구브로의 살라미에서 내려서 육로로 횡단하여 바보에 갔고, 바보에서 다시 배를 타고 죽 올라오면 밤빌리아 땅에 버가가 있습니다. 버가에서 이번에는 어디로 갔는가 하면 비시디아 도(道)의 안디옥으로 올라갔습니다. 이 비시디아 안디옥에서 한 50마일쯤 되는 이고니온으로 갔다가 거기서 한 20마일 되는 루스드라로 갔다가 거기서 다시 한 30마일 되는 더베로 갔고, 더베에서 돌이켜 루스드라로 와서 거기서부터 이고니온으로, 안디옥으로 왔다가 다시 내려와서 버가에 갔다가 그 옆의 앗달리아 항구로 와서 앗달리아에서 배 타고 바로 죽 가서 실루기아로 해서 수리아의 안디옥으로 들어간 것입니다. 이것이 제1차 여행의 행로입니다.

처음에 수리아 안디옥에서 파견을 받아 실루기아를 거쳐 살라미로 갔다가 바보로 갔는데, 거기서 유명한 엘루마의 사건이 생겼던 것을 잘 아실 것입니다. 그때 사울이라는 이름이 바울이라고 고쳐지는 기록이 나옵니다(13:9). 버가에 이르면 요한 마가가 일행에서 떠나 돌아가 버립니다. 비시디아 안디옥에서는 스데반의 강설과 비슷한, 기억할 만한 아주 굉장한 강설을 했는데, 주로 히브리 사람들의 염원을 근거로 해서 한 강설입니다.

그다음에는 비시디아 안디옥에서 축출을 당해서 이고니온으로 갔는데, 그곳은 히브리 사람도 있지만 좀 더 이방적인 요소가 강했던 곳입니다. 이고니온에서 전도를 하자 사람들이 방해를 했고 그래도 열심히 그 도를 전하자 사람들이 모두 달려들어 박해를 하려고 하므로 화색(禍色)이 박두한 줄 알고 도망을 했습니다. 그런 사건이 있었습니다. 그다음에 루스드라에 와서는 앉은뱅이를 일으킨 사건으로 인해서 사람들이 바울과 바나바를 허메네 쓰스네 해서는 그들에게 제사를 지내려고 야단 내는 사건이 있었고, 마침내 바울은 돌에 맞아서 죽게 되어서 사람들이 성 밖에 내쳤습니다. 거기서 일어나 성으로 돌아왔다가 다시 거기를 떠나 더베로 가서 거기에서는 비교적 평온하게 많은 제자들을 얻었고, 그러고서 그 무서운 땅으로 다시 돌아왔습니다. 사실 더베에서 수리아 안디옥까지 가는 가까운 길은 따로 있습니다. 이 더베에서부터 타우르스라는 산맥이 있어서 그 산맥의 능선을 타고 오면 바로 바울 선생의 출생지인 다소에 가까이 갈 수가 있고, 다소에서 배를 타고 실루기아로 가든지 하면 그것이 제일 가까운 길입니다. 그런데 그 길을 취하지 않았던 것입니다. 더베에서 그렇게 갈 수 있는 길을 취하지 않고, 반대로 자기를 박해하고 돌로 때려죽이려고 했던 루스드라로 다시 돌아갔고, 자기를 죽이려고 야단 내던 이고니온을 거쳐서 자기를 쫓아낸 비시디아 안디옥으로 해서 다시 밤빌리아 땅의 버가와 앗달리아로 온 이것이 대개의 노선입니다.

바울 사도의 다양한 경험과 주님의 인도

 사도 바울 일행이 여러 가지 경험을 했는데, '어떤 방법으로 선교를 해 나갔는가', '어떠한 능력이 그들의 뒤를 늘 따랐는가', '그 사람들의 경험은 어떠했는가' 하는 문제를 지금까지 생각했습니다. 세 번째 문제인 '경험'에 관해서 다시 생각해 보면, 안디옥에서는 박해를 잘 피할 수 있게 하셨고, 그래서 쫓겨나기는 했지만 무사히 보존되어서 평안히 나갔습니다. 그다음에 14:5-6을 보면 이고니온에서는 하나님께서 박두한 화(禍)를 알게 하심으로써 곧 거기서 도피하여서 그다음의 루가오니아 땅으로 들어가게 하셨습니다. 그다음에 14:19을 보면 루스드라에서는 돌로 타살(打殺)되는 지경에 이르러서 미침내 성 밖에까지 내침을 받았습니다. 이렇게 그들의 경험에는 여러 가지 장면이 있습니다. 비시디아 안디옥에서는 축출은 당했을지라도 박해가 적극적으로 그 신상(身上)에 임하기 전에 몸의 평안을 보존하게 하셨고, 이고니온에서는 화색이 박두했을지라도 그만 용케 거기서 도피할 수 있게 하신 그 하나님께서 루스드라에서는 돌로 맞아서 죽게 그냥 허용하셨다는 사실이 있습니다. 이들의 경험의 심각한 의미가 오늘날 우리가 배워야 할 중요한 교훈입니다.

 이와 같이 하나님께서는 바울 사도가 죽는 데에서도 그 손으로 인도하셨고 맞는 데에서도 그 손으로 인도하셨고, 비교적 신상이 평안한 데에서도 인도하셨습니다. 각지(各地)에서 여러 가지 종류의 다양한 경험을 했을지라도 동일하신 하나님께서 늘 확호(確乎)하게 권고(眷顧)하셨다는 사실은 틀림이 없는 것입니다. '우리는 하나님께서 권고하시고 돌아보시니까 병도 앓지 않고 아무런 곤란도 안 받는다' 하는 생각은 있을 수 없습니다. '하나님께서 권고하시니까 고난을 받을지라도 그 고난에서 그 사람이 실패하지 않고 낙망하지 않고 목적을 향한 그의 행진이 고난 때문에 찌부러지지 않는다' 하는 것이 그들이 받은 경험의 중요한 교훈(lesson)

입니다. 루스드라에서는 비록 죽었을지라도 목적에 도달하도록 다시 일으키셔서 더베를 향해 갈 수 있게 하셨다는 것이 중요한 문제입니다.

그런고로 바울 선생의 마지막 편지, 즉 믿음의 아들인 루스드라 사람 디모데에게 보낸 글에 가르친 것과 같이 "나의 교훈과 행실과 의향과 믿음과 오래 참음과 사랑과 인내와 핍박과 고난과 또한 안디옥과 이고니온과 루스드라에서 당한 일과 어떠한 핍박 받은 것을 네가 과연 보고 알았거니와 주께서 이 모든 것 가운데서 나를 건지셨느니라"(딤후 3:10-11) 하는 이것이 중요한 말입니다. '내가 어떠한 핍박을 받은 줄을 네가 다 안다. 내가 어떻게 핍박을 받은 것을 네가 보고 듣고 알지 않느냐? 이 모든 것 가운데서 나를 건지셨다. 핍박을 안 받게 하신 것이 아니라 핍박을 받는 가운데에서도 나를 건지셨다. 죽음에 이르는 핍박을 받는 데서라도 주께서 나를 건지셨다' 하는 말입니다. 물론 루스드라는 디모데의 고향으로서 디모데는 바울 선생의 두 번째 여행 때 동참을 했지만, 첫 번째 여행 가운데 루스드라에서 바울이 돌로 맞은 그 유명한 사건을 이 작은 고을은 큰 화제로 알고 있었을 것이고 디모데도 그것을 알고 보았을 것입니다. 이 디모데후서는 바울 선생이 순교를 기다리는 동안에 기록된 글입니다. 즉 주후 66년이나 67년 어간에 기록되었습니다. 사도행전의 끝은 63년경이고, 루스드라에서 이 사건을 당한 것은 대체로 45년에서 48년 사이입니다. 제1차 여행은 우리나라 이수(里數)로 보면 한 6천 리에 뻗은 긴 길을 한 2년에 걸쳐서 다녔습니다. 45년부터 48년 어간이니까 햇수로는 3년이 되겠지만 실제로는 2년에 걸친 많은 세월 동안에 1,500마일에 걸친 긴 여행을 한 것입니다. 그로부터 대개 20년이나 지난 후에 그는 그 일에 대해서 생생하게 기억하고 다시 이야기했던 것입니다. 그런고로 박해에서든지 박해가 없는 평안에서든지 주님은 항상 구원하시고 보존하시며 인도하셨다는 사실이 중요합니다.

사람들의 숭배를 받는 위험

그다음에 네 번째로 이 사도들이 당한 경험 가운데 특별히 우리가 기억할 위험, 곧 저들을 협박하고 위협했던 큰 위험이 무엇인가 하면 물론 두말할 것 없이 그것은 광신주의(狂信主義)에 빠진 유대교인들의 반항이었습니다. 그것이 큰 위험이었고 큰 협박이었고 위협이었습니다. 그들의 불순종이 항거의 정신을 자꾸 일으켜서 사도들을 미워하고 악계(惡計)를 품게 하고 돌로 때리는 일까지 하게 한 것입니다. 그러나 가장 큰 위험과 위협은 무엇이었는가 하면 사람들이 이 사도들을 예배하려 한 것이었습니다. 주의 종에게 가장 큰 지고(至高)의 위협이 무엇인가 하면 사람들이 자기 자신을 존경히는 나머지 숭배해서 그로 말미암아 하나님의 거룩하신 영광이 차단되는 사실에 이르는 위험 가운데 빠지는 것입니다. 만일 사람들이 자기를 예배하는 것과 숭배하는 것과 신과 같이 여기는 것과 자기를 의지하는 것을 수락한다면 권세도 얻고 유명해지고 핍박이나 돌로 맞는 일이 있을 까닭이 없지만, 그런 것이 예언자에게는 가장 공포의 대상이 되는 것입니다.

그럴 때 바울 선생은 어떻게 했습니까? 꼼짝도 안 했습니다. 그런 일에 꼼짝할 그런 인물이 아닙니다. 요컨대 사람들이 자기를 숭배한다고 나설 때 그는 마음 가운데 통분히 여기고 옷을 찢었습니다. 하나님께만 드려야 할 거룩한 경배와 존숭(尊崇)이 따로 있는데, 그런 종류의 숭배를 사람에게 주는 것이 어떻게 하나님의 것을 찬탈(簒奪)하는 행위인가를 저들은 모르고 그렇게 하지만 바울 선생은 잘 알고 있는 것입니다. 저들이 모르고 할지라도 하나님께만 속해 있는 신성한 사실을 사람이 잡아서 제멋대로 사람에게 주려고 할 때 이것은 지극히 높으신 하나님 앞에서 무서운 찬탈이 되는 것입니다. 이런 무서운 사실을 볼 때, 그 사람들의 무지와 몽매(蒙昧)와 암매(暗昧)가 그런 것을 일으키는 것을 볼 때, 그 사람들이 그 사실을 모를지라도 훼방하는 것은 훼방하는 것이고 하나님을 모독하는 것은 모독하는 것입니다. 이렇게 하나님을 모독하는 사실과 하나님의 신성을 침범해 들어가는 사실을 볼 때, 그냥 가만히 있을 수가 없고 옷을 찢을 수밖에 없는 통분과 마음의 격동을 일으켰던 것입니다. 그러한 사도 바울 선생으로서는 자기를 신화(神化)해서 숭배하는 것을 꿈에라도 용인할 생각을 할 까닭이 없습니다.

그러나 세상에 있는 많은 그리스도의 교사라고 하는 사람들은 자칫하면 그를 우상화할 때 그 우상화를 단순한 존경이라고 해석해서 받아들이기를 주저하지 않고 지내기가 쉬운 것입니다. 이렇게 교회에서 사람들이 그를 우상화하면 한 교회나 교단에서 우상화된 사람이 결국은 자기의 의사로 자기가 스스로 하나님의 것을 찬탈하는 까닭에 자기가 그 교회를 풍성하게 보존하겠다고 생각해서 하나님께서 보존하셔야 할 교회를 자기가 보존하려고 하는 것입니다. 정통이라는 이름을 내걸고 그렇게 합니다. 하나님께서 진리를 가지고 보전하셔서 진리가 수호해야 할 교회인데도 자기가 일어나서 진리를 수호하는 것같이 생각하고 떠드는 것입니다. 우리가 늘 하는 말이지만, 진리는 그 자체가 진리인 것을 증명하고 진리가 우리를 보존하는 것이지, 우리가 진리를 보존하려고 나서는 것은 무엄한 일이 되는 것입니다. 호교(護敎)를 한다는 말을 자칫 오해하면 무서운 이야기가 될 수 있습니다. 교회가 가지고 있는 전통이나 가르치는 것을 누가 박해하려 하고 그것을 훼파하려고 이론적으로 올 때 '그것을 이론적으로 막겠다'고 하는 것은 당연한 일이고 있을 수 있는 일이지만, 단순히 '이론적으로 막겠다' 하는 그 정도를 떠나서 '내가 신성한 진리를 수호한다'는 말을 거기에 붙이기 시작할 때에 무서운 이야기가 되는 것입니다. 우리가 진리를 지킬 수 있느냐 하면 그것이 아니고, 진리가 우리를 지켜 주어야 하는 것입니다. 하나님의 거룩하신 말씀이 성신님으로 말미암아 우리 속에 역사해서 나를 보존하고 지키셔야 내가 진리 가운데 살아가는 것이지, '내가 진리를 지키겠다' 한다는 것은 벌써 이야기가 안 되는 것입니다.

물론 나는 하나님께서 나에게 '단번에 주신 믿음'(참조. 유 3), 곧 한 번만 주신 그 믿음을, 나의 속에 심어 주시고 보호해 주시는 그 믿음을, 그리고 그 믿음의 내용이 되는 진리를 항상 근실하게 유지하고 살아가야 합니다. 거기서 떠나지 않는 자기의 의식적인 태도가 늘 필요한 것입니다. 꾐이 있고 유혹이 있을 때 유혹에 빠져 들어가지 않는 분명한 태도가 있어야 합니다. 유혹이 교묘하게 와서 '그렇게 해도 훌륭한 교회이고, 이렇게 해도 하나님의 일을 할 수 있다' 하고 마귀가 속삭일 때 그것을 따라가지 않고 명확하게 자기를 지키는 태도는 있어야 합니다. 그러나 내가 나서서 '이 교회의 진리를 내가 지킨다' 하고 떠들 때는 자기 스스로 하나님의 거룩하신 권위와 권세를 제 손으로 잡아 누르는 것입니다. 이것이 자칫하면 소위 정통을 지키겠다는 교사들에게 있기 쉬운 일입니다. 그러나 이런 것은 사도 바울 선생에게는 대단히 두려운 이야기인 것입니다.

예언자에게 가장 큰 위험이 그런 것입니다. 예언자가 일어나서 '내가 이스라엘 백성이 타락하는 것을 막아 내고, 이스라엘 백성의 부패와 배교(背敎)라는 사실을 내가 일어나서 막아 내겠다' 하면 예언자는 벌써 큰 위험 가운데 빠져 들어가는 것입니다. 마음에 그런 생각을 하고 '이 부패하고 쓰러져 가는 교회를 누가 막아야 하겠습니까? 우리가 일어나서 다시 일으켜야 할 것이 아닙니까?' 하고 용기를 북돋는 소리를 합니다. 애국론자들이나 국회의원들은 의정 단상에서 '국가의 패퇴(敗頹) 앞에서 오늘날 누가 일어나서 감연(敢然)히 국가의 백년대계(百年大計)를 올바로 세우고 국가를 보위하기 위해서 용약 매진(勇躍邁進)하겠느냐' 하는 소리를 할 수 있지만, 하나님의 교회에 대해서는 그런 소리를 할 수 없는 것입니다. 도리어 하나님의 교회가 튼튼한 성곽과 같이 나를 지키는 것입니다. 교회는 결국 주님의 거룩하신 몸인 동시에 주님께서 머리가 되시고 주님께서 그 총화(總和)가 되시는 까닭에 '내 주는 강한 성(城)이고 방패와 병기이시다. 내가 그 안에 튼튼히 지키심을 받는 것이다' 하고 생각하는 것이 정당하지, '내가 이 교회를 지켜서 교회가 무너지지 않도록 하고 패퇴하지 않도록 하겠다' 하는 것은 어림없는 생각입니다. 그런 것이 과거에 정통이나 보수라는 이름 아래에서 흘러 내려온 까닭에 이런 것을 참 주의해야 할 것입니다.

사람이 교회의 부패를 막을 수 있는가

우리 교회가 가지고 있는 사명에 대해서 항상 명확하게 구별하고 주의해야 할 요점도 그런 것입니다. 한국의 교회가 어떠한 방향으로 나가서 부패한다든지 타락한다든지 할 때 우리 교회가 어떻게 해야 하겠습니까? '우리가 일어나서 한국 교회의 부패를 막기 위해서 노력하겠다' 하는 생각을 할 아무 까닭도 없는 것입니다. 원래 우리가 그런 사명을 가지고 일어난 것도 아니고 우리들 자신이 그런 생각을 할 턱이 없습니다. 옛날 이스라엘 백성들이 다 패퇴해 나갈 때 '네가 일어나서 이스라엘 백성을 건지라' 고 하신 것이 아니고, 신실한 '남은 자' 들이 끝까지 남아 있어서 남은 그루터기 가운데 하나님께서 다시 새싹이 나게 하신 것입니다. 그런고로 신실한 '남은 자' 로 사는 것, 남아서 끝까지 하나님을 의지하고 남아 있는 자답게 신실하게 생활하는 것이 우리의 가장 중요한 일입니다. '우리가 일어나서 감연히 교회의 부패와 타락과 쓰러지는 것을 올바로 건져 보겠다' 할 때 그것이 자칫하면 큰 죄를 범하는 일이 되는 것입니다. 역사상 어떤 사람이 부패한 교회를 세우거나 건졌습니까? 사가(史家)가 기록할 때 '하나님께서 그들을 쓰셔서 교회를 올바로 세우셨다' 하면 그것은 옳은 말입니다. 하나님께서는 어떤 종들을 세우셔서 결과적으로 교회의 부패를 방지하게도 하시고 교회를 타락하는 데에서 건져 내셔서 새롭게도 하시는 것입니다. 그러나 그것은 하나님께서 하시는 것이지 그 사람이 하는 것은 아닙니다. 그 사람 자신이 '내가 하겠다' 하고 나선 것은 아닙니다. '나는 신실히 끝까지 하나님만을 의지하고 순종하고 나가겠다' 한 것뿐입니다. 하나님을 신실히 의지하고 나갈 때 하나님께서 어디에 쓰시든지 쓰시는 대로 나는 쓰임을 받을 뿐인 것입니다.

그러나 자기 자신이 생각하기를 '내가 일어나서 이 부패를 막겠다' 한다면 그것은 과람(過濫)한 생각입니다. 부패라는 것은 창수(漲水)와도 같고 도도한 해일(海溢)과도 같이 넘어 들어오는 것이고 막으려는 내 손이라는 것은 심히 작은 것입니다. 내가 아무리 팔을 벌려 막아도 넘어오는 홍수는 못 막아 내는 것입니다. 그런 줄 알아야 합니다. 하나님께서 막아 내시되 나만을 쓰셔서 막는 것이 아닙니다. 수많은 사람들이 일어나 초석(礎石)이 되기도 하고 넘어지기도 하고 그래서 막는 것입니다. 종교개혁을 이루었다 할 때, 부패한 가톨릭의 그 급전직하적(急轉直下的)인 타락에서 하나님께서 많은 사람을 건져 내실 때 위대한 개혁자들을 쓰셨지만, 루터 혼자 그것을 막은 것도 아니고, 칼빈 혼자 막은 것도 아니고, 또 개혁교회의 몇몇 주인공이나 부서(Bucer)나 윌리엄 파렐이 그것을 막아 낸 것이 아닙니다. 수많은 사람들이 이전부터 맥맥(脈脈)이 흘러내려 오면서 그것 때문에 목숨을 잃기도 하고 싸우다가 넘어지기도 한 것이고, 역사가들이 다 기록하지 못할 만큼 많은 순교자들이 배후에 있습니다. 하나님께서는 이 모든 것을 다 쓰신 것입니다. 그렇게 나아가다가 어떤 현저한 문제에서 어떤 사람을 들어 쓰셨을 때 역사는 그 사람을 기록하는 것뿐입니다. 그러나 역사가가 감히 손을 대지 못할 곳에 있는 사람들도 많은 것입니다. 역사가의 손에서도 감추어진 채로 하나님께서 따로 요긴하게 쓰신 사람들도 있습니다. 그들은 가는 줄 모르게 갔고 하는 줄 모르게 실행을 했지만, 그럴지라도 그 사람들의 상(賞)은 하나님 앞에 있고 하나님께서는 그 사람들을 다 인정하시지, 세상 사람이 지목하고 떠드는 사람만 인정하실 까닭이 없습니다. 이 모든 것들이 다 하나님께서 주관하시는 큰 계획과 경륜하에서 움직이는 것입니다. 사람 어느 누가 '내가 계획하고 내가 큰 이상을 세우고 내가 목표를 세운 다음에 나아가면 교회는 어떻게 된다' 하는 식으로 생각할 필요가 없습니다.

그런고로 우리는 우리가 소수의 교회인 것을 잘 알고 있습니다. 또한 동지들이 때때로 모입니다. 월요일이면 동지들이 여기에 모여서 성경을 강론하고 하나님 앞에 경배를 드리고 나아가지만, 그러나 그들 아무에게도 그런 생각을 가지도록 하지 않고, 또 그 목사님들 아무도 그런 생각을 하지 않습니다. '우리들 자신의 문제가 더 큰 문제이니까 우리 자신이 먼저 신실한 사람이 되어야겠다' 하는 데에 중점을 두고 지내는 것입니다. 그러지 않고 운동을 일으키려고 한다면 운동 자체가 사람의 것이 될뿐더러 자칫하면 큰 위험 가운데 빠져 들어가게 됩니다. 마치 하나님께서 하셔야 할 대권에 속한 큰일을 내가 하는 것같이 생각하게 되는 것인데, 그렇게 할 수가 없는 것입니다.

비록 국가의 대사(大使)라고 할지라도 그가 외국에 가서 국책상 중요한 문제를 결정하려 할 때 본국 정부의 훈령(訓令)을 받지도 않고 제멋대로 결정한다면 그것이 그 사람이 할 일인가 하면 그 사람은 월권을 한 것이고 당장에 파면을 당하는 것입니다. 대사의 직권으로 보아서는 국가를 대표한 자가 되는 까닭에 자기가 주차(駐箚)하고 있는 국가에 대해서는 늘 국가의 최고의 권위를 대표해서 일을 할 수가 있기는 하지만, 그 일을 할 때에 그 권한의 근거가 자기에게 있는 것이 아닙니다. 권한의 근거는 그 임무를 맡긴 사람, 즉 임명권자에게 늘 있는 것입니다. 그렇지만 대사는 수임자(受任者)로서 수임자답게 자기의 권한의 근거를 확호히 보유한 다음에 행동하는 것입니다. 이와 같이 '우리는 그리스도의 사신(使臣)들 혹은 사자(使者)들이라' (고후 5:20)고 했습니다. 영어로 말하면 대사(大使, ambassador)라는 말과 같은 말을 썼는데, 우리가 그리스도의 사신이면 사신답게 혹은 수임자답게 늘 생각해야지, 우리가 마치 임명권자인 것처럼 주제넘게 전부를 다 생각하고 지낸다는 것은 일이 아닌 것입니다.

복음은 타협을 용인하지 않음

그다음에 이 부분의 결론으로서 바울 선생은 도처에 검(劍)을 땅에 던져시 분열과 쟁론을 일으키고 질시와 기쁨을 일으켰습니다. 그는 검을 던지러 다녔습니다. 평화를 일으키려고 간 것이 아니라는 말입니다. 마태복음 10:34에 보면 예수님이 말씀하시기를 '내가 땅에 검을 던지러 왔다'고 하셨습니다. 또 누가복음 12:51 이하에도 그와 같은 말씀을 하셨습니다. 오늘날도 그래야 하는 것입니다. 그리스도의 참된 복음은 들어가는 곳에 반드시 '가(可)냐, 부(否)냐'를 일으킵니다. '받아들이겠는가, 박해하겠는가' 하는 문제입니다. 받아들이지도 않고 안 받아들이지도 않고 어리뻥뻥하다면 그것은 복음에 접촉하지 못한 증거일 뿐입니다. 만일 이것을 들은 사람, 의식 있게 들은 사람, 정신 차리고 들은 사람이라면 받든지 반대하든지 둘 중의 하나인 것입니다.

여기에 하나님의 성신이 복음과 함께 늘 역사하는 큰 사실이 나타납니다. 복음에는 항상 소란을 일으키는 요소가 있습니다. 왜 그런가 하면 복음은 타협지 않는 까닭에 그렇습니다. 모든 할 짓을 다해 가면서, 그리고 자기가 생각하기에 좋고 유리한 길을 다 취해 가면서 복음을 확호히 쥐고 있을 수는 없는 것입니다. 복음을 쥔 다음에는 복음이 나에게 명령하는 대로 순수하게 자기를 보존해서 빛과 어두움을 합하지 않고 세상과 하나님 나라를 뒤섞어서 활동하지 않는 것이지, 세상에 붙은 욕심도 이루고 또한 일방 하나님 나라의 일도 한다고 하면서 나아가는 것은 가장 열악한 일이고 안 믿는 것만도 못한 것입니다. 안 믿는 사람은 믿음이 왔을 때 순수하게 나아가는 기능이나 있지만, 이미 믿음이 와서 고귀한 것이 들어갔는데도 반응이 전적으로 나타나지 않고 부분적으로만 움직이고 있다면 아무런 가망이 없기 때문입니다. 차라리 새 것에 새로 뿌리는 것이 더 나은 것입니다.

그런고로 예수를 믿는다고 하면서 문제가 있을 때 타협하고 나가는 것 같이 이상한 것이 없습니다. 그것이 마귀가 가장 원하는 바이고 유혹하는 바입니다. 여러 가지 조건을 붙여서 광명한 천사인 체하면서 유혹해 들어가는 것입니다. 예수를 믿는다고 하면서 하나님의 말씀을 전하겠다고 나선 사람들이 무슨 일이 있을 때 무슨 무슨 이유를 붙여서 죄 가운데, 혹은 세속적인 것 가운데, 이 세상의 거대한 사실 가운데, 그것도 기독교라는 이름 아래 움직이는 혼탁한 바빌론적인 요소 가운데 그냥 따라 들어가는 이런 괴상한 짓을 하는데 그런 것이 참 위험한 일입니다. 그런 짓은 복음의 무타협성을 참으로 받아들인 사람다운 생활이 아닙니다. 그런 사람은 하나님께서 쓰시지 않고, 하나님께서 복을 주셔서 당신의 그릇이요 시대의 선지자로 세우시지도 아니할뿐더러, 언젠가는 자기가 이렇게 타협하는 것이 어떻게 하나님 앞에 패역스러운 일이 되는가 하는 중요한 교훈을 배우는 날이 오는 것입니다. 그런 교훈도 하나님께서 아끼시는 사람에게 내리시는 것이지, 그렇지도 못한 사람은 그 몽매(蒙昧) 가운데 내던져 두셔서 자기의 상실한 마음 가운데 방황하다가 죽고 마는 것입니다.

오늘날 세계의 교회가 이런 혼탁 가운데로 한목 대거 휩쓸려 들어가서 '그날이 이르기 전에 먼저 배도(背道)하는 일이 있다'(참조. 살후 2:3)고 하신 그 배도 혹은 배교(apostasy)라는 사실을 무시해 버리고 아무렇지도 않은 것같이 생각합니다. "너희가 천기(天氣)는 분별할 줄 알면서 시대의 표적(表蹟)은 분별할 수 없느냐?"(마 16:3)고 명료하게 말씀하셨는데도 왜 이 시대적인 증상에 대해서는 전연 맹목이 되어 버리고 '나는 어렵니다. 나는 모릅니다' 하고 덮어 놓아두고서는 그대로 주저앉아 있는 것입니까? 그러고서는 교회를 지도하겠다고 나설 때 무서운 악영향을 교도(敎徒)들에게 끼치는 것입니다.

복음이란 언제든지 타협이 없는 것입니다. '전부(全部)냐, 전무(全無)냐' 하고 나아가는 것이지, 이것도 조금 하고 저것도 조금 해서 죽어서는 천당 가고 살아서는 세상에서 번영하기를 바랄 수 없는 것입니다. 그러나 "간음하는 여지들이여, 세상과 벗 된 것이 하나님의 원수임을 알지 못하느뇨? 그런즉 누구든지 세상과 벗이 되고자 하는 자는 스스로 하나님과 원수 되게 하는 것이니라"(약 4:4) 하신 말씀과 같이, '이것도 좋다. 저것도 좋다' 하는 것은 하나님과 원수 된다는 사실을 소홀하게 생각하는 태도입니다. 이렇게 무엇이 정확하고 바른 것인가 하는 것이 명백하게 드러나지 않을 때 시험을 받는 것입니다. 어떻게 시험을 받는가 하면, 그런 것이 명백하게 드러나지 않고 흠이 있는 문제들이 나에게 와서 '이걸 선택할까, 저걸 선택할까?' 할 때, 이렇게 살아 보아도 별것이 아니니까 기왕이면 대세를 좇고 기왕이면 유리한 데를 좇아가겠다는 공리적(功利的)인 동기가 자기를 지배해서 그런 것을 좇아가는 것입니다. 언제든지 '무엇이 진리냐?' 하는 것을 스스로 파내려고 하지 않고 '어떤 것이 유리하냐?' 해서 그 유리한 것을 좇을 때는 그것이 자기에게 현실적으로 유리하고 대부분의 이론도 그것을 지지한다고 생각할지라도 결국 그 사람의 동기 자체가 벌써 불순할 뿐 아니라 그런 불순한 동기에서 시작한 것은 좋은 열매를 맺을 수 없습니다. 항상 복음 앞에서 분명한 태도를 취하여야 하는데 자기에게 유리한 점이 자기를 유혹할 때에는 '이리 가더라도 내가 원하고 내가 믿는 바 구원의 도리는 있는 것이 아니냐?' 하는 이론을 붙입니다.

　교회에 문제가 있어서 분란이 일어날 때에 대체로 양방(兩方)으로 갈라져 있는 사람들은 이리 가든지 저리 가든지 하는 두 가지 태도를 취하는 것을 우리가 봅니다. 한쪽으로 간 사람들은 '이 복음이 정통이고 보수(保守)이다' 하고, 다른 사람들은 '아, 이것이 보수요 정통이다. 그러니 나는 이리로 간다' 합니다. 구실은 그렇지만 거기는 허다히 많은 혼잡이 섞여 있습니다. '이것이 아니면 안 된다. 너희들은 다 나쁘다' 하는 독단과 독선 가운데 빠져 들어가고 남을 정죄하고 들어가는 태도가 있고, 그러면서도 자기가 가지고 있는 허다히 많은 약점을 돌아보지 않는 허점이 있고, 거기에 또한 인간적인 요소와 권력에 대한 한없는 추구와 욕망(lust)이 있습니다. 거기에는 정통이라는 이름 아래 권력을 추구하려는 운동이 붙어 있는 것입니다. 물론 이것이 큰 죄악입니다. 그러나 또한 일방은 '너희들이 그와 같은 짓을 하는 것을 보니 뭐, 잘 믿는 것이 없더라. 이렇게 하는 것도 너희들보다 못 믿는 것은 아니다' 하면서 문제 속에 있는 마귀의 치밀한 계획과 유혹을 자세히 분해하여 간파할 생각이 없이 그냥 눈감고 도매금으로 같이 넘어가려는 태도를 취합니다. 그러면서 하는 말은 '아, 그리로 간다고 구원이 없겠느냐?' 하는 것입니다. 대체로 한국의 기독교인들이 '구원'이라는 말을 무엇으로 생각하는지 모르겠으나, 툭하면 덮어놓고 '구원이 없겠느냐?'라고 합니다. 천당 간다는 그것 하나뿐입니다. 예수 믿고 천당 가는 것이 구원이니까, '아, 거기에 간들 천당 못 가겠느냐?' 하는 태도라는 말입니다. 이렇게 해서 뜨뜻미지근한 태도를 취하는 것입니다.

　언제든지 주의할 것은 독선입니다. 자기 자신만이 옳다, 자기는 모든 것을 선하게 한다 하는 것은 참 무서운 이야기입니다. 그러나 또 한편으로 세상과 벗이 되고자 하고 공리적인 동기하에서 이 세상의 대세를 따라가면서도 '이것도 하나님의 말씀이요 여기도 구원이 있다' 하는 것은 하나님과 원수가 되는 길입니다. 그것은 더 무서운 사실입니다. 왜냐하면 명백하게 세상적이라는 성격이 있는데도 세상을 따라가는 것은 하나님과 원수를 맺자는 주장이기 때문입니다. 그것은 성경이 분명히 그렇게 가르칩니다. 그러한 까닭에 우리는 하나님의 원수가 되는 길을 추호(秋毫)라도 취할 수 없는 것입니다. 어떻게 우리가 하나님과 원수가 될 길을 취하겠습니까? 그러나 거기에 하나님과 원수가 된다는 무슨 표를 붙인 것이 아닙니다. 거기도 큰 이름을 가지고 구원을 말하고 신앙을 말하고 정통을 말하고 보수를 이야기합니다. 그러나 문제는 그 내부에 있는 혼탁성이 하나님과 원수가 되게 만들어 나가는 큰 작용을 늘 하는 것입니다. 호리지차(毫釐之差)가 나중에는 천리지차(千里之差)로 변하는 것을 본다는 말씀입니다. 우리 한국에는 그러한 일이 과거의 역사상에 몇 번이나 있었습니다. 처음에는 다 비슷한 것 같지만 나중에 갈라진 후에 보면 호리지차가 천리지차가 되고, 처음에 가지거나 대표하고 있던 성격을 나중에 분명히 드러내고 맙니다. 불가부득(不可不得) 그렇게 되는 것입니다. 시대가 가고 세월이 가면 갈수록 그 성격을 드러내고 맙니다. 역사는 늘 그것을 가르치는 것입니다.

그런고로 바울 선생은 그런 타협을 하도록 교육하지 않았습니다. '이렇게 해라. 이것이 진리이다' 해서 그 사람들이 그 진리를 받은 일이 있다면 박해를 받든지 진리를 포기하든지 하게 되었던 것입니다. 그렇지 않고 그 사람들이 진리도 받고 과거에 가지고 있던 전통 가운데에서도 그냥 사는 그 두 가지를 다 하지는 못하게 되었습니다. 복음은 죄에 대하여 조금도 부드러울 수가 없고 관용할 수가 없고 철두철미하게 냉철하게 늘 비판해 나가는 것입니다. 인생의 생활 가운데 마귀의 요소가 있고 마귀의 시험의 유혹이 들어올 때에는 그것을 철두철미하게 축출하려는 것이 복음의 진정한 태도입니다. 만일 그렇게 축출하려는 것을 조금이라도 반대하고 유혹을 그냥 용인할 때는 벌써 복음이 복음으로서의 특성을 잃기 시작하는 것입니다.

복음을 바르고 깊이 있고 담대하게 선포함

여기에서 또한 우리가 볼 수 있는 것은 전도하는 사도들의 불과 같은 정신입니다. 그들은 근거 있는 주장을 했습니다. 즉 하나님의 말씀과 하나님의 성신의 능력에 근거를 두고 주장한 까닭에 권위가 있었습니다. 그들은 대적할 수 없고 정복할 수 없는 용기를 가지고 있었습니다. 루스드라로 다시 들어가는 용기를 보십시오. 또 어디에 가든지 순일하게 복음을 전하려고 했지 철학론을 하려고 가지 않았습니다. 어디에 가든지 그 사람들이 가지고 있는 종교를 가지고 같이 종교론을 떠들지 않았고, 그 사람들이 가지고 있는 쟁론점에 대해서 변백(辨白)하고 그것을 가지고 쟁론하려고 하지 않았습니다. 문제는 '무엇이 진리이냐?' 하는 것이었습니다. 하나님의 말씀을 선포하러 다녔습니다. 선포만 했습니다. 오늘날도 마찬가지입니다. 언제든지 진리를 그대로 명확하게 선포하고 하나님 앞에서 그것을 체계 있게 진술해 나가는 것이 가장 중요하지, 시사의 문제나 교계의 현실적인 문제나 쟁론점에 대해서 자꾸 언급해서 쟁론 가운데로 끌려 들어가는 것은 가장 적극적으로 해야 할 일이 아닙니다. 지금 일반 교중에게 있는 결핍은 복음의 명확한 수용입니다. 복음을 명확히 그들에게 먹이는 일과 그래서 그것을 받아들여서 그리로 자라난다는 이것이 결핍되어 있는 것이지, 어떤 시사의 문제가 일어나서 그것을 가지고 쟁론하는 것이 결핍되어 있는 것이 아닙니다.

요즘에 영국 성공회에서 로빈슨(J.A.T. Robinson)이라는 자가 일어나서 소위 '무신론적 기독교'라 하는 말을 가지고 떠들고 있는데, 그런 자가 하나 일어나서 떠든다고 그것을 가지고 왁자하게 떠드는 것은 항상 모든 역사의 가장 중요한 문제의 핵심이나 쟁론의 핵심을 마귀가 다른 데로 옮기려고 하는 태도입니다. 그것을 이야기하지 않으면 기독교인이 못 되는 것 같고 식자(識者)가 못 되는 것 같고 신학자가 못 되는 것 같이 생각해서 툭하면 요새 돌아다니는 유행병과 같이 본회퍼(Dietrich Bonhoeffer, 1906-1945) 이야기로 툭 건너가고, 로빈슨을 이야기하고, 툭하면 알타이저(T.J.J. Altizer) 이야기를 하지만, 그 알타이저 같은 조그만 사람이 일어나서 이야기한 것에 신기한 것은 하나도 없는 것입니다. 세상에 있는 잡지, 그리고 정치적인 잡지인 「타임」(Time) 같은 잡지가 '하나님은 죽었다'(God is dead)는 제목으로 한 호(號)를 발행했다고 해서 그것이 신학상 문제가 되어야 할 이유가 없는 것입니다. 오늘날의 가장 중요한 문제는 '무엇이 참으로 예수를 믿는 도리이며, 어떻게 해야 예수 믿는 도리에 그냥 부착해 있고 거기에서 떨어지지 않는 것인가?' 하는 것이고, 둘째의 중요한 문제는 '거기에서 떨어져 있는 상태인 이 배교는 무엇인가?'를 아는 것입니다. 그것이 지금 중요하지, 그것을 떠나서 무슨 다른 이상한 문제를 이야기할 것이 없습니다.

그런고로 언제든지 핵심은 복음이 있은 다음에야 배교라는 이야기도 있다는 것입니다. 복음 자체가 희미한데 배교 이야기를 먼저 하고, 소위 무신론적인 기독교의 이야기를 먼저 하고, 세속화 기독론을 자꾸 이야기해 보아야 그것이 무슨 대단한 문제가 될 것이 없는 것입니다. 세속화 기독론이라는 것이 있기 전에 벌써 사회 복음주의라는 것이 돌아다녀서 '우리는 사회에 대한 책임자로 서야겠다' 하면서 예수님의 산상보훈을 중심 삼은 그런 현대화 운동이 한 세기 전에나 혹은 반세기 전에 이미 다 나왔습니다. 이제 와서 세속화(secularization) 혹은 세속화한다(secularize)

고 하면서 세상에 들고 들어가서 일을 한다고 해 보아야 그것이 새로운 학설이 될 까닭이 없는 것입니다. '하나님은 죽었다'(God is dead)라고 한 것도 대담하게 그렇게 선언했다는 것뿐이지, 과거에 18세기부터 지금까지 하나님이 없던 무신론적인 기독교인들이 얼마든지 있었습니다. 그 사람들이 교회를 이만큼 다 혼탁하게 만들고 그들로 인해 배교하는 주동적인 조류가 이루어졌다는 것을 우리가 역사에서 다 보는 것입니다. 이것이 하나라도 신기한 일인가 하면 신기한 이야기는 하나도 없고 다 있던 이야기입니다. 그런데 이것이 오늘날에 와서야 이런 것같이 거기에 우리의 주의를 자꾸 돌리려고 하고 그것이 중요한 것같이 떠들고 신문 지상에 떠들고 야단 낼 때 거기에 마음을 빼앗긴다면 그것은 언제든지 가장 중요한 것에서 벗어나서 다른 데로 이끌고 나가려는 마귀의 책략 가운데 또한 빠져 들어가는 것입니다. 참되고 명민(明敏)한 기독교의 교사요 하나님의 은혜를 받은 교사 같으면 무엇이 중요한 것이고 무엇이 잠시라도 포기해서는 안 되고 무엇이 항상 우리가 떠나 있어서는 안 될 것인가를 이야기하는 것입니다.

'여기 사탕이 있으니까 이것 먹어라. 과자가 있으니까 이것 먹어라' 해서 '아이고, 과자!' 하고서는 과자를 먹느라고 왔다 갔다 하고 그 다디단 물을 먹느라고 왔다 갔다 하는 동안에 밥 때가 지나서 정식으로 정상식(正常食)을 하지도 않고 아침도 안 먹고 점심도 안 먹고 저녁도 안 먹은 채로 과자나 몇 개 먹고 주스나 좀 마시고 돌아다닌다면 그 사람이 배부를 턱도 없고 영양을 보충할 턱이 없는 것입니다. 아무리 달콤하고 아무리 내 입맛과 구미를 잠시 돋우는 것이 있다고 할지라도 우리는 정상식을 늘 해야 하고 거르지 말아야 합니다. 그 정상식이라는 것은 한마디로 복음이라는 큰 테두리 안에 있는 하나님의 구원의 큰 도리인 것입니다. 이것만은 언제든지 명확하게 가르쳐서 명확하게 들어가야 할 뿐만 아니라 그것이 현실적으로 능력 있게 늘 발휘되도록 더 깊이 있게 이야기해 주어야 합니다. 거듭거듭 다시 이야기해 주어야 합니다. 같은 말을 되풀이하라는 것이 아니라 자꾸 깊은 것을 파서 주어야 한다는 것입니다. 그런데 그것은 없고 딴것이 나와 돌아다니는 것은 일이 아닙니다.

그러니까 두 사도와 그 일행은 여러 도시를 돌아다닐 때, 그 도시가 가지고 있는 특색 있는 철학론과 헬레니즘적인 여러 가지 주장들을 상대해서 그것을 검토하고 담론하려는 변설자(辨說者)나 변론자로 돌아다닌 것이 아니고, 분명히 가지고 있는 메시지 하나를 전하려고 하고 어디에 가든지 동일한 메시지를 전하려고 했습니다. 다만 그것을 제시하는 방법이 달랐을 뿐이고 제시하기 시작하는 첫 관문이나 단서가 달랐을 뿐이지 똑같은 내용이었습니다. 큰 제목을 가지고 늘 이야기했는데, 예수 그리스도께서 부활하신 것과 그 부활하신 예수 그리스도로 말미암아 의롭다 하심을 얻는다는 사실을 늘 전하고 나갔습니다.

두 사도는 또한 여러 형식의 종교 속으로 뛰어 들어가서 그 종교 속에 진리의 요소가 조금이라도 있을 때는, 즉 다 틀렸어도 최소한도로 유일신을 인정하는 사실이 있다면 그 최소한도의 출발점 하나를 포착해서 거기서부터 진리를 선포했습니다. 즉 그 사람들이 가지고 있는 종교적인 사상의 어떤 부분이 되었든지 그리스도의 거룩한 도리를 가르치기에 필요한 접촉점 하나를 붙들어서 거기서부터 복음 속으로 끌고 들어갔다는 말입니다. 그렇게 시작했습니다.

사도들이 유대 사람들이 많은 회당에 갔을 경우에 비시디아 안디옥에서 한 연설을 보면 저들이 가지고 있는 전통적인 유대교적 사상과 그리스도의 참된 복음의 공통점을 찾았습니다. 물론 저들이 가지고 있는 전통적인 사상은 성경적 사상이 아니고 왜곡된 유대주의적인 전통이었지만, 그럴지라도 거기에 기독교와의 공통점이 하나라도 있을 때는 그것을 포착해서 거기서부터 복음 속으로 설명해 들어갔습니다. 또한 이교 속에 들어갔을 경우에는 루가오니아 사람들이 가지고 있는 그 소박하고 단순하고 거칠고 아주 이교적인 사상 속에서라도 그들이 신을 섬기려 하고 신에게 제사드리려고 야단 내는 그 속에 들어가서 그들이 가지고 있는 신관(神觀) 하나를 붙들어 가지고 '너희들은 하나님이 이러이러하다고 하지만, 하나님이 어떤 분이신지 아느냐?' 하고 먼저 하나님부터 알리면서 다시 복음 속으로 끌고 들어갔습니다. 이와 같이 여러 형태의 종교 속으로 들어갔지만, 그렇게 여러 형태의 종교 속으로 들어간 것은 그 속에서 어떠한 공통점을 한 가지라도 발견하면 당장에 복음을 거기에 집어넣기 위함이었을 뿐입니다.

마치 주사를 놓는 의사가 아무데라도 쿡 찔러서 주사를 놓는 것이 아니라 주사를 놓기에 가장 편이하고 제일 좋은 자리를 찾아서 결국 꼭 찔러야 할 자리를 찔러서 주사를 놓는 것과 같은 것입니다. '죽 보니까 여기가 좋겠다' 하고 거기서부터 찔러서 복음의 거룩한 도리를 거기에 집어넣기 시작하는 것입니다. 그러면 그 사람들이 가지고 있던 전통적인 사상은 쪼개지는 것입니다. 그렇게 전통적인 사상이 분할되고 파괴될 때는 반동을 일으키든지 사도를 받아들이고 수긍하든지 둘 중의 하나인 것입니다. 이렇게 하는 것이 바울 선생이나 그 일행이 하던 방식입니다. 이와 같이 그들이 가지고 있는 바 진리의 요소와의 공통점을 발견하면 그것을 포착해서 밝히 가르치면서, 그들이 가지고 있는 과오를 시정하고 그릇된 신관은 뒤집어 고쳐 가면서, '이것이 진리이다' 하고 진리를 그릇된 생각 속에서 가려내면서, 저들은 대담무쌍하게 전진하면서 밀고 나갔습니다. 이렇게 해서 하나님 나라는 승리를 얻어 가고 하나님 나라의 전사(戰士)는 전진하여 나아가는 것입니다. 이것이 그들이 가지고 있던 태도입니다.

1차 여행의 귀로: 박해를 받았던 곳으로 다시 돌아감

오늘은 대개 사도가 복음을 전한 방법과 거기에 따른 능력과 또 여러 종류의 경험과 마지막으로는 그렇게 했을 때 받은 위험을 일별(一瞥)하고 최후에는 결론을 이야기했는데, 이것이 루스드라까지의 여행길의 이야기입니다. 이제 귀로(歸路)에 대해서 오늘 본 14:21-28을 보면 마지막으로 도달했던 데가 더베로서 여기에서는 21절에 많은 제자를 얻었다고 했으니까 아마 비교적 평화롭게 복음을 전한 것 같습니다. 이 땅과 관련해서 사도행전 20:4을 보면 '더베 사람 가이오'라는 말이 나오는데, 그는 바울의 동역자이고 친구이고 바울을 여러 가지로 돕던 사람입니다. 가이오라는 사람을 이 디베에서 얻었을 것으로 우리가 다 생각합니다. 여기에 가이오를 얻었다는 말은 안 썼지만, 결국 더베라는 데는 가이오가 살던 곳이고 고향이기 때문입니다. 가이오라는 이름은 로마에 아주 흔히 있는 이름인 까닭에 여러 번 나오는데 신약에서는 사도행전 19:29에도 나오고, 로마서 16:23, 고린도전서 1:14, 요한3서 1절에도 나옵니다. 그것이 다 동일인인가 할 때 다 동일인이라고 말하기는 어렵습니다. 여러 가지로 연구한 결과, 여기 사도행전 20:4과 19:29, 즉 에베소에서 사람들이 가이오를 붙들고 가서 야단 내고 한 그 소란이 났을 때의 그 사람과 동일인일 것이라는 사람도 있고, '아니, 그보다는 로마서에 나오는 바울의 식주인(食主人)인 가이오라는 사람과 고린도전서 1:14에 바울이 세례를 준 가이오가 아마 동일인일 것이다' 하는 사람도 있습니다. 또 어떤 사람은 '이 더베 사람 가이오가 곧 로마서에 나타난 바울의 식주인 가이오요, 또한 고린도전서에 나타난 바 바울이 세례를 준 그 가이오일 것이다' 하는데, 그것이 또 많은 사람의 의견입니다. 어떻게 되었든지 지금 가이오의 문제가 큰 문제는 아닙니다. 이 더베 사람 가이오는 바울의 현저한 추종자요 신실한 신도로 성경에도 몇 번이나 이름이 나오는 사람입니다.

이 더베 땅에 이르기까지 쭉 해 온 여행이라는 것은 긴장의 연속이었지만, 여기 더베로 한 20-30마일 혹은 한 100리가량 하루 종일 길을 걸어서 갔을 듯한데, 더베로 간 후에는 그 원한과 적의를 많이 가진 유대 사람들이 바울의 일행이 어디로 갔는지 아마 추종(追蹤)하지 못했던 모양입니다. 그냥 루스드라를 나가 버렸으니까 더베에는 뒤쫓아 오지 못한 것 같습니다. 그래서 더베에서 복음을 전할 때에는 평화롭게 잘 전하고 많은 제자를 얻었습니다.

그러고서는 이제부터 그들이 무슨 길을 취했는가 하는 것을 볼 텐데, 오늘 저녁에는 그것을 다 공부하려고 하는 것이 아니고 서론만 간단히 하고 끝내려고 합니다. 더베에서 가까운 길은 앞에서 말씀드린 것과 같이 바로 동쪽으로 타우르스 산맥 위에 있는 산길을 그냥 쭉 지나가면 다소에 도착합니다. 그리고 다소에서는 배를 타고 바로 실루기아로 가든지 혹은 육로로 돌아가든지 하여간 비시디아 안디옥까지 가는 데에는 그것이 최첩경이고 가장 신속한 길이자 가장 안전한 길입니다. 지금까지 지나온 그 도시들을 지나갈 필요가 없기 때문입니다. 그러나 만일 그 길을 안 취한다면 이제 다른 길이라는 것은 지금까지 오던 길을 더베에서 루스드라로, 루스드라에서 이고니온으로, 이고니온에서 안디옥으로 해서 버가로, 앗달리아로 가는 길로서 실제로 바울이 취한 그 길인데, 거기는 어디를 지나느냐 하면 다시 자기를 돌로 때려죽인 루스드라와 박해했던 이고니온을 지나고, 자기네에 대해서 좌우간 문제를 일으켜서 결국 쫓겨났던 안디옥 땅을 다시 다 지나간다는 말씀입니다. 그런 곳들은 두 번 다시 들어가기 싫은 곳일 것입니다. 그런데도 바울 선생의 일행은 감연히 일어나서 자기를 돌로 때려서 죽였다고 생각하고 성 밖에까지 내친 그 루스드라를 향해서 또 들어간 것입니다. 어떻게 말하면 대담무쌍하기도 하고 어떻게 보자면 만용(蠻勇)이 있는 것 같기도 하고 그렇습니다. 어떻게 보면 사람이 지혜가 없어서 자기를 돌로 때려죽이려고 한 데로 또 들어간 것처럼 보이기까지 합니다. 그렇게 신속하고 안전하고 가까운 길을 버리고 20-30마일을 더 걸어서 루스드라로, 20마일이나 더 걸어서 이고니온으로, 거기서 또 50마일을 더 걸어서 안디옥으로 갔다가 남쪽으로 내려와서 해안으로 온 것입니다.

여기를 지나려면 물에 불은 산곡(山谷)의 큰 내를 건너는 위험도 있고 산속의 불한당들의 위험도 있지만, 그러나 홍수로 말미암아서 산골짜기에 불어 있는 내를 건너는 위험이나 삐죽삐죽한 바위 사이를 건너가는 위험이나 또 호젓한 산속에서 도적놈을 만나는 그 위험은 열광주의에 빠진 유대 사람을 만나는 위험보다는 훨씬 작은 위험이었습니다. 그러므로 도적의 위험과 강의 위험과 기타 여러 가지 겪은 일들을 20년 후에 바울 선생이 다 썼습니다. 고린도후서 11:25을 보면 돌로 맞은 위험에 대한 이야기도 했습니다. 돌로 맞은 것은 단순한 위험이 아닙니다. 그것은 20년 후에 쓴 기록이지만 20년이나 지났어도 돌로 맞았다는 사실이 그에게 강한 인상을 주었기에 그렇게 쓴 것입니다. 그런데도 그 길을 다시 취했다 그 말입니다. 지나온 곳곳마다 분내고 성내는 사람들을 남겨 놓았습니다. 특별히 바울 선생을 죽이려고 마구 증오를 일으킨 사람들을 남겨 놓고 온 것입니다. 그래도 돌아가는 길에 그곳들을 다시 방문해서 얼마간씩 거기에 유한 다음에 마침내 안디옥으로, 버가로, 앗달리아로 해서 배를 타고 돌아갔습니다.

이러한 귀로(歸路) 말고, 바울 선생이 맨 처음에 지나가던 왕로(往路)는 한마디로 말하면 선교의 여행이요 개척의 여행이었습니다. 처음으로 버가에 갔고, 처음으로 비시디아 안디옥에 갔고, 처음으로 이고니온에 갔고, 처음으로 루스드라에 갔고, 처음으로 더베에 갔습니다. 그래서 간 데마다 새 복음을 전파해서 역사하게 했고, 그로 말미암아 사람들은 갈리고 그 시는 분쟁으로 나뉘고, 그로 말미암아 검(劍)이 거기에 떨어져서 사람들은 두 개의 분역(分域)으로 나뉘어서 질투하고 반대를 하든지 기쁨으로 그것을 받고 제자가 되든지 하게 만들었습니다. 이제 귀로는 어떠냐 하면 돌아가는 길도 그것대로 독특한 의미가 있었습니다. 그 독특한 의미를 이다음 시간부터 차례차례 찾아보겠습니다. '왜 그 길을 취해서 갔는가? 그 길을 취해서 그는 무엇을 하려고 했는가?' 하는 것을 우리가 생각해 보자는 말씀입니다. '무슨 가치가 있기에 만용과도 같은 이 용기를 냈는가?' 거기에 필연적으로 중요한 이유가 없었으면 그런 용기도 안 냈을 것입니다. 그리고 '거기서 성취한 것은 무엇인가?' 그런 것들을 우리가 이다음 시간부터 공부해 나가겠습니다.

기도

거룩하신 아버지시여, 아버님의 귀한 종이요 택하신 그릇으로서 이방 사람에게 복음을 전하고 보편의 교회를 세우는 데에 쓰임을 받아 '교회를 사도와 선지자들의 터 위에 세우셨다'고 할 때 포함된 인물인 바울 선생의 전도의 여행길을 저희가 더듬어 볼 때마다 그 속에 있는 불타는 정신과 위대한 성신님의 능력이 나타나는 데 아주 유용하고 기능이 있는 그릇으로서 깊이 존경할 수밖에 없는 그의 존재가 오늘날 저희에게 깊이 가르치는 바가 있고 생각하게 하는 바가 있사오며, 그러므로 그와 같은 거룩한 그릇을 들어 쓰시사 참으로 이 보편의 교회의 큰 초석으로 삼으신 것이요 그래서 그 초석 위에 세움을 받아서 오늘날 저희도 있는 것을 또한 생각하옵나이다.

오늘날 저희도 저희의 부분에서 저희의 본분을 다할 수 있게 하시고, 저희도 오늘날 주님의 말씀을 가지고 나아갈 때에 이 거룩한 정신이 동일한 성신님의 역사로 저희 안에 역사하게 하시옵소서. 타협이 없이 일관해 나가던 그의 정신을 체(體) 받게 하시고, 진리를 가지고 나갈 때 두려움이 없이 진리의 그 위대한 승리의 힘과 정복의 능력을 유감없이 발휘하려고 하던 그의 간절한 소원과 그의 적극적인 행동과 그 전투의 전사와 같은 태도를 저희도 가질 수 있게 성신님으로 역사하시고 인도하시며, 그들이 가지고 있던 아주 세밀한 주의(注意)와 지혜를 오늘날 저희도 가지게 하여 주시옵소서.

이리하여 신성한 이름과 아름다운 명목을 가지고 있으면서도 내심 깊이 파고 들어갈 때에는 결국 자기의 세상적인 욕망과 자기 자신의 영예와 자기 자신의 발전과 성공에 마음이 끌려서 자기 정신 가운데 휩쓸려 세상에 속한 생각으로 자칫하면 방황하기 쉬운 저희들을 불쌍히 여기시고 붙드사, 주께서 맡기시고 주께서 원하시는 것이 무엇인지를 올바로 깨닫게 하시고, 저희가 잘못된 데로 방황하지 않게 하시며, 또한 저희 마음 가운데 주께서 선택하시고 은혜 주신 것을 끝까지 깊이 간직하고 나아가게 하시고, 저희 교우들 하나하나가 주님이 어떠한 은혜를 주셨으며 무엇을 요구하시는가를 올바로 깨달아 알게 하시옵소서. 이리하여 저희들에게 맡기신 이 거룩한 사명이 지혜롭고 주의 깊고 용기 있게, 성신님이 쓰시는 능력 있는 그릇답게 저희에게서 다 나타나게 되기를 원하옵나이다. 주님, 저희들을 붙드시고 끝까지 성신님으로 역사하시며 주장(主掌)하시고, 큰 지혜를 주시고, 주님이 인도하시는 길을 명확하게 보게 하시옵소서.

주 예수님 이름으로 기도하옵나이다. 아멘.

1966년 6월 1일 수요일

제2강

바울 사도는 왜 왔던 길로 되돌아갔는가

사도행전 14:20-28

[20]제자들이 둘러섰을 때에 바울이 일어나 성에 들어갔다가 이튿날 바나바와 함께 더베로 가서 [21]복음을 그 성에서 전하여 많은 사람을 제자로 삼고 루스드라와 이고니온과 안디옥으로 돌아가서 [22]제자들의 마음을 굳게 하여 이 믿음에 거하라 권하고 또 우리가 하나님 나라에 들어가려면 많은 환난을 겪어야 할 것이라 하고 [23]각 교회에서 장로들을 택하여 금식 기도 하며 저희를 그 믿은 바 주께 부탁하고 [24]비시디아 가운데로 지나가서 밤빌리아에 이르러 [25]도를 버가에서 전하고 앗달리아로 내려가서 [26]거기서 배 타고 안디옥에 이르니 이곳은 두 사도의 이룬 그 일을 위하여 전에 하나님의 은혜에 부탁하던 곳이라. [27]이르러 교회를 모아 하나님이 함께 행하신 모든 일과 이방인들에게 믿음의 문을 여신 것을 고하고 [28]제자들과 함께 오래 있으니라.

제2강

바울 사도는 왜 왔던 길로 되돌아갔는가

사도행전 14:20-28

복습: 제1차 전도 여행의 행로와 귀로

    제1차 여행은 수리아 안디옥에서 시작해서 서쪽으로 한 20마일 거리에 있는 해항(海港)인 실루기아로 가서 배를 타고 구브로의 살라미로 갔고, 다시 구브로를 횡단해서 바보에 갔는데, 거기에서 그 유명한 엘루마의 이야기가 있었고, 또 사울이라는 이름이 바울로 바뀌기 시작하는 것을 보았습니다. 거기서 다시 배를 타고 북쪽으로 가서 밤빌리아의 버가에 도착했는데 거기서 마가 요한이 떠났고, 거기서부터 북쪽으로 올라가서 비시디아의 안디옥에 이르렀다가 다시 이번에는 한 50마일이나 동남행을 해서 이고니온으로, 이고니온에서 그다음에는 루가오니아 지방으로 갔습니다. 이고니온은 아마 브루기아 지방의 변경인 것으로 대강 생각합니다. 루스드라에서는 유명한 주피터와 머큐리, 즉 제우스와 헤르메스의 신(神) 소동이 일어나서 야단이 났다가 나중에는 핍박을 만났습니다. 비시디아 안디옥에서는 쫓겨났고, 이고니온에서는 사색(死色)이 박두했을 때 모피(謀避)할 수가 있었지만, 루스드라에서는 마침내 돌에 맞아서 죽었습니다. 그래서 성 밖에 내쳐졌지만 하나님의 은혜로 다시 살아나서 다시 성안으로 들어갔다가 상당히 먼 길을 걸어서 아마도 하룻길을 종일 걸어서 더베로 갔습니다. 더베에서는 아마 무슨 핍박이 없은 듯합니다. 더베에서는 주의 제자를 많이 삼았습니다.

더베는 타우르스 산 바로 밑에 있는 고을이니까 거기서 타우르스 산을 향해서 올라가서 한 능선을 타고 죽 내려가면 금세 길리기아 도로 들어가서 다소로 내려가고, 다소에서부터는 배를 타고서 수리아 안디옥으로 들어가기가 대단히 편합니다. 그렇지만 그 가깝고 안전한 지름길을 취하여 가지 않고 오히려 더베에서부터 회정(回程)하여 전에 자기를 박해했던 루스드라 땅으로 다시 갔다가 거기서 이고니온과 비시디아 안디옥으로 갔다가 다시 남쪽 해안으로 내려와서 밤빌리아의 버가로 와서 서쪽 해안에 있는 해항인 앗달리아라는 데로 가서 비로소 배를 타고 수리아 땅인 실루기아로 돌아와서 거기서 안디옥으로 들어갔습니다.

이러한 귀로를 취했다는 것을 우리가 지난번에 배웠는데, 학자에 따라 한 2년가량 연대의 차이가 납니다. 조금 이른 연대로 볼 때 제1차 여행은 주후 45년에서부터 48년까지 한 2년간 1,500마일에 걸친 긴 여행이었습니다. 우리나라 이수(里數)로는 6천 리에 뻗친 긴 여행이라는 말씀입니다. 서울에서 부산까지가 약 천 리라고 하면 그 거리의 여섯 배나 되는 거리를 도보와 배를 타고 죽 다니면서 핍박을 받으며 전했고, 돌아오는 길에는 물이 불어난 험곡(險谷)의 탁류의 위험을 그냥 견뎌 내기도 하고 호젓한 산길의 강도의 위험을 겪기도 했을 것입니다. 그러나 열광적인 유대 사람의 박해에 비교하면 그런 것은 차라리 마음에 큰 공포를 주지 않았습니다.

유대 사람들 가운데 마음이 열리고 개화(改化)한 사람들, 즉 하나님께서 그 마음을 여셔서 복음을 받게 하신 사람들은 경건하게 주님을 따라가고 두 사도를 지지하고 나아갔지만, 자기의 전통 종교 가운데 푹 젖어 있어서 모든 것을 단견(短見)으로 보고 하나님의 크신 영광을 볼 줄 모르는 사람들은 전통과 독단과 자기네가 독선적으로 가지고 있던 것들에 대한 강한 집념 때문에 큰 반발을 일으켜서 마침내 '주동자인 사울을 죽이자!' 하는 데까지 이르렀습니다. 그래서 죽도록 돌을 맞았으면 아무 흔적이 없을 수가 없습니다. 돌로 아무 데나 함부로 막 난타를 한 것이니까 얼굴이고 두개골이고 팔뚝이고 몸뚱이고 가슴이고 어디든지 돌로 맞은 것입니다. 그래서 바울 사도의 얼굴에도 돌로 찢어진 흔적이 있었을 것입니다. 그것이 아직 아물기 전에 일어나서 루스드라 성에 들어갔다가 바로 그 이튿날 더베를 향해서 50km 혹은 거의 130리나 되는 먼 길을 하루 종일 걸어갔습니다. 그리고 더베에서 제자들을 많이 얻고 다시 돌아왔습니다. 바울 선생의 말을 듣고서 주께 돌아온 사람들이 그의 얼굴을 쳐다볼 때 전에 자기네에게 말씀을 전하던 그 평온한 얼굴이 아니고 이지러지고 상한 흔적이 있는 얼굴을 보았을 것입니다. "내 몸에 예수의 흔적을 가졌노라"(갈 6:17) 하고 말한 대로 흔적을 가진 얼굴로 말씀을 전한 것입니다.

어려운 귀로를 택한 이유: 선포한 복음을 해명함

어쨌든 그는 더베에서 타우르스 산 능선을 타고 가는 안전하고 가까운 길을 취하지 않고 멀고 답답한 길을 취했습니다. 더베에서 루스드라까지 가는 거리는 사람들이 지도를 가지고서 재기도 하고 길을 가지고 재기도 하는데 어떤 길을 취했느냐에 따라서 거리가 달라집니다. '더베에서 루스드라까지 20마일이다' 혹은 '30마일이다' 하고 말들을 하는데, 대체로 나중에 학자들이 가서 조사하고 재 본 결과 한 50km 서북쪽으로 올라가야 루스드라입니다. 루스드라에서 또 동북쪽으로 32km 올라가면 이고니온입니다. 그러나 그때 어떤 길을 취했는지 우리가 알 수 없습니다. 어디에 길이 났는지도 알지 못합니다. 우리가 오늘날 서울에서 부산까지 간다고 할 때 오늘날 다니는 길과 옛날 임진왜란 때 사람들이 다니던 길은 서로 다를 것입니다. 반드시 저쪽 중앙선을 타고 내려가는 길을 꼭 타고 가는 것은 아닙니다. 그러나 저 아래 부산에서부터 올라올 때는 오늘날의 중앙선에 가까운 길들로 올라옵니다. 그래서 문경새재를 넘어서 오고, 그렇지 않으면 충주로 해서든지 강원도의 길로 해서 올라오게 되어 있습니다. 또한 지금은 길을 넓혔지만 옛날에는 그렇지 않습니다. 큰 신작로(新作路)가 나면 옛날에 있던 길은 다 없어집니다. 그런 길은 그냥 소로(小路)에 불과하니까 거기에 곡식을 심어 버리면 언제 길이 있었는지도 지금에 와서는 알 수 없는 것입니다.

  그와 같이 바울 선생 일행이 어떻게 돌았는가를 모르니까 우리가 정확하게 잴 길이 없습니다. 그러나 길이 험하고 어려웠을 것이고 오늘날처럼 잘 포장된 그런 길들이 아니었습니다. 또한 가급적 단거리로 다닐 수 있도록 막 산을 끊고 터널을 뚫을 수 있는 기능이 있었던 것도 아니니까 오늘날과 같은 신작로가 그때 있었을 리가 없습니다. 그런고로 산은 넘어야 하고 물은 어떻게든지 돌아서 가장 건너기 쉬운 데로 우회하여 건너도록 만들어 놓았지, 물이 깊든지 옅든지 거리를 재서 가능한 곳에 큰 다리를 놓고 넘어가게 하는 일이 그렇게 쉬운 일이 아니었습니다. 물론 로마 제국의 국도(國道)가 있는 데는 쉽게 갈 수 있었습니다. 로마는 세계 사방을 점령하고 군사로를 만들어 놓았습니다. 치안상 행정상 필요해서 로마로 통하는 길들을 다 만들어 놓아서 다른 대륙을 향해 가는 거대한 도로상에 있는 도회들도 있기는 있습니다. 그래서 비시디아 안디옥과 이고니온까지는 그런 길을 연(連)해서 길을 만들었습니다. 그렇지만 루가오니아 지방으로 들어가면 이것은 분기점에서 딴 길로 들어가는 것입니다. 그곳은 소박하고 단순하고 아주 미신적이고 타우르스 산 밑을 향해서 자꾸 들어가는 소읍들입니다.

  이러한 곳을 다니면서 바울 선생이 갈 때에는 주로 복음의 말씀을 전파하고 갔습니다. 제1차 여행에서는 복음의 선포와 그것을 믿게 하는 데에 주력하고, 복음을 믿는 제자들이 생긴다는 것이 중요한 문제입니다. 제일 중요한 것은 복음을 선포하고 그 선포에 의해서 제자들이 생기는 것입니다. 그렇지만 복음을 선포할 때 첫째로 부활의 그리스도를 선포하고 둘째로 부활의 그리스도 안에서 사람이 믿음으로 말미암아 의롭다 하심을 얻는다는 내용을 선포하지만, 이 거대하고 호방한 진리의 내용을 한번에 전부 다 깨닫고 알게 할 수는 없는 까닭에 처음에는 대의(大意)를 이야기하되 그때의 정형과 그 사람들이 가지고 있는 지식, 즉 하나님에 대한 지식의 정도에 따라서 그 사람들이 가지고 있는 재료가 풍부하면 풍부한 대로 빈곤하면 빈곤한 대로 그것을 출발점으로 삼아서 복음을 전피해 나갔던 것입니다. 그래서 많은 사람들이 그 소리를 들을 때에 믿거나 반대하거나 둘 중의 하나였습니다. 그 사람들 위에 성신님이 역사하실 때 그 말씀이 그들의 마음을 지배해서 제압하든지 아니면 그들의 마음을 격동케 하든지 한 것입니다. 그래서 사람들이 갈라져서 쟁론을 하고 고을이 나뉘어져서 시끄럽게 되었습니다. 이렇게 사방에 검을 던지는 그 일을 해 나갔습니다.

바울 선생은 복음을 들은 사람들에게 믿음 가운데 굳게 거하기를 당부하고 때때로 핍박이 박두하면 총총히 떠나기도 하고 핍박을 받아 부득이 떠날 수밖에 없어서 떠나기도 했습니다. 즉 추방당해서 쫓겨나기도 한 것입니다. 이러한 까닭에 복음을 그들에게 충분히 가르칠 여유가 없었을뿐더러 또한 모든 환경이나 현상이 복음을 충분히 가르치지 않아도 좋도록 안한(安閑)하지를 않았습니다. 이방 사람이나 유대 사람이나 복음에 대해서 반대하는 사람은 반감과 적의를 품고 있는데, 두 사도가 떠난 다음에 그 반감과 적의를 받는 사람들은 그 자리에서 믿었던 사람들입니다. 그런고로 바울 선생은 자기가 갈 수 있는 쉽고 안전한 길을 취하여 그냥 곧바로 가 버리지 않고, 반감과 적의를 가진 많은 유대인들과 이방인들의 직접적인 증오의 대상이 된 외롭고 슬픈 이 제자들을 위해서 다시 루스드라로 들어간 것입니다.

그런고로 어째서 바울 선생이 이렇게 까다롭고 어려운 길을 택했는가, 즉 어째서 쉽고 안전한 타우르스 능선을 걷는 귀로를 택하지 않고 자기를 핍박하고 쫓아내거나 박해하려고 덤벼든 그 도시들을 대담무쌍하게 다시 방문해서 거기에 필요한 만큼 있으면서 일을 했는가 할 때, 귀로를 이렇게 택한 중요한 첫째 이유는 그동안 바울 선생이 전파한 그 진리의 중요성과 그 뜻을 깊이 가르치고자 한 것입니다. 먼저는 복음의 선포(proclamation)가 있었습니다. 맨 처음에는 복음을 선포했습니다. 복음은 간청하는 것이 아니고 항상 선언하는 것입니다. 영어로 말하면 디클레어(declare)하는 것이고 프로클레임(proclaim)하는 것입니다. 복음을 선포하기 위한 선교의 여행이었지만, 지금은 다시 그 복음을 풀어서 가르치고 진리를 해명하려는 길을 걷고 있는 것입니다. 먼저는 선포자(herald)의 길을 걸었고, 지금은 스승으로서 진리를 해명해서 꼭 잘 가질 수 있게 먹이려고 가는 목자다운 길을 걷기 시작한 것입니다. 이렇게 하나님의 교회에 필요한 것은 첫째로, 복음의 선포로 말미암아 기초가 세워지면, 둘째로, 복음을 올바로 순순히 해명해서 그것을 가장 순서 있게 먹여 줌으로 말미암아 그 기초 위에 집을 짓기 시작하는 것입니다. 이렇게 교회가 교회답게 자기의 속성을 나타내기 위해서는 먹이는 일이 필요했기 때문에, 먹이는 그 일을 위해서 바울 선생은 쉽고 안전한 길을 취하지 않고 다시 자기를 박해하고 돌로 때려서 죽였던, 인상이 나쁜 도시라도 다시 찾아가기 시작한 것입니다. 이것이 첫째의 중요한 이유입니다.

주님의 부활과 부활의 그리스도를 선포했지만, '부활의 그리스도라는 거룩한 진리의 선포가 무엇을 포함하며 무엇에 적용되어야 할 것인가, 오늘날 무슨 실효를 나타내는 것인가' 하는 것은 따로 해명하고 가르쳐야 합니다. 그러한 까닭에 그러한 해명과 가르침을 위해서 바울 선생은 복음을 전한 곳으로 다시 돌아가서 제(諸) 이방에 거룩한 사역을 하는 것입니다. 이와 같이 '부활의 그리스도 안에서 사람이 믿음으로 말미암아 의롭다 하심을 얻는다' 하는 대지(大旨)를 선포했지만, 부활의 그리스도 안에서 믿음으로 의롭다 하심을 얻는다는 것은 무엇을 포함하고 있으며 실질상 무엇을 의미하고 있는가를 깊이 가르치지 않으면 처음 들은 그 사람들은 그것을 알 길이 없습니다. '여러분은 믿음으로 의롭다 하심을 얻습니다' 하는 말만을 가지고는 알 길이 없는 것입니다. '무엇이 의롭다 하심을 얻는다는 뜻이냐? 하나님께서 하나님의 법정에서 너희를 의롭다고 선포하신다면 너희에게는 어떤 실효가 발생하느냐? 하나님 나라에서 하나님이 혼자 그렇게 하시면 그만이냐, 그렇지 않은 것이냐?' 하는 것을 일러주어야 한다는 말씀입니다. 이와 같이 복음의 선포와 복음의 전파가 있은 다음에는 항상 거룩한 도리의 해명이 있어야 합니다. 복음을 잘게 나누어서 각각 믿음과 장성의 분수대로 먹여 준다는 사실이 교회에서 복음의 선포 다음에 바로 와야 할 중요한 사실입니다. 마치 터를 닦고 초석을 놓았으면 그 위에 벽돌을 쌓든지 기둥을 세우든지 해서 집을 짓는 것처럼 이와 같은 것들이 교회라는 집을 짓는 데에 절실히 필요한 것입니다.

바울 선생의 그와 같은 길은 오늘날 우리에게 생각하게 하는 것들이 있습니다. 물론 어떤 교회든지 처음에 미개척지를 개간하고 개척해서 교회를 세울 때는 복음의 선포에 의해서 교회를 세우는 것입니다. 그 닦아 둔 터는 다른 어떤 것도 아니고 예수 그리스도의 사실입니다. 즉 그리스도의 죽으심과 다시 사심이라는 큰 사실을 선포할 때 그것을 받은 사람들 속에 성신님이 역사하심으로 말미암아 거룩한 교회의 초석이 놓이는 것입니다. 그러나 그것으로 끝나는 것이 아닙니다. 그다음에 반드시 따라와야 할 중요한 문제가 있습니다. 그렇게 선포한 거룩한 복음의 내용이 전제가 되어서 점점 밀고 나가는 것이 있어야 합니다. 즉 그다음에 오는 중요한 도리들을 계속 해명해서 가르침으로써 그 초석들 위에 기둥을 세우고 벽돌을 쌓고 나중에는 지붕을 얹고 방을 꾸미고 해서 집을 지어야 하는 것입니다. 그런데 여기저기에 복음을 선포하는 일은 열심히 하면서도 기둥을 세운다든지 벽을 쌓아올린다든지 집을 지어 올리는 일이 빈약하면 아무리 많은 세월이 간다고 해도 집이 저절로 세워지지는 않는 것입니다. 어디든지 미개지(未開地)에 들어가서 하나님의 말씀의 핵심이요 가장 큰 대지(大旨)로서 구원의 도리의 큰 강령인 복음의 사실들을 먼저 선포하면, 그다음에는 그 사실들이 포함하고 있고 그 사실들이 적용되어야 할 문제들을 순순히 깊이 그리고 점진적으로 차서 있게 가르치는 사실이 늘 중요합니다. 일방 선포하면서 일방 가르치는 것입니다.

그런고로 교회에서 강설이라는 것은, 처음에 전도를 위해서 시작할 때는 기초를 놓는 것이고, 그다음에는 거기에 집을 짓기 위해서 복음을 해명해 나가는 것입니다. 그런데 집을 지을 때에는 이미 닦아 둔 터 위에 집을 짓는 까닭에 다른 것으로 집을 짓는 것이 아니고, 반드시 선포한 복음이 포함하고 있고 그것이 전제가 되어서 요구하는 거룩한 도리를 차서 있게 이야기해 나가야 합니다. 그렇게 하지 않고 딴것을 주면 집이 안 됩니다. 집을 지을 때는 주초(柱礎)를 놓은 다음에 기둥을 세우는 것이지, 주초를 놓은 다음에 주초 위에 그냥 큰 들보를 걸쳐 놓고 그 위에 지붕을 쌓는 사람은 없습니다. 그러면 집이 안 됩니다. 벽도 없고 기둥도 없고 주초 위에 지붕만 있는 집이 됩니다. 주초 위에 지붕만 있는 집이 무슨 집입니까? 그런고로 우리에게 중요한 것은 교회가 맨 처음에는 복음의 기초인 예수 그리스도의 죽으심과 다시 사심의 사실을 가르쳐야 하지만, 그다음에는 그 죽으심이 필연적으로 초래하는 현실적인 적용과 실효를 가르쳐야 한다는 것입니다. 다시 사심의 오늘의 의미와 그 실효성을 가르치는 것입니다. 또한 그것이 무엇을 포함하고 있고 무엇을 요구하느냐 하는 문제를 가르쳐야 합니다. 그렇게 차례차례 순서 있게 가르쳐 나가는 것이지, 순서 없이 동서남북으로 다니면서 가르치는 것이 아닙니다. 우리가 주일날이나 혹은 어떤 때 대도(大道, main track)에서 잠시 곁길로 들어서 중요한 몇 가지나 그때의 시기에 적절한 것을 잠깐 이야기하고 갈 수는 있으나, 그것이 반복되거나 많거나 해서 본길은 어디로 가고 갓길 이야기만 자꾸 돌아다니면, 그 교회는 정상적으로 제대로 된 교회의 면목과 교회에 필요한 내용을 갖추지 못하게 되고 신령하고 거룩한 기관으로서의 기능을 갖추지 못하게 되는 것입니다. 그렇게 될 때에는 필연적으로 이상이 있는 비정상적인 교회의 현상이 나타나는 것입니다.

그리고 처음에 복음을 가르칠 때, 즉 복음의 처음 선포에서도 사람들이 요구하는 공리적(功利的)인 대가(代價)에 대한 이야기를 중점적으로 하게 되면 복음이 포함하고 있는 내용이나 그 내용의 중점이 이질적으로 변할 수 있습니다. 그와 같은 일이 우리 한국에 발생했으니까 이런 말을 자꾸 하는 것입니다. 그러니까 우리는 이런 데 대해서도 명백하게 늘 주의를 하자는 것입니다. 우리의 과거를 비난하자는 것이 아니라 우리가 과거에 이러했으니 이제는 주의해야겠다는 것입니다. 우리가 이만큼 병이 들었다는 것을 깨닫자는 것입니다. '예수를 믿으라' 할 때 예수 그리스도의 죽으심의 거룩한 값과, 죄의 두려움과, 하나님의 사랑과, 사랑의 준비와, 그 준비가 어떻게 구체적으로 역사 위에 나타난 것과, 그것을 오늘날 내가 어떻게 받을 수 있는가 하는 것과, 그것을 받은즉 하나님의 거룩하신 진노가 옮겨질 뿐 아니라 예수 그리스도의 죽으심과 다시 사심이 나에게 초래하는 새로운 생명을 받는다는 것과, 새로운 생명으로 말미암은 변개(變改)와, 변개로 말미암은 성신님의 내주(內住)와, 변개와 함께 내주하시는 성신님이 새사람이 된 나에게 내 안에서 그리스도가 나타나는 생활을 요구하신다는 사실과, 이렇게 되는 것은 하나님의 영광과 하나님의 거룩하신 나라를 위한 것이라는 사실과, 그 하나님의 영광과 나라가 땅 위에 사는 동안에 우리의 생활과 마음 가운데서 구현되고 그다음에는 우리 형제들 가운데, 즉 우리의 교제와 성도의 교통(communion) 가운데서 구현된다는 사실과, 이것이 결국은 하나의 사회적인 세력이 되어서 사회에 뻗어 나가면 인류의 역사 위에서는 반신국적(反神國的) 요소가 있어서 그것이 어떻게 공격한다는 사실과, 그러므로 의를 위해서는 핍박을 받게 된다는 것과, 하나님의 나라를 구현하고 하나님 나라가 이 땅 위에 실현되어서 우리가 그 안에 들어가 살려면 많은 환난을 겪지 않으면 안 된다는 말씀이 필요한 것입니다. 이런 것들을 순서를 찾아서 말하는 것입니다.

바울 사도의 모범과 한국 교회의 그릇된 현실

그런데 처음부터 그런 식으로 하기보다는 '예수를 믿으시오. 예수 믿으면 죄 사함을 받을 뿐 아니라 천당 갑니다' 합니다. 여기에 물론 거짓말이 하나도 없습니다. 그러나 복음의 중점이 어디에 있는가 하면 천당 간다는 데에 있습니다. 그것은 어디까지나 '내가 살아서 고생하고 이 시시하고 신산(辛酸)한 땅에서 늘 고생만 하고 살지만, 우리도 잘사는 날이 있다. 천당 가면 잘산다. 영원 복락을 누린다'고 해서 영생 복록(福祿)과 영원 복락이라는 말이 항상 그에게는 가장 큰 생활의 대지(大旨)가 되어 움직입니다. 그럴 때 그 사람은 잠을 자면서 꿈에서 살고 현실에서는 살지 않고 현실의 가치에 대해서는 중시하지 않게 되는 폐단이 생기게 됩니다. 꿈꾸다가 죽으면 그 사람은 그대로 죽는 것이고, 현실에서 의와 가치를 발휘하고 적극적으로 열매를 맺은 사람과는 도무지 비교할 수 없는 빈약한 생애가 되고 마는 것입니다. 이렇게 해서 기독교는 땅 위에서 빈약하게 되고 빈약한 까닭에 증거자로서 힘이 없게 됩니다. 증거자로서 힘이 없는 기독교는 결국 적의 공격을 받을 때 무너지기 쉬운 것입니다. 그래서 허다한 잡다한 사상과 그릇된 것이 와서 침입할 때, 그런 것들이 진실과 경건이라는 형태를 취하고 나타날 때 거기에 압도당하기 쉬운 것입니다. 그러한 현실들을 우리는 과거의 교회 역사에서, 한국 교회의 역사에서 많이 보지 않습니까?

  왜 그렇게 되었습니까? 전형적인 선교사(model missionary)요 전형적인 교사요 가장 모범적인 목사인 바울 선생이 성신님의 은혜로써 그리스도의 거룩한 교회를 어떻게 세웠는가 하는 중요한 역사(歷史)가 있는데도 그런 것은 비교적 외면하고, 어디서 배웠는지 알 수 없으나 첫째는 사람의 감정과 종교의 열정에 호소하고 공리적인 요구에 적응해서 호소를 해 나갔고 그다음에는 별로 한 것이 없습니다. 예수님의 죽으심의 크신 공효가 오늘 현실상 나의 죄를 사한다는 하나님의 사유(赦宥)의 은혜의 행동으로만 끝나는 것이 아니고, 그 은혜가 나 자신에게 어떻게 적용되어서 구체적으로 인격적으로 발휘되어야 하느냐 하는 문제에 대해서는 비교적 이야기가 빈약했다는 말씀입니다. 그리스도의 죽으심과 그 대속(代贖)의 대가(代價) 때문에 일어난 하나님의 용서의 사실만을 강조했지, 하나님께서 나를 어떻게 죄의 기반(羈絆)과 질곡(桎梏)과 속박과 노예 상태 속에서 건져 내 주셨느냐 하는 것, 즉 어떻게 나를 죄의 권세하에서 건져 내 주셨느냐 하는 것을 강조하는 것이 약했습니다. 그 대신 무엇을 강조했는가 하면 '예수를 믿으려면 핍박을 받아야 한다는 법칙이 있으니 핍박과 환난을 무릅쓰고라도 이 법칙을 절대로 준수해야 한다' 하고 법을 냈습니다. 예수님의 죽으심의 능력이 실효 있게 나를 능력 있는 사람으로 만들어서 그 능력의 발휘로 필연적으로 법을 성취하는 것이 아니라, '예수 믿는 사람은 이렇게 해야 한다' 하고 사람이 먼저 감각으로 인식할 수 있고 섭취할 수 있게 대외적으로 객관적으로 법을 수립해 놓으니까 '아, 우리가 예수를 믿어서 천당을 가려면 이것을 하지 않으면 안 되겠다' 하는 생각을 하기 시작한 것입니다. '예수를 믿고 이미 하나님 나라에 들어가 있으면 하나님 나라에 들어간 자다운 생활을 이렇게 하는 것이다. 이렇게 하려면 이런 능력이 있어야겠다' 하고 생각하기보다는, '예수를 믿고 천당을 가려면 이만한 고생을 해야지, 이만한 고생도 하지 않고 천당 가려고 생각하면 안 된다' 하고 생각한 것입니다. 그러나 천당에 가려고 고생을 하기 시작했다면 그 고생은 참으로 헛된 고생일 것입니다. 고생한 덕분에 천당에 들어가는 도리는 기독교에는 없습니다. '네가 고생했으니 이제는 내가 평안한 천당으로 맞이하마' 하는 법칙은 없습니다. 그런데도 이와 같은 공리적인 법칙(formula)을 새로 가르치기 시작한 것입니다.

그렇게 하다 보니 건실한 그리스도인의 인격이 나에게 형성되지 않습니다. 예수 그리스도의 십자가에서 나도 함께 죽고 또한 예수 그리스도의 부활로 말미암아 함께 일으키심을 받음으로써 그리스도의 죽음과 부활이라는 사실이 내 안에서 역사적인 실효가 있게 움직인다는 것과, 그로 말미암아 비로소 하나님의 나라가 여기 내 속에서 구현되고 또한 "하나님의 나라는 너희 안에 있느니라"(눅 17:21) 하신 대로 하나님의 나라가 형제의 교통 가운데에서 성립된다는 이 사실은 외면하고, 장차 예수님이 땅에 오셔서 예루살렘의 감람산에 그 발이 임하실 때에 웃시야 왕 때 지진이 나서(참조. 암 1:1; 슥 14:5) 골짜기가 터지듯이 여호사밧 골짜기가 터지면 므깃도 골짜기에서 아마겟돈 전쟁 혹은 므깃도의 전쟁을 하던 천하의 모든 열방들이 그리로 모여들어서는 감람산에 서신 예수님의 심판을 받고 그래서 양과 염소를 나누듯이 나누는 열국에 대한 심판이 있은 후에 땅 위에 천년 왕국을 건설하고 예수님은 예루살렘에 그 보좌를 설치하고 거기에 성전이 중수(重修)되어서 다시 제사를 지낸다고 하는 식의 아주 기형적이고 이상한 꿈과 같은 하나님의 나라를 가르쳤습니다. 날조된 그림과 같은 식으로 일종의 종말론이라고 할 하나의 계획과 아이디어를 만들어서 하나님의 나라를 가르쳤다는 말씀입니다.

  예수 그리스도의 죽으심과 사심에 동참함으로 말미암아, 성신의 내주로 말미암아, 능력적인 그리스도의 인격의 발휘로 말미암아 하나님의 나라가 내 안에서 구현될 뿐 아니라 거룩한 형제끼리의 교통 혹은 코이노니아(κοινωνία) 가운데에 구현된다는 사실이 하나의 새롭고 거대한 사회적인 에너지로서 발휘되기 시작해서 그 에너지가 사회에 있는 비신국적(非神國的)이고 반신국적(反神國的)인 요소와 상충되어서 거기에 하나님 나라의 거룩한 진투 혹은 전투하는 교회(church militant)로서의 선투가 발생한다는 사실을 가르치는 대신, 꿈을 그리고 있고 현세에서는 장차 언제 오실지 모를 주님을 기다리면서 그 주님이 금방 오신다고 항상 망상을 하고 지내는 것입니다. 하나님께서 말씀하신 모든 프로그램과 순서(order)도 다 무시해 버리고 주님이 금방 오늘이라도 오실 것이라는 일종의 허망한 꿈 가운데 사는 것입니다. 그렇게 주님이 금방 오신다고 기다리던 많은 사람이 30년 전에도 죽고 50년 전에도 죽었지만 50년이 지나도록 아직도 오시지 않았다는 사실을 기억해야 할 것입니다. 주님이 50년 후에도 안 오셨는데도 그런 식으로 금방 오신다고 생각하는 것 같은 망상이 없는 것입니다. 그러면 그렇게 생각하는 것이 비정상이고 정당하지 않다는 것을 깨달아야 하는데도 그런 망상을 회개하지 않습니다. 이것이 1930년대에 돌아다니던 이야기인데 30년이 지난 오늘날에도 여전히 그런 소리를 하고 돌아다닌다면 얼마나 암매 가운데에 있으며 얼마나 깨닫지 못하고 있는 가운데에 있는가를 다시 기억해야 할 것입니다.

  바울 선생은 자신이 정상적으로 전한 복음의 대지(大旨)를 이번에는 풀어서 가르치려고, 즉 복음이 포함하고 있는 여러 가지 도리와 그것이 요구하고 있는 다른 여러 가지 사실에 대한 설명과 그것들이 생활 위에 어떻게 적용되어야 하는가를 가르치기 위해서 귀로(歸路)를 그렇게 정하고 나간 것입니다. '꿈과 같은 나라가 장차 올 테니까 그것을 기다리고 어떤 고생이 오든지 가만히 참고 기다리고 있으라' 하는 이야기가 아닙니다. 오히려 '핍박이 있을 때에 왜 너희가 핍박 속에서 끝까지 견뎌야 하는지 아느냐? 왜 의를 위하여 핍박을 받으면 너희에게 복이 있는지 아느냐?' 하는 것을 바로 가르치기 위해서입니다.

바울 선생이 그다음에 쓴 많은 편지들을 보면, 특별히 그의 마지막에 쓴 많은 편지들, 즉 에베소서, 빌립보서, 골로새서 같은 편지들을 보면 그들이 알기를 원했고 그들에게 충만한 지식이 있기를 원했습니다. '올바로 알아라. 어떤 사람이 들어와서 소란을 피우고 쓸데없는 것을 가르칠 것이다. 금방 예수님이 재림한다고 가르칠 것이다. 그러나 그날이 결코 그렇게 오는 것이 아니다. 프로그램이 있는 것이고 순서가 있다. 그날이 이르기 전에 먼저 배교(apostasy)가 있을 것이다. 그리고 저 불법의 사람, 곧 멸망의 아들이 나타나기 전에는 그날이 안 오는 것이다'(참조. 살후 2:3) 하고 가르쳤지, '오냐, 그날이 오늘이라도 온다고 여기고 기다려라. 50년 후에나 30년 후에 올지라도 오늘 저녁에라도 올는지 모른다고 그렇게 생각해야 한다. 왜냐하면 그날과 그 시는 아는 사람이 없다고 했기 때문이다. 그러니 너도 모르는 줄로 알고 기다리고 있어라' 하는 식으로 가르치지 않았다는 말씀입니다.

이런 것들을 생각할 때 항상 우리의 마음 가운데 생각하는 것이 있습니다. 그런 식으로 교회를 먹여서 기르면 그 교회는 70년이 아니라 700년을 길러 놓아도 정상적인 교회가 안 되는 것입니다. 먹을 것을 제대로 안 먹고 쌓을 것을 제대로 안 쌓고 집을 지으면 마치 터를 닦아 놓고 그 위에 조그마한 각목을 세우고 무거운 기와를 얹어 놓은 것과 같아서 그것이 묘하게 잠시 서 있는 것 같지만 곧 쓰러지는 것입니다. 위태해서 사람이 그 속에 살 수가 없습니다. 그렇게 위태한 교회를 세우면 안 되는 것입니다. 교회가 그렇게 위험과 위약(危弱) 가운데 있고 그런 본질적인 약점들을 가지고 있을 때에는 '안 되겠다' 하고 시정하고 그런 약점이 없이 바른 기둥을 가진 바른 교회를 세워 주어야 할 것입니다. 그러지 못할 때에는 언제든지 그런 위약을 피할 길이 없습니다.

그렇게 위약하게 자라 온 교회의 교인들은 그것이 가장 옳은 도리인 줄 알고 그런 암매에서 스스로 벗어날 수도 없을뿐더러 누가 거기서 벗어나라고 말해도 거기서 벗어나면 큰 벼락이나 맞는 듯이 무서워서 벌벌 떨고 앉아 있는 것입니다. 그래서 예수님을 믿은 결과가 종교의 공포 가운데 빠져 들어갔다는 사실뿐입니다. 예수님을 믿어서 자유를 얻은 것이 아니고, 모든 공포와 암매에서 자유를 얻은 것이 아니고, 진리를 따라가면 언제든지 거기에 빛이 있고 기쁨이 있다는 것은 발견하지 못하고, 고작해야 '지금 이런 식으로 사는 것이 전부이니까 여기에서 일보라도 밖으로 나가면 나는 죽는다' 하는 식으로 저주를 받거나 혹은 병이 날 것을 걱정하고, '목사가 강단에서 한번만 저주하면 나는 금방 몇 번씩이라도 봉변을 당하리라' 하는 식으로 생각한다면, 그것은 예수 믿은 결과가 어느 쪽으로 난 것입니까? 이런 것이 예수 믿는 것입니까? 이렇게 해서 예수 믿은 결과가 거두어지는 것입니까?

이런 불행과 괴로움 가운데 젖어 있는 것을 볼 때에 전통이라는 것은 그릇되었든지 잘되었든지 무서운 것입니다. 유대 사람은 그 무서운 그릇된 전통에 콱 박혔을 때 진리의 말씀과 하나님 나라를 선포하는 그 거룩한 사자를 대항해서 그를 감연히 돌로 쳐 죽이려고 작정하고 죽이려고 쫓아다녔습니다. 죽음이라는 미움까지 일으켰다는 말입니다. 미움을 일으키면서라도 전통을 지키는 것을 의로 생각했습니다. "그 형제를 미워하는 자마다 살인하는 자니"(요일 3:15)라고 말씀하셨는데도 그런 것은 생각하지 못합니다. '나는 진리를 위해서 싸운다'고 생각합니다. 진리를 위해서 투쟁한다는 것이 형제를 미워하는 증오로 바뀌었으면 증오가 진리입니까? 증오가 진리가 될 턱이 없는 것입니다. 진리는 증오를 가져오지 않는 것입니다. 참으로 진리라면 증오가 안 생겨야 합니다. 진리를 위한다면서 증오를 일으킨다면 그것이 무슨 진리입니까? 그런 진리를 두 번만 가졌다가는 사람을 죽이겠다는 것을 생각해야 할 것입니다. 그런데도 그런 것은 각성하지 않습니다. 진리를 위해서 한답시고 마음 가운데에는 오백 악귀가 일어나는 것과 같은 짓을 다 합니다. 이런 것은 진리가 아닙니다. 진리의 탈을 쓰고서 속에 증오를 일으키고 증오를 선동하는 마귀의 화전(火箭)인 것입니다.

  그들이 말하는 도리가 나쁘다는 말이 아닙니다. 그러나 도리라는 명목 하에서 이상한 짓들을 하는 것입니다. 성신의 역사로 말미암은 정당성을 결여할 때, 들어가지 않아야 할 것이 들어가고 그것을 잘못되게 받아들이는 것입니다. 말 자체는 나쁠 것이 없습니다. 말이야 바른말을 합니다. 하지만 그 말을 하는 자기가, 논변하는 자기가 증오를 일으킨다면 누가 말하는 것인가 할 때 옛사람이 말하는 것입니다. 옛사람도 기독교를 하는 것입니다. 옛사람도 진리를 이야기한다고 하는 것입니다. 남이 하는 말 그대로 본떠서 합니다. 마귀도 성경 말씀을 욀 수 있는 것입니다. 물론 그렇다고 해서 그것이 진리가 아닌 것은 아닙니다. 다만 진리가 자기를 정복하지 않은 것뿐입니다. 그러나 자기도 정복하지 못하는 진리가 남을 정복할 것을 기다리고 앉아서 남에게 설득하려고 하는 것은 이상한 것입니다. 이러한 까닭에 오늘날 우리가 이런 것을 다시 깊이 생각해야 할 필요가 있습니다.

충만한 지식으로 승리의 생활을 하게 함

　그때에 루스드라에서, 이고니온에서, 비시디아 안디옥에서 많은 사람들이 유대 사람이나 이방 사람들의 박해 가운데에 외롭고 쓸쓸하게 지내고 있고, 그러나 한번 받은 진리의 씨가 그 속에 있는 까닭에 그것을 받아 간직하고는 있으나 아직 깊은 도리를 깨닫지 못하는 가운데에서 뱅뱅 저회(低廻)하고 있을 것을 생각할 때, 바울 선생은 도저히 안전하고 가까운 길을 취해서 돌아갈 생각을 하지 못하고 '다시 들어가서 저들을 먹이고 가르치고 가야겠다' 하고 다시 들어간 것입니다. 만일 진리를 이해하지 못하는 것 때문에 박해를 이기지 못하면 안 될 테니까 바울 선생은 진리에 대한 열징 때문에 그 어려운 길을 다시 취하고 들어간 것입니다.

　바울 선생의 간절한 염원은 전도를 들은 그들이 주의 말씀과 들은 진리를 충분히 이해하는 것이었습니다. 앞에서도 말씀드린 것같이, 가장 말년에 쓴 에베소서, 빌립보서, 골로새서와 같은 옥중 서신들 속에서도 무엇을 강조했느냐 하면 저들이 충만한 지식에 도달하는 것을 강조했습니다. 충만하고 충분한 지식을 여러 번 강조했습니다. 조금만 알지 말고 충분한 지식에 도달하라는 것입니다. 이 충분한 지식은 왜 필요한가 하면 신앙을 더 강하고 위대하게 만들고, 또한 소망을 더 빛나게 하고, 사랑을 더 깊게 하는 까닭에 필요한 것입니다. 모든 것의 기본이 지식인 까닭에 필요한 것입니다. 그래서 처음에 올 때에는 대지(大旨)만 전도하여 믿음과 행동의 제일보에 오른 사람들에게 이제는 진리가 그들의 생활 위에 승리를 충만히 가져오게 하려고 돌아가는 길로 그 길을 택한 것입니다. 처음에 지나올 때에는 복음을 선포하고 선포한 복음 가운데에 한발 들어가서 살게 했지만, 이번에는 그것을 더 깊이 가르쳐 충만한 지식이 있게 함으로써 그 속에서 승리의 생활을 할 수 있게 하려고 이 길을 취한 것입니다. 이 길을 취한 중요한 둘째 이유는 다음 시간에 더 생각하겠습니다.

기도

거룩하신 아버지시여, 아버님이 귀히 쓰시던 종 사도 바울 선생은 아버님의 거룩하신 은혜를 받고 주님의 명령을 받아서 아시아의 여러 군데에서 이방 사람과 유대 사람에게 복음을 전했을 뿐 아니라 그들에게 핍박을 받기도 해 가면서 제자들을 얻었사온데, 핍박과 증오의 대상으로 외롭게 된 제자들을 만나서 위로하고, 또한 무엇보다도 그들이 가지고 있는 그 지식이 심히 빈약한 것이요 초보적인 것에 불과한 까닭에 그것을 굳게 세워서 바르게 서게 하고 또한 그것의 적용에 대한 큰 도리를 깨닫게 하며, 이리하여 승리의 생활을 하고 세상과 마귀의 진용의 공격에 감연히 맞설 수 있는 용사들이 되도록 힘을 주고 또한 그렇게 건실하게 조직적으로 장성할 수 있게 하기 위해서 수리아 안디옥으로 그냥 돌아가지 않고 지나온 길로 다시 되돌아갔사옵나이다. 바울 사도는 성신님의 인도하심을 받아서 자기의 부분인 해명과 가르침을 위해서, 또한 성신님이 저들에게 힘을 주시고 올바로 세우셔서 거룩한 교회로서 용기 있게 전투해 나갈 수 있게 하기 위해서, 그 거룩하신 성신님의 역사(役事)의 한 분깃을 담당해서, 오던 길로 돌이켜서 복음을 전파한 곳들을 다시 방문해서 거기의 제자들을 굳게 하고 가르치고 교회를 조직하고 나갔사옵나이다. 진리에 대한 그의 애착과 진리에 대한 그의 간절한 열정으로 인하여 그는 평안하고 안전하고 쉽고 가까운 길을 취하지 않고, 아주 험하고 자기를 증오하고 자기를 상하게 한 그 길을 취하여 돌아갔사옵니다. 마음 가운데에 그처럼 주님을 사랑하고 진리를 사랑하는 간절한 심정이 있었기에 비록 그의 행보가 간난(艱難)했을지라도 그 행보에 가치가 있고 열매가 있게 하셨사옵나이다.

아버님이여, 그의 거룩한 족적들을 주께서 인(印) 치신 것처럼 저희들의 행보에 대해서도 주께서 인을 치사, 좁은 문을 향해서 좁고 험한 길을 갈지라도 거기에 주께서 인 치신 은혜가 있으므로 열매가 있고 보람이 있고 가치가 있어서, 저희가 역사의 한 시기에 이 땅에 왔다는 사실은 주님께서 분명히 보내셔서 크신 일을 이루시려 하심인 것을 증거할 수 있게 하여 주시고, 저희 자신이 또한 그 증거를 스스로 맛보게 하시옵소서. 그리하여 저희는 이 세상 사람이 생각하는 방식으로 별달리 생각지 않고, 거룩한 도리 위에 서서 주께서 원하시는 길을 좇게 합소서. 주여, 바울 선생이 복음을 전한 곳에는 간절히 주의 말씀을 사모하고 진리를 따라 살려고 하는 적은 무리들이 다 있었사옵니다. 비록 적은 무리이지만 진리를 간절히 사모할 때에 주께서는 그들을 버리시지 않고 바울 선생을 왔던 길로 돌아가게 하셔서 어머니아 같이 그들을 계호(戒護)히고 먹이고 그들에게 필요한 것을 나누어 주게 하셨사옵나이다. 주님, 저희들이 주의 말씀을 배우면 배울수록 그로 인하여 더욱더 건실하게 장성할뿐더러 그것으로 인하여 그리스도의 증인으로서의 거룩한 빛을 찬연하게 드러내게 하시옵소서.

주 예수 이름으로 기도하옵나이다. 아멘.

1966년 6월 8일 수요일

제3강

전도 여행 가운데 위대한 신학을 수립함 (1)

사도행전 14:21-28

²¹복음을 그 성에서 전하여 많은 사람을 제자로 삼고 루스드라와 이고니온과 안디옥으로 돌아가서 ²²제자들의 마음을 굳게 하여 이 믿음에 거하라 권하고 또 우리가 하나님 나라에 들어가려면 많은 환난을 겪어야 할 것이라 하고 ²³각 교회에서 장로들을 택하여 금식 기도 하며 저희를 그 믿은 바 주께 부탁하고 ²⁴비시디아 가운데로 지나가서 밤빌리아에 이르러 ²⁵도를 버가에서 전하고 앗달리아로 내려가서 ²⁶거기서 배 타고 안디옥에 이르니 이곳은 두 사도의 이룬 그 일을 위하여 전에 하나님의 은혜에 부탁하던 곳이라. ²⁷이르러 교회를 모아 하나님이 함께 행하신 모든 일과 이방인들에게 믿음의 문을 여신 것을 고하고 ²⁸제자들과 함께 오래 있으니라.

제3강

전도 여행 가운데 위대한 신학을 수립함 (1)

사도행전 14:21-28

지금 우리는 바울 선생의 제1차 여행의 돌아오는 길에 대해 연구해 나가는 중입니다. 제1차 여행을 한 시기에 대해서는 정확하게 어느 해라고 할 수가 없고, 이 사람, 저 사람의 설이 있지만, 대개 주후 45년에서부터 48년까지 만 2년 동안 1,500마일, 즉 우리나라 이수(里數)로 6,000리의 길을 바다와 육지와 산으로 다니면서 했는데, 그 행로는 여러분이 잘 아실 것입니다. 수리아 안디옥에서 시작해서 서쪽으로 실루기아로 갔다가 배 타고 구브로로 건너가서 살라미로 갔고, 구브로 섬을 횡단해서 바보로 간 다음에, 배를 타고 밤빌리아 땅 버가로 갔고, 버가에서 비시디아 도(道)의 안디옥으로, 비시디아 안디옥에서 다시 이고니온으로, 그다음에는 루스드라로, 그다음에는 버가로 갔습니다. 버가에서 회정(回程)을 했는데 그냥 바로 거기서 타우르스 산 위로 올라가서 길리기아 다소로 빠져서 배 타고 실루기아로 왔으면 그 길이 제일 가깝고 편안한 길일 텐데 그리로 가지 않고, 어렵고 곤란한 길, 즉 돌에 맞아서 죽었던 루스드라 땅을 향해서 다시 갔습니다. 그래서 버가에서 루스드라로, 루스드라에서 이고니온으로, 이고니온에서 비시디아 안디옥으로, 비시디아 안디옥에서 다시 밤빌리아의 버가로, 버가에서 해항인 앗달리아로, 앗달리아에서 배를 타고 구브로 북쪽 바다를 지나서 다시 실루기아로 와서 수리아 안디옥으로 돌아오는 길을 택했습니다.

어려운 귀로를 택한 이유: 마음을 굳게 하여 믿음에 거하라 권함

'바울 선생이 어찌해서 이 길을 취했는가, 이 길을 취하는 데에 무슨 가치가 있는가' 하는 것을 그동안 생각해 왔습니다. 첫째는 제자들에게 하나님의 말씀을 전함으로 제자들의 신앙을 확고히 세우는 데 중요한 목적이 있습니다. "제자들의 마음을 굳게 하여" 하는 것이 14:22 말씀인데, 제자들의 마음을 굳게 한다는 것은 좀 더 낫게 되고 좀 더 강하게 되도록 격려하고 지지해 준다는 뜻입니다. 이처럼 계속적인 지지를 위하여 이 귀로를 취했고, 또한 저들에게 그리스도 안에서의 생활을 알려 주기 위해서, 생명이 어떻게 나타나는 것인가를 해석해 주기 위하여, 하나님의 자식으로 난 사람들은 복음의 영광의 광채가 비친 후에는 어떠한 생활을 해야 할 것인가를 알려 주기 위하여 이 길을 취했다는 것을 우리가 보았습니다. '그리스도 안에 있는 참된 의(義)라는 것이 무엇인가'를 배워야 했습니다. 이것이 첫째로 저들의 마음을 굳게 했다는 말에 나타난 뜻입니다.

그러면 저들의 마음을 굳게 해서 무엇을 했는가 할 때 둘째로는 "이 믿음에 거하라 권하고" 해서 권하려고 갔습니다. 믿음에 굳게 서 있으라고 권하고자 이렇게 돌아오는 길을 취한 것입니다. 이 제자들이 있는 도시에서 보이는 것들은 적대자와 반대의 세력입니다. 소수의 제자가 압도적인 다수의 적대자 속에 있었습니다. 이교의 사원들이 여기저기 보이고 신당(神堂)이 보이고 우상이 보이고, 사람들의 방탕이 보이고 정욕이 보이고, 서로 자기 것을 찾으려고 이권을 놓고 다툼하는 것을 보고 자기 것은 도무지 양보하지 못하는 그런 심정이 있는 것을 보고, 사치스런 것을 보고,

행복의 추구를 위한 격렬한 갈등과 다툼을 보는 것입니다. 이것이 옛날이나 지금이나 꼭 마찬가지로 도시 생활이 가지고 있는 병폐입니다. 그 안에 사는 인간들과 그 속에 있는 신자들은 그러한 유혹의 물결 속에 처해 있는 것입니다. 보이는 현실이 압도적인 세력으로 유혹하고 있습니다. 그런고로 범람하는 이 현실 세계의 유혹과 시험과 위협 가운데에서 어떻게 하면 승리를 얻고 살 것인가에 대해서 가르친 것입니다. 오직 믿음으로 이깁니다. 왜냐하면 "믿음은 보지 못하는 것들의 증거"(히 11:1)인 까닭에 눈에 보이는 것만이 전부인 줄 알지 않고 보지 못하는 것을 잡으려고 갈 때에는 항상 믿음이 있어야 하기 때문입니다. 그런고로 형상이 있는 것들이 가치만 크게 보는 그릇된 습관을 버리게 하고, 눈에 보이지 않고 형상이 없지만 거기에 참으로 가치 있는 것이 있다는 사실을 생생하게 깨닫게 하기 위해서 '이 믿음에 거하라' 하고 권하려고 이 길을 취한 것입니다. '루스드라와 이고니온과 안디옥의 신자들아! 이 세상에서 눈앞에 보이고 나타나 있는 유형(有形)의 것만을 돌아보거나 그것만을 전부로 알지 말아라. 정신(正信), 곧 바른 믿음을 굳게 잡아라' 한 것입니다. 이것이 옛날이나 지금이나 중요한 이야기입니다.

    요컨대 그리스도인이 그리스도인다운 생활을 하려면 무엇이 참으로 가치 있는 것인가를 올바로 알아야 한다는 말입니다. 지난 주일 아침에 우리가 배운 것같이 참된 원칙을 세우려면 참된 것에 대한 바른 가치 판단이 있어야 합니다. 그래야 환난이 올 때에도 인내할 수 있고 그런 인내를 통해서 마침내 승리할 수 있는 것입니다. 그래서 "제자들의 마음을 굳게 하여 이 믿음에 거하라 권하고, 또 우리가 하나님 나라에 들어가려면 많은 환난을 겪어야 할 것이라"(14:22) 하고 가르쳤습니다.

    요새는 환난을 겪지 않고 쉽게 하나님 나라의 무슨 구체적인 은혜를 받으려고 하거나 나타내려고 하는 경향이 아주 많이 있는데, 하나님 나라는 환난을 받은 대가로 들어가거나 실현하는 것은 아니지만, 하나님 나라를 실현해 나가려면 불가부득 환난을 받는 것입니다. 그런데 아무 환난이 없는 길에서 하나님 나라를 실현한다고 스스로 망상하는 경우가 많이 있습니다. 그러나 성경 말씀은 "우리가 하나님 나라에 들어가려면 많은 환난을 겪어야 할 것이라" 하고 가르칩니다. 우리가 충만한 하나님 나라의 경영 가운데 충분히 들어가려면 많은 환난의 길을 지나야만 그리로 들어갈 수 있다는 말입니다. 덮어놓고 고생하는 것이 가치 있는 것은 아니지만, 하나님 나라에 들어가는 데에는 다른 길이 없고 환난과 여러 가지 장애가 가로막혀 있는 그 길밖에 없습니다.

교회를 조직함

셋째로, 이렇게 돌아가는 길을 취한 것은 교회를 조직하기 위해서입니다. 14:23을 보면 "각 교회에서 장로들을 택하여 금식 기도 하며 저희를 그 믿은 바 주께 부탁하고"라고 해서 각 교회에서 장로들을 택한 사실이 나옵니다. 장로들을 임명한 것이 아니라 장로가 될 만한 사람들을 선택해 놓은 것입니다. 그리고 그 사람이 장로 노릇을 하거나 하지 않는 문제는 주님께 부탁했습니다. 교회가 장로로 임명하니까 장로가 되는 것이 아닙니다. 교회는 사람을 뽑아서 내놓지만, 그를 장로로 세우는 것은 하나님의 일입니다. 하나님께서 은사를 주시고 하나님께서 다스리는 권위를 그에게 주시고 하나님께서 그의 마음 가운데 성신의 충만한 감화로 역사하셔서 그가 받은 은사와 권위를 가장 정당하고 충만하게 행사하도록 하시는 것입니다. 그래야 장로 노릇을 하는 것입니다. 목사 노릇도 마찬가지입니다. 감독이 되려면 하나님께서 그를 부르셔야 하고 세우셔야 하고 그 은사를 행사하도록 하셔야 하는 것입니다.

이름만 있고 실질로 그것을 하지 않으면 사실상 아닌 것입니다. 사실상 아닌 것은 허위(虛位), 즉 빌 허(虛) 자와 위치라고 할 때의 위(位) 자를 써서 실위(實位)가 아니라 허위가 됩니다. 교회에서 장로로 선택해서 장로로 안수받으면 장로가 되는 줄로 아는 것은 큰 오해입니다. 언제 장로가 되는 것인가 할 때 하나님께서 그를 장로로 부르셨다는 확신이 있어야 하고 그 은사를 주신 확실한 사실이 실증되어야 하는 것입니다. 실증이라고 할 때 그가 장로로서 자기의 직무에 하나님의 은사를 틀림없이 잘 드러내면 비로소 그가 장로인 것을 다른 사람이 다 알 수 있는 것입니다. 무엇을 통해 알 수 있느냐 하면 그 실증이 권위로서 임하는 까닭에 알 수 있는 것입니다. 그렇지 않고, 교회에서 '사람이 저만하면 장로 노릇 무던히 하겠다' 하고 인정함으로써 장로가 되는 것은 아닙니다. 사람이 그 권위에 대해서 '아, 아닐 수 없다'고 확인하게 되는 것이지, '그만큼 주변도 있고 돈도 잘 내고 말도 잘하고 하니까 장로 노릇을 똑똑히 할 것이다' 하는 식으로 생각하는 것은 일이 아닙니다.

　교인들이란 일반적으로 판단의 기준(criteria)이 정당하지 않은 경우가 많습니다. 사물을 판단할 때 꼭 말씀의 위치에서 성경의 뜻대로 생각하는 것이 아니고 관습에 의해서 생각하는 경향이 참 많습니다. '어디 교회를 보니까 장로가 그렇고, 어디 교회의 장로도 그렇더라. 그러니 우리 교회 장로가 그보다 나으면 나았지 못할 것이 있느냐' 합니다. 다른 교회의 장로를 볼 때 장로로서의 당연한 실증과 그렇지 않은 사이비적인 여러 가지 증상이 뒤섞여 나오는데, 참으로 장로의 참된 실증이 무엇인가는 모르고 사이비적인 증상만을 장로의 증거인 것으로 알고서는 '장로란 저래야 한다' 하고 생각하는 것입니다.

　예를 들면 장로의 참된 실증이라고 하면 성경이 가르친 대로 그에게 성신의 충만한 은혜가 있어서 첫째는 치리(治理) 장로로서 다스리기를 잘해야 합니다. 무엇을 다스리되 하나님 나라의 성격을 잘 드러내기 위한 치리를 한다는 말입니다. 다스리기를 잘한다는 것은 통제를 잘하고 조정을 잘하고 중화(中和)를 잘한다는 말은 아닙니다. 교회가 분쟁이 있으면 시끄러운 것을 조용히 하여 분쟁이 없도록 중간 위치를 취해서 여기저기 가담했다가 묘하게 제3의 안(案)을 내서 끌고 나가는 책략을 잘 쓴다든지 정책을 잘 쓴다는 그런 의미가 아닙니다. 교회에 분쟁이 있을 때 그 분쟁의 내용을 하나님 나라의 가부(可否)로 판단해서 가(可)한 것을 교회에 올바로 세우고 부(否)한 것을 교회에서 없애도록 하는 것이 올바로 다스리는 것이지, 가부는 그만두고 가(可)도 50%, 부(否)도 50%이지만 그냥 놔두면 시끄러워지고 분열할 테니까 '교회는 어찌되었든지 분열되지 않아야겠다' 하고 생각하고, 하나님의 말씀과 진리의 편에 있는 사람의 것도 양보를 시키고, 암매 가운데에 진리를 파괴하는 촉수(觸手)가 되어서 돌아다니는 사람의 것도 양보를 시켜서 중간에 세워 놓으면 진리는 그럭저럭 타협이 되고 마는 것입니다. 그렇게 해서 교회는 소강(小康)을 유지할 수 있지만, 그렇게 해서는 하나님 나라 안에서 잘 다스렸다는 아무 근거도 없는 것입니다. 교회를 못쓰게 만드는 것이 그런 것입니다. 마치 아픈 사람에게 아픔의 근원은 제거해 주지 않고 잠시 진통제나 놓아 주고는 그것으로 다 나았다고 하는 식으로 하면 임시로 아픈 것이 가라앉은 것 같지만 그 약 기운이 달아나면 그다음에 다시 아픈 것이고 더 심하게 아픈 것입니다. 원인을 제거하지 않고 방치한 까닭에 갈수록 더 심해지는 것입니다. 이런 것은 잘 다스리는 것이 아닙니다.

 장로가 되어서 교회의 교인들이 신앙상 방황하는 무슨 중요한 문제가 있는데 가부간에 말을 하지 않아야 자기 위치가 남에게 비난을 안 듣게 되겠고 또 곤란하지 않을 테니까 아무 말도 하지 않고 앉아서 남들이 하는 것이나 보고 있다가 나중에 대세가 기울어질 때 큰 세력에 가담한다면 아주 참 지혜로운 방식일는지 모르지만, 사실 그런 것이 무슨 지혜입니까? 그런 사람에게 하나님께서 양(羊)을 부탁하시지 못하는 것입니다. 그런 사람은 양을 따라나 다니는 것입니다. 그런데 왜 양을 따라다니는 사람이 장로가 되는가 말입니다. 그런고로 그런 것은 잘 다스리는 것이 아닙니다. 그런 것은 잘 다스리는 것이 아닌데도 사람들은 무난한 사람을 괜찮은 장로라고 생각합니다. 그러나 그저 무난하게 지내려면 장로로 삼을 필요가 없는 것입니다. 곤란이 있을 때는 곤란을 극복하고 이기고 나아가는 지도자의 위치에 서야 장로가 되는 것이지, 그저 무난하게 지내고 아무 풍파 없이 그냥 묘하게 처세를 하고 셈을 한다면 무엇 하러 장로가 되는 것입니까? 교인 중의 하나가 되었으면 그에게 문제가 없을 것입니다. 그런고로 문제를 회피하는 것이 장로가 할 일이 아닙니다. 그런데 그런 사람들을 장로라고 생각하고 장로도 비교적 나은 장로들이고, 문제 속에 들어가서 시끄럽게 싸움하는 사람은 못난 장로라고 생각하게끔 일반 교인들의 생각이 되어 있는 것은 물론 교회가 무엇인지를 알지 못하는 까닭에 그런 것입니다. 교회란 무엇 때문에 존재하는가를 모르니까 덮어놓고 '교회는 평화로워야 한다' 고 생각하고 덮어놓고 '일치해야 한다' 고 생각하고 덮어놓고 '아무 소리가 없어야 한다' 고 생각하는 것입니다. 그렇게 덮어놓고 아무 소리가 없으려면 가톨릭적인 권위주의나 절대주의같이 되는 것이 상책일 것입니다. 권위주의가 지배하는 천 년 동안에 적어도 여러 세기에 걸쳐서 교회가 꼼짝 못하고 있지 않았습니까?

그러면서 사람들이 또 어떤 사람을 장로로 뽑느냐 하면, 장로가 설교를 해서 양들을 옳은 방면으로 인도하는 것은 아니지만 하나님 나라의 성격을 잘 식별해서 아닌 것과 긴 것을 갈라서 일을 처결해 나갈 때 옳은 쪽으로 늘 가담해서 움직여 나가는 이런 태도가 있는 사람을 뽑는 것이 아니고, 그 대신 훌륭한 장로라고 할 때에는 신앙의 증거로서의 생활은 별로 볼 만한 것이 없고 그리스도의 증인으로서의 생활은 볼 것이 없는 사람이라도 돈을 어떻게 벌고 무슨 재주로 했든지 간에 어떻게든지 많이 벌어서 교회에 돈을 많이 내면 당장에 훌륭한 장로가 되고 가장 유력한 장로가 됩니다. 그저 한 교회뿐 아니라 교단적으로 유력한 장로가 되도록 다 마련이 되었다는 말씀입니다. 그런 것들이 세상 사람들이 가지고 있는 그릇된 관념입니다. 장로가 장로인 것을 실증하는 것은 그런 데 있는 것이 아닙니다. 돈을 많이 내는 데에 있는 것이 아닙니다. 장로가 아닌 사람이라도 자기에게 주신 은사대로 재력이 풍성하면 풍성한 만큼 내는 것이고 없으면 없는 대로 못 내는 것이지, '전처럼 평신도 같으면 안 내도 괜찮을 텐데 장로이니까 더 내야겠다' 하는 것은 어디서 나온 원칙(principle)인지 알 수 없으나 이상한 생각입니다. 그러면 결국 '금력이 있어야 교회의 장로가 되겠다' 하는 이론이 나오게 됩니다. '평신도 같으면 안 낼 돈을 장로이니까 내야겠다' 하는 의견이 나온다면, 결국 '장로가 되려면 돈이 있어야 한다', '돈 내는 것이 장로다' 하는 말로 자꾸 변할 것입니다. 이렇게 타락해 나가고 첫째로 교회의 조직과 구성에서 벌써 교회의 본질을 흐려 놓고 부패하게 만드는 것입니다. 돈이 필요하면 필요한 대로 별다른 일을 할 것이지, 왜 하필 교회의 본질을 가장 잘 구현해야 할 조직 체계에까지 그릇된 제도를 쓰고 그릇된 방식을 쓰고 그릇된 성격을 나타내게 하느냐 말입니다.

그런고로 사람이 장로를 택할지라도 세우시는 이는 하나님이신 것입니다. 장로로 택함을 받고 안수를 받았을지라도 장로 노릇을 못하는 사람이 참 많습니다. 자기가 스스로 못한다고 생각지 않고 잘하는 줄 아는 사람들이 실은 못한다는 말씀입니다. 하나님의 말씀의 도리도 모르고 교회가 무엇인지도 모르고 하나님 나라는 어떻게 다스려야 하는지도 전혀 모르는 사람이 자기의 상식과 자기의 사업하는 수완으로 교회를 다스리려고 하지만 그것은 장로 노릇을 하는 것이 아닙니다. 그래서 여기에서도 "교회에서 장로들을 택하여 금식 기도 하며"라고 했습니다. 장로들을 뽑아 놓고 '이것이 장로입니다' 한 것이 아니고, '하나님, 주께서 참으로 누구를 장로로 드셔서 능력 있게 쓰시렵니까?' 하고 주님의 거룩하신 뜻을 묻는 것도 있고, 혹은 처음에 선택할 때에 주님의 뜻을 물어서 자기네가 믿는 바대로 선택을 했다면, '주여, 선택까지는 했으니 이제 나머지의 큰 부분, 곧 저가 장로인 것을 주께서 승인하시는 큰 식(式)을 행하시옵소서' 하려고 금식하고 기도하고 기다렸다는 말입니다. 그런고로 사람이 뽑아 놓으면 장로가 되는 것이 아닙니다. 사람이 뽑아 놓아도 주님이 임명해 주시지 않으면 안 되는 것입니다. 주께서 임명하시는 방식이라고 할 때 임직식을 해서 되는 것이 아닙니다. 주께서 임명하시는 방식은 성신의 은사가 부어 넣어져서 전에 장로가 아니었을 때는 별로 현저하게 나타나지 않았던 은사가 이제 비로소 자리를 얻어서 현저하고 능력 있게 나타나는 것입니다. 그것이 '그렇다. 내가 지금 이 사람을 장로로 세웠다' 하고 주께서 승인하시는 증표입니다. 그러면 그 은사가 어떻게 나타나는가 할 때 장로로서의 자기의 직무를 가장 본질적으로 수행하는 것으로 나타납니다.

앞에서 예를 든 것같이, 아닌 것을 긴 줄로 교인들이 알도록 그렇게 하는 것도 아니고, 긴 것을 아니라고 사람들이 부인하는 데 대해서 그것을 가지고 싸우는 것도 아니고, 자신의 일을 본질적으로 수행하는 것입니다. 교인들은 그것을 잘 모를지도 모릅니다. 왜냐하면 지금 악순환(vicious circle)이 그저 어떤 조그마한 부분에만 있는 것이 아니기 때문입니다. 악순환이 조그마한 부분에만 발생해 있는 것이 아니고 전체의 큰 교회와 기독교 사회에 지금 흘러가고 있습니다. 어떻게 흘러 나가고 있는가 할 때, 장로라 하면 교인들이 투표해서 그중에서 유력한 사람, 헌법에 규정한 대로 제일 많이 표를 받은 사람을 세우고, 그 사람은 자기가 장로가 된 줄로 앞니다. 임직식을 끝내고 모두 와서 축사(祝辭)해 주고 잔치하고 나면 장로가 되는 것으로 알고, 장로가 된 다음에는 당회에 참석해서 이야기하고, 그래서 다른 장로들이 교회의 일을 하는 식으로 같이 협력해서 밀고 나가면 자기가 대과(大過)가 없는 장로가 되는 것인 줄 생각하면 이것이 악순환이라는 말입니다.

그런 사람이 모이고 또 모여서 당회가 되면 그다음에 오는 사람도 그런 사람같이 됩니다. 그런 사람들에 비해 이색(異色)이 있게 되면 조화가 깨져서 안 됩니다. 푸른빛이 있는 도자기에 어떤 빛깔이 하나 들어가서 조화가 있으려면 같이 푸르딩한 빛이 되어야 한다는 말입니다. 보랏빛이 되든지 그렇지 않으면 흰빛이 되든지 해서 특색 있는 다른 빛이 되면 안 됩니다. 다른 장로들과 달리 자꾸 유별나게 주장하고 그러면 '이것, 풋내기 장로가 물계도 모르고 함부로 덤벼서 자꾸 뭐라고 떠들어 댄다'고 할 것입니다. 그러니까 자기가 인기 없는 사람이 되기를 원치 않는다면 함부로 말을 안 하는 것입니다. 이렇게 해서 똑같은 사람끼리 자꾸 모여서 그런 사람들이 교회를 치리하면 그것이 한 틀(pattern)이 되고, 그 틀대로 교인들은 생각하고, 그 틀에서 실무 교육을 받은 대로 교인들이 또 장로를 뽑고, 그 장로는 또 그렇게 다스리고, 그렇게 해서 점차 한발씩 자꾸 뒤로 물러가는 것이고 자꾸 타락해 나가는 것입니다. 이런 것이 악순환입니다. 이런 악순환이 교회에 전체적으로 움직이고 있습니다. 교회가 타락하고 배교해 나간다는 중요한 현상의 하나가 이런 것입니다.

그런데 여기서는 교회에서 장로들을 택하여 금식하고 기도하고 교회와 장로를 자기들이 믿는 주께 부탁한 것입니다. 주님께 부탁해서 '이제는 주께서 친히 실증하시고 쓰시기 바랍니다' 하고 주님께 맡겨 버렸습니다. 주님께 딱 드렸다는 말씀입니다. '이제 주께서 쥐고 쓰십시오' 한 것입니다. 주께 드려서 주께서 쓰시지 않으면 안 되는 것입니다.

그다음에는 "비시디아 가운데로 지나가서 밤빌리아에 이르러 도를 버가에서 전하고"(14:24-25상)라고 했습니다. 아마 팔레스타인의 권외(圈外)에서 교회를 조직한 효시(嚆矢)가 여기일 것입니다. 바울 사도가 다니면서 교회를 조직한 이것이 처음이라는 말입니다. 이 세 가지, 첫째는 신앙을 좀 더 굳게 세우기 위해서, 즉 강하게 수립하기 위해서이고, 둘째는 믿음에 굳게 거하라고 권하고 가르치기 위해서이고, 셋째는 조직하기 위해서 그 길을 택한 것인데, 과연 그럴 가치가 있었던 것입니다.

바울 신학의 수립

여기에서 사도 바울 선생이 가진 신학적인 경향을 잠깐 생각해 보겠습니다. 바울 선생은 한번 전도하고 지나간 도시를 귀로에 두 번째로 방문해서 그 도시와 교회에서 전에 자기가 전파한 복음의 교리를 강론해 갔습니다. 돌아오는 길에는 바울 선생이 이미 자기가 전파한 복음 교리에 대한 강론을 베푼 까닭에 그것은 신학적이었습니다. 처음에는 전도자의 길을 취했지만, 귀로에는 교사로서 신학적인 이론을 하게 된 것이라는 말씀입니다. 그러면 바울 선생은 전도하기 전에 자기의 신학 체계를 다 구성해 가지고 있다가 강론한 것입니까? 우리는 바울 선생이 전도하기 전에 벌써 신학 체계를 다 구성하고 있다가 돌아가는 길에 차례차례 그 신학을 먹였다고 생각하기보다는, 바울 선생이 그때그때 성신의 충만한 감동의 역사로 필요에 응해서 하나님의 계시로 좀 더 명확하게 조직하고 구상해 나갔을 것으로 생각합니다. 바울 선생의 신학은 어떤 교과서에 있던 신학이 아니고 아주 새롭고 참신하고 생생한 신학입니다. 그에게는 교과서를 볼 여유도 없고 그런 교과서가 있지도 않았습니다. 그의 신학적인 행동은 아주 창조적인 성신의 역사에 의해서 터득된 것들이어서 그는 참된 의미의 신학자입니다. 이렇게 성신의 역사로 말미암아 참신하게 그 속에서 신학이 움직인 사람이 역사상 그렇게 많지 않습니다.

여러분은 스콜라 철학자들을 알지만 그들은 신학적인 문제를 논할 때 항상 인간의 이성을 존중해서 거기에 근거를 두고 생각하고 또 철학적인 사색을 중요히 하고 나아갔고, 또 그것은 무엇보다도 거룩한 계시의 확실한 근거와 뒷받침 위에서 실증된 신학이 아니었습니다. 이 말을 주의해서 들으시기 바랍니다. 거룩한 계시의 실증 위에 세워진 신학이란 말은 무엇인가 하면 자기가 믿은 도리가 객관적으로 실증된 그 위에 비로소 신학을 세운다는 이야기입니다. 이것은 결코 철학적인 사색을 무시하는 말은 아니지만, 철학적인 사색만을 전부로 삼는 사변적(思辨的)인 신학이 아니라는 말입니다. 바울 선생의 신학은 사변적인 신학이 아니었습니다. 그는 참된 의미의 생생하고 살아 있는 신학을 터득해 가면서 가르쳐 나갔습니다. 그렇게 말할 수 있는 뚜렷한 근거가 하나 있습니다. 바울 선생 자신이 예수님의 부르심을 받았다는 사실과 그의 중생(重生)과 변개(變改)라는 사실은 바울 선생 자신의 구원론을 확립시키는 생생한 근거가 되었습니다. 그런데 주의해야 할 문제는 경험론(empiricism)이 기독교의 최대의 근거가 되는 것이 아니라는 사실입니다. 철학에도 물론 경험론이 있지만, 기독교의 사상과 신학을 구성하는 데에도 경험론이 심히 중요합니다. 그러나 그것이 최후의 근거가 되지는 못합니다. 하물며 사람의 인식론(epistemology)은 중요한 근거가 못 되는 것입니다.

여기에서 세 가지 형(型)의 신학적인 태도를 주의해야 할 것입니다. 첫째의 형은 사람의 이성과 선천적인 논식(論式) 혹은 논리의 형식에 의거해서 사색과 추리에 의해 구성해 나가는 신학적인 태도입니다. 둘째는 그것만으로는 부족한 까닭에 생활 경험 가운데 상당히 근거를 두고 터득된 사실이어야 한다는 주장입니다. 이렇게 주장하는 데에는 철학적인 영향이 많이 있을 것입니다. 그러나 이와 같은 신학 태도는 다 불완전한 것입니다. 그런 신학 태도들은 그릇된 결과를 낼 우려가 심히 많을뿐더러 역사상 실제로 그릇된 결과를 냈습니다.

우리가 바울 선생의 여행을 공부하면서 그 귀로를 생각해 볼 때, 성경에서 귀로에 무엇을 어떻게 했다고 자세한 말을 쓰지 않았을지라도 이 귀로의 여정에 대한 간단한 기록과 도를 전했다는 이 말만 가지고라도 거기에서 풍요한 내용과 풍요한 사실(史實, historical fact)을 유추할 수 있습니다. 지금 우리가 그것을 해 나가는 중인데 그 풍요하고 심오한 사실의 하나가 무엇인가 하면 바울 선생의 신학의 구성 혹은 수립(establishment of theology)이라는 문제입니다. 바울 선생은 여기저기서 편지들을 썼습니다. 여행 중에도 편지를 많이 썼고 옥에 갇혀서 쓴 것도 있습니다. 바울 선생이 쓴 이 편지들의 내용은 신학적인 관점에서만 말을 한다 해도 너무나 풍성한 신학의 보고(寶庫)들입니다. 그러면 바울 선생은 언제 그러한 풍요한 신학을 가지고 있었던가 하는 문제입니다.

앞에서 말씀드린 것과 같이, 바울 선생이 가지고 있는 신학의 특성은 어느 편에 속하는가 할 때 주지적(主知的)인 혹은 인식론적인 토대 위에 서 있는 것은 아닙니다. 물론 인식론이 없다는 말은 아닙니다. 원래 엄격히 말하면 인식론이라는 말은 지식에 대한 이론이고, 내가 어떤 진리를 터득했다 할 때 그것이 과연 진리냐 아니냐 하는 것을 논하는 것이니까 인식론적인 문제가 그에게 걸려 있지 않은 것이 아닙니다. 그러나 인식론이 최후의 근거가 아닙니다. 물론 거기에는 풍요한 인식론적인 문제를 늘 가지고 있습니다. 그것을 가지지 않은 신학은 없습니다. 그것을 가지지 않으면 신학이 안 되는 것입니다. 자기의 수기(手記)가 되고 수필은 되고 신앙의 감정적인 표시는 될 수 있습니다. 그러나 그것이 신학적으로 구성되지는 못하는 것입니다. 그러나 바울 선생의 신학은 주지적인 데에 최후의 근거를 두고 있지 않습니다. 그렇다면 둘째로, 앞에서 말한 대로 경험론이 중요한 근거입니까? 즉 그가 터득한 이론 위에서 그 이론이 현실적으로 능력 있게 통하는 경험을 쌓은 후에 그 경험에 의해서 비로소 신학적 이론을 했는가 하면 그것도 아닙니다. 그것이 심히 중요한 재료이기는 하지만, 그것이 최후는 아닙니다. 경험론은 적어도 그냥 단순히 이론적이고 논리적이고 주지적인 서술, 즉 철학적 사색을 서술한 신학론보다는 상당히 중심이 있는 것입니다. 그러나 거기에 최후의 근거가 있는 것은 아닙니다. 앞의 두 가지에 대해서 좀 더 이야기하고, 마지막에 바울 신학이 어디에 근거를 두었는가를 찾아보겠습니다.

인식론과 경험론

다시 한번 돌아가서, 사람이 철학적인 사색과 사변에 근거를 두고 신을 논하고 우주를 논하고 인생을 논하고 인생의 구원과 인생의 목적 같은 것을 논하게 되면 그것은 신학이라기보다는 종교학이 됩니다. 잘하면 종교학이 되고 그다음엔 철학이 되는 것입니다. 그것이 19세기 이래로 독일을 중심으로 해서 불란서 땅과 영국과 미국에 우런하게 일어났던 수많은 신학자들의 태도입니다. 유명하게 이름을 날리는 칼 바르트(Karl Barth, 1886-1968) 같은 사람의 신학 태도를 볼 때 그는 항상 어느 편이냐 하면 성경을 가지고 이야기하다가도 끝없이 자기의 철학적인 사색의 세계로 들어가서 이야기하는 경향이 강합니다.

예를 하나 들면 부활을 논할 때 '예수 그리스도는 신이다. 신은 죽을 수 없다. 예수 그리스도는 신인 까닭에 죽을 수 없으니까 예수 그리스도는 부활해야 한다' 하는 식입니다. 논리 자체는 좋은 논리일 것입니다. '예수 그리스도는 신이다. 신은 죽을 수 없다. 그러므로 그리스도는 죽음에 갇혀 있을 수 없고 부활해야 한다' 하는 삼단 논법(syllogism)에 의해서 이론해 나가는 것입니다. 그러나 여러분은 그런 논법에 의해서 예수 그리스도께서 부활하셨다는 것을 믿었습니까? 그런 논법에 의해서 구원의 신앙이 생기는 것은 아닌 줄 알아야 할 것입니다. 그것은 구원의 신앙을 형성해 나가는 우리의 사색의 과정을 돕기는 합니다. 그러나 그로 말미암아 신앙이 발생하지는 않습니다. 신앙이 발생하는 경로(channel)는 그런 것이 아닙니다. 성경이 그렇게 우리에게 보여 주지 않았고 하나님께서 우리에게 그렇게 가르쳐 주시지 않은 것입니다.

둘째로, 만일 경험론 위에 근거를 두고 신학론을 하게 되면 어떻게 됩니까? 흔히 보통 신자들 가운데서라도 '아, 내가 경험했는데 이것은 참으로 하나님 은혜이다. 이것은 얼마나 이적적(異蹟的)이며 이런 일은 얼마나 훌륭하냐' 하는 말을 합니다. 자기가 기도하고 간절히 구했는데 무엇이 하나 임했습니다. 구하던 그것이 이루어졌습니다. 그것을 경험했다는 말입니다. '이 경험에 의해서 나의 믿음이 참 굳세어졌다' 하고 이야기하는 것입니다. 그런 것이 말하자면 경험론적인 것입니다. 그 경험이 무의미하냐 하면 무의미한 것은 아닙니다. 그러나 자기의 믿음의 근거를 그런 데에 두면 참 야단입니다. 왜냐하면 마귀도 이적을 나타내기 때문입니다. 이적을 간절히 구해서 이적을 보았다고 해도 그것은 마귀가 이적을 보여 주어서 얻은 것일 수도 있습니다. 예수를 안 믿는 사람도 정신을 통일해서 어디에 도달하려고 하면 보통 일반 현상에서는 좀 벗어나는 특수한(abnormal) 현상 가운데 도달하는 것입니다.

그렇게 경험에 근거를 두고서 그것이 곧 신을 믿어야 할 증거가 된다든지 신의 존재의 증거가 된다든지 신의 위대한 힘의 증거가 된다든지 하고 속단한다면 세상에 있는 그릇된 신의 이적과 기사(奇事)와 거짓 기적과 권능으로 나타나는 것도 다 참하나님의 기사로 승인할 위험 가운데 빠져 들어가는 것이고, 무엇이 진(眞)이고 무엇이 부(否)이며 사이비(似而非)인가를 식별하지 못하는 위험 가운데 빠져 들어가는 것입니다. 건실한 인식론적 근거도 없으면서 경험에 치중하면 그때는 말초적인 신비주의로 들어가는 것입니다. 결국은 몽환적(夢幻的)이고 비상(非常)한 정신 상태 가운데 들어가는 것뿐입니다. 비교적 건실한 상식이나 건실한 논리와 논식조차 무시해 버리고 괴상한 현상을 가리켜 이것이 하나님께서 주신 아주 기이한 은혜라고 이야기하는 것입니다. 꿈을 꾸고서 그 꿈을 가지고 떠드는 것이고, 자기가 오랫동안 기도하느라고 심신이 소진되어서 정신이 오락가락하고 들락날락하는 상태에 있을 때 눈앞에 무슨 허깨비가 보이더라도 말을 얼른 둘러대서 비몽사몽간에 무엇을 보았다는 소리를 하는 것입니다. 그러나 그런 것은 비몽사몽간이 아니면 정신 상태가 오락가락하는 까닭에 무엇이 보였다 안 보였다 하는 것뿐입니다.

  그런 경험을 꼭 예수 믿는 사람만 가지는 것은 아닙니다. 인도의 힌두(Hindu)들이나 브라만(Brahman)들도 그런 짓을 참 많이 합니다. 깊은 히말라야 산맥 속에 들어가 앉아 동굴 속에서 늘 기도하다가 이상한 현상이나 환상을 보는 것입니다. 여러분은 불교에도 그런 이야기가 있는 것을 다 아실 것입니다. 불교의 원효 대사 이야기에도 도적놈들이 먹는 샘물을 보고서는 '도적을 먹여서 기르던 샘물이여, 마를지어다' 하고 자기 지팡이를 대니까 지팡이 끝에 불이 활활 붙더니 토치램프(torch lamp)에서 불이 쏟아지듯이 쏟아져서 샘물이 다 말라 버렸다는 것입니다. 그다음에는 앉아서 '여기에 향로 하나를 갖다 놓아라' 하니까 하늘에서 향로 하나가 떨어졌다고 합니다. 지어낸 말이라고만 할 것이 아니고, 성경에도 이야기하기를 "악한 자의 임함은 사단의 역사를 따라 모든 능력과 표적과 거짓 기적과 불의의 모든 속임으로 멸망하는 자들에게 임하리니"(살후 2:9)라고 했습니다. 옛날부터 지금까지 초자연적이고 비상한 현상이 반드시 하나님의 것만은 아닙니다. 마귀도 어느 정도 비상한 것을 보이는 것입니다. 그런데도 그런 비상한 것을 보았다고 해서 믿음의 증거를 얻었다고 좋다고 날뛰고 돌아다니면서 괴상한 짓을 하고 다닙니다. 이렇게 건실한 논리조차 무시하고 소위 자기 자신의 독선적이고 주관적인 몽환 삼매(夢幻三昧)의 경험만 존중하면 그리로 빠져 들어갈 큰 위험이 있습니다.

산업 사회의 병폐와 실존주의 철학과 자유주의 신학

가령 사람이 자기의 경험으로 이 세대와 역사에 대한 진통을 느끼면서 인류의 역사적 진행 가운데에 다다른 이 세대의 암담한 현실에서 느끼는 진통에 대해 깊은 철학적 사색을 할 수가 있습니다. 이것은 경험하지 못한 이야기가 아니고 자기 세대에 같이 도달한 사회상인 까닭에 그 앞에를 보는 것이고 암담함을 보는 것입니다. 거기에서 신학자는 자기의 신학적인 논변을 가지고 새로운 계통과 새로운 체계를 지닌 학설을 구상해서 만들어 낼 수 있고, 철학자는 철학자대로 거기서 새로운 살길을 모색하느라고 애를 쓰는 것입니다. 여러분은 현대의 실존주의(existentialism)라는 철학이 어떻게 발생했는가를 아실 것입니다. 요컨대 인간의 가치 혹은 자기의 존재 가치의 가장 중요한 것을 실질상 발휘하는 것이 중요하다는 것입니다. 그냥 존재만 한다면 의미가 없다고 합니다. 그래서 그것이 어디에 사용되어야 한다고 해서 용재 존재(用材存在)라는 말을 이야기해 나가는 것입니다.

그러면서 그 사람들이 느낀 것은 현 세기의 진통입니다. 그런 진통을 그리스도인들보다 더 많이 느낀 사람들이 그 사람들입니다. 오히려 이 세대의 선지자들이 더 깊이 느꼈어야 할 텐데 그것을 깊이 느낄 힘이 없습니다. 왜냐하면 가짜가 너무 많고 선지자가 아닌 사람이 선지자라고 나섰으니까 그런 것을 느낄 아무 힘이 없기 때문입니다. 하나님께서 은사를 안 주셨는데도 선지자로 섰으니까 그렇습니다. 그런데 그 철학자들은 느졌습니다. 이들은 자기들이 느낀 인류의 병폐, 곧 오늘날 20세기에 도달한 인류의 병폐를 심각하게 이야기합니다.

오늘은 한 가지 예만 들고 넘어갑시다. 물론 오늘날 도달한 인류의 갖가지 병폐가 있습니다. 그전에 우리가 인의동에 있을 때 '시대의 징조' 혹은 '이 세대의 특이한 징조의 하나'라고 해서 주일날 저녁에 35회나 계속해서 강(講)한 것이 있으니까 그것을 아마 기억하실 것입니다. 그것은 그것이고, 오늘 여기서 기독교인들이 느끼는 것보다 무신론자들인 그들이 더 심각하게 느낀 것은 이 시대가 가지고 있는 비인간화 혹은 인간의 기계화라는 사실입니다. 거대한 도시 문명의 발달과 현대에 전 세계적으로 퍼져 있는 산업 구조의 진행으로 필연적이고 피할 수 없이 오늘과 같은 기계주의적인 사회를 형성하게 된 것입니다. 사람은 자기가 잘살기 위해서 기계를 만들어서 차를 만들고 타고 다니고 비행기를 만들어서 타고 다닙니다. 여러분이 비행기를 탈 때는 비행기에서 요구하는 대로 따라야 합니다. '담배 피지 마시오'(No smoking), '좌석 벨트를 꼭 매시오'(Fasten seat belt) 합니다. 그럴 때 '나는 안 매어도 괜찮다'고 집어 내던지지 않고 다 매는 것입니다. 만일 기류가 험악해서 수직 기류(air pocket)가 많으면 수백 명이 타는 초음속 제트기(superjet)라도 가다가 쉭 하고 야단나고 마치 거친 물결에서 배가 항해하듯이 가게 됩니다. 그럴 때는 거기에 있는 기장(captain)이 하라는 대로 해야 합니다. 가다가 획 하고 내려갈 때 '좌석 벨트를 꼭 매시오' 하는데도 안 맸다가는 공중으로 떠서 뒹굴게 됩니다. 그러니까 좌석 벨트를 꼭 매고서는 주의하고 앉아 있어야 합니다.

요컨대 우리가 기계를 사용하려면 기계는 기계인 만큼, 즉 기계에 머리가 있어서 나를 위해서 맞추어 서비스하지 않는 만큼, 기계가 기계적으로 움직이는 그 한도 안에서만 나에게 소용이 닿는 까닭에 그 한도 바깥에서는 내가 기계의 범주 안에 맞추어야 하는 것입니다. 이렇게 해서 내가 자동차를 타려면 자동차에 두 발을 들여놓고 앉아서 문을 닫고 가는 것이지, 발 하나는 땅을 딛고 발 하나는 자동차에 디밀고 '자동차야, 내 발 하나는 땅에 있는데 내가 지금 몸이 나른해서 그 발을 올려놓기가 싫으니까 네가 마저 올려놓고 태워 가 다오' 한다고 해서 그렇게 해 줄 자동차는 없습니다. 우리는 기계가 요구하는 것을 들어야 합니다. 고도로 정밀한 기계를 만들면 만들수록 정밀도에 비례해서 내가 거기에 맞추어야 하는 것입니다. 이것은 무엇을 의미하는가 하면 나중에 기계가 정밀해지면 정밀해질수록, 발달이 훨씬 앞서면 앞설수록, 과학이 몹시 정밀화하면 정밀화할수록 인간은 기계의 한 부분이 되어야 한다는 것입니다. 인간이 그 전체의 기계, 즉 기계와 같이 움직이는 큰 사회의 한 부분으로 서야 하는 것입니다.

그뿐 아니라 인간의 일상생활(routine), 곧 날마다 쳇바퀴 돌듯 돌아가는 그 생활 자체가 벌써 기계화한 것입니다. 월급쟁이 생활을 하려면 아침에 일어나서 밥을 너무 늦게 먹어도 지각 혹은 지참(遲參)을 하고 밥을 너무 일찍 먹으면 잠이 부족하고 하니까 아침에는 꼭 일어날 시간에 일어나서 밥을 먹고 준비를 한 다음에는 꼭 제시간에 나가야 무엇을 타든지 비비 뚫고 올라가든지 합니다. 그렇게 겨우 올라가서 지각하지 않고 자기 사무실에 제시간에 도달하면 아침에 앉아서 친구들하고 잡담 몇 마디 하고 담배 몇 대 태우고 그다음에 서류 볼 것 보고 분분히 왔다 갔다 하다가 그럭저럭 점심때가 되면 나가서 사 먹든지, 요새는 도시락을 싸 가지고 다니는지 어쩌는지 몰라도 원, 어디 가서 추렴이라도 해서 먹고 돌아와서는 또 일을 합니다. 그날의 가장 즐거운 일이라면 오후에 친구들하고 맞추어서 어디 다방에 가서 누구를 만나자든지 함께 이야기하자든지 해서 밖에 가서 저녁을 먹으면 제일 즐거운 날이고, 그렇지 않으면 집으로 돌아와서는 저녁 시간에 식구들하고 같이 저녁을 먹고, 그다음에 누워서 신문도 좀 보고 이야기를 좀 하다가 잘 시간 되면 자고 이튿날 일어나서 그렇게 계속 뱅뱅 돌게 되어 있습니다. '다람쥐 쳇바퀴 돈다'는 말이 있는데, 자신의 생활에 소위 예술에서 말하는 변화(variety)가 없고 항상 일상 업무(routine business)를 해야 합니다. 그렇게 1년, 2년 해서 어언간 10년이 지나면 자기는 거기에 적응한 사람이 되어 있습니다. 신체 구조도 꼭 월급쟁이 생활을 하기에 적당하게 되어 가고 건강도 거기에 맞추어 유지하게 됩니다. 그보다 과격한 일에도 못 견디고 그렇게 안 하면 나른해서 오히려 건강이 떨어지는 식으로 거의 그렇게 되어 버립니다. 사람이 기계를 만들어서 행복을 추구하려다가 기계가 사람에게 '너는 기계가 되라'고 요구하는 대로 따라가는 것입니다. 또 이 고도로 발달한 기계 사회에서는 시간이 되면 거대한 사람들이 홍수와 같이 러시아워(rush hour)에 몰려나옵니다. 아침에 차를 탈 때도 와 하고 몰려 들어가고 나올 때도 몰려나옵니다. 이렇게 자기도 기계적으로 군중 속에서 군중의 한 분자로 움직여야지, 다른 사람이 다 저리로 갔는데 자기만 독특하게 이리로 가려면 갈 길이 없는 것입니다.

  이런 것이 도시입니다. 이런 도시의 병폐라는 것은 대중이 한꺼번에 휩쓸려 있는 데에만 은연중에 있는 것이 아니라 대중이 공동생활을 하게 될 때 필연적으로 거기에 맞추어야 할 자기의 의무가 생기는 것입니다. 이렇게 될 때 사람은 벌써 인간다운 본성을 차츰차츰 상실하고 부지불식간에 기계화하는 것입니다. 생각도 기계같이 하게 됩니다. 이렇게 해서 인간이 인간성을 상실해 나간다는 점을 가장 통절히 느끼는 사람들 가운데는 무신론적인 철학자가 있어서 '인간의 존재의 가치는 무엇인가' 하고 일어난 것이 실존 철학 운동입니다. '사람은 자기의 존재 가치를 발견해서 그것을 올바로 드러내고 살아야 한다. 이렇게 사람이 기계의 노예가 되어서 산다는 것은 말이 아니다' 하는 것입니다. 그러면 기계의 노예가 되지 않겠다고 기계에 반발하면 어떻게 되느냐 하면 기계는 사정없이 팔뚝도 끊어 먹고 다리도 끊어 먹는 것입니다. 저 앞에서 자동차가 오는데 '나는 기계의 노예가 되기 싫으니까 네가 암만 비키라고 빵빵 울려도 안 비킨다' 하고 떡 버티면 어떻게 되겠습니까? 자동차에 탄 사람이 조절할 수 있는 것도 한도가 있는 까닭에 빨리 마구 달리는 자동차로서는 '저 사람이 비키려니' 하고 그냥 달리는데 안 비키고 떡 버티고 있으니까 탁 치게 되는 것입니다. 그러면 자유를 행사해 보려고 한 지 십 분도 못 되어서 자유는 그만두고 신체의 자유까지 잃어버릴 우려가 있는 것이 도시의 생활입니다. 이런 속에서 살 때 '어떻게 하면 인간이 이처럼 불가부득하고 필연적인 기계화 과정에서 그 기계화한 심리 상태와 정신세계에서 해탈할 수 있겠는가' 하는 자기의 고민을 드러낸 것이 현대 철학의 중요한 과제라는 말씀입니다.

  여기에 대해서 하나님의 말씀인 성경과 그리스도의 교회는 벌써 수천 년 전에 인류가 가는 길을 말하고 인류는 어디로 가야 된다는 것도 말하고 그리하여 인류의 이상(理想)을 분명하게 보여 주었지만, 그것을 그렇게 깨닫지 못하고 항상 고식적(姑息的)이고 공리적이고 이기적인 몇 가지의 공식(formula)을 가지고 기독교를 설명하고 지나간 까닭에 이 착잡한 현대 세계에서 인류 전체에 던져진 과제에 대한 답변을 하지 못하는 것입니다. 그런데 그런 일에 대해서 철학자들은 답변을 해 보느라고 한 것이고, 소위 신학자라는 이름을 가진 사람들 가운데 진정으로 성경이 가르친 하나님의 존재와 속성과 계시 전체를 그대로 곧이듣지 않는 자유주의적인 신학자들은 그 철학적인 문제에 신학적인 색채를 가미하여 해석하려고 해서 오늘날 현대의 신학이 이상한 소리를 하기 시작한 것입니다. 이렇게 해서 소위 '비종교화'(非宗敎化)라는 말이 생겼고 '세속화'라는 말이 다 생겨났습니다. 그러나 비종교화나 세속화라는 것이 이제 갑자기 일어난 이야기가 아니고 벌써부터 있던 이야기입니다. 원래 기독교라는 것이 그렇게 인간이 구성한 틀에 박힌 하나의 종교가 아닌데도 선지자가 선지자 노릇을 안 하고 가짜 노릇을 하고 사니까 그런 사람이 많은 교회가 결국 하나의 인간 종교로 타락해서 기독교가 문화의 여러 장르 가운데에 하나의 장르로 존재하니까 '기독교가 이래 가지고 되겠느냐. 기독교가 원래 가지고 있는 성격과 기독교에 요구하는 사회의 요구가 있는데 이래서야 되겠느냐' 하고 그것을 부수려 하니까 비종교화라는 운동이 생긴 것입니다. 그러나 부술 것도 없는 것이고 세울 것도 없는 것입니다. 언제든지 진리에 대해서는 사이비 진리가 움직이는 까닭에 역사적으로 소소 명백(昭昭明白)한 진리를 드러내기만 하면 되는 것입니다.

오늘날 신학을 구성해 나갈 때 오늘날 세계의 심각한 진통의 생활 경험에 터를 두고 거기에 대해 답변하려는 신학을 구성한다고 해서 그 신학이 참으로 시의에 적당한 위대한 신학이 되느냐 하면 그것은 아닙니다. 예를 들어 앞에서 말한 인간의 기계화라든지 비인간화라는 현실은 어디까지든지 문제에 대한 파악과 제시뿐인 것이지 문제에 대한 해답으로서의 신학이 거기에서 나오는 것은 아닙니다. 그런 것들은 그냥 우리에 대한 도전(challenge)일 뿐이지, 우리가 거기에 의거해서 신학을 건설할 이유가 없는 것입니다. 그러나 이미 계시되어 있고 건설되어 있는 신학은 거기에 대해서 대답할 수 있어야 합니다. 거기에 대해서 대답할 수 없다면 그것은 미약하고 부분적이고 뒤떨어진 신학이 되는 것입니다.

전도 여행 가운데 수립한 위대한 신학

그러면 마지막으로 돌아가서 바울 선생의 신학은 어디에 근거를 두었겠느냐 할 때 바울 선생의 신학도 물론 앞에서 말한 바른 인식론적인 과정을 겪고 경험이라는 과정을 겪었습니다. 인식론의 과제는 자기가 터득한 지식이 정당한가 부정당한가 하는 것을 가려내는 일입니다. 그러면 무슨 판단의 기준(criteria)을 가지고 그것이 정당한지 비정당한지를 가려내겠습니까? 또 내가 한 이 경험이 신적인 것인지 그렇지 않으면 단순히 인간적인 것인지 혹은 그렇지 않으면 파괴적이고 마귀적인 것인가를 가려내려면 거기에도 무슨 표준이 있어야 할 것인데 어디에 최후의 근거를 두는가 하면 하나님의 계시에 늘 근거를 두는 것입니다. 하나님의 계시라 할 때는 그때그때 꿈꾸는 이야기를 말하는 것이 아니고 이미 존재하고 이미 보편화한 계시를 말하는 것입니다.

그런고로 바울 선생이 그 위대한 신학은 계시에 근거를 두었으나 계시에 대해 평면적인 해석만을 하는 것은 신학이 안 됩니다. 계시가 우리에게 준 것이 현실 생활에서 역사적인 현실성과 역사적인 실효성을 실증한 위에서, 또한 인식론적인 과정하에 충분한 승인을 거쳤을 때 그것이 살아 있는 신학이 되는 것입니다. 이 말은 무슨 뜻인가 하면 하나님께서 우리에게 무엇을 계시하셨으면 그 계시는 우리의 현실 생활에서와 사회생활에서 나 개인의 주관적인 일뿐 아니라 전체 사회의 객관적인 현실로서 어디서든지 실증될 수 있는 진리라는 것을 증명해야 하는 것이고, 그렇게 진리라는 것을 증명하려면 그러한 역사를 요하는 것입니다. 즉 먼저 역사적 사실(historical fact)을 요구하는 것이고, 이런 역사적 사실을 지난 다음에 인식론적인 표준하에서 그 역사적인 사실 자체가 이미 계시한 사실에 들어맞느냐 하는 것을 재확증할 때 비로소 신학이 되는 것입니다. 그러니까 먼저 하나님의 말씀에 대한 해석과 터득이 필요한 것이고, 거기에 의한 자기의 확실한 경험과 동시에 객관적인 현실의 분명한 실증이 필요한 것이고, 셋째로는 다시 돌아와서 '그런고로 어떻다' 하는 하나님의 말씀의 유추와 체계화와 조직화가 필요한 것입니다. 이렇게 해서 신학이 성립되는 것입니다. 그런고로 신학을 조직해 나갈 때에는 단순히 이론적으로 생각하고 따져서 신학을 세워 놓는 것이 아닙니다. 내가 이론적으로 따져 놓았을지라도 그것은 객관적인 실증을 늘 요하는 것입니다.

바울 선생에게 이론적인 추구가 없었던 것은 아닙니다. 진작 있었을 것입니다. 그렇지만 '이 여행에서 비로소 바울 선생의 생생한 신학이 구성되어 가면서 그것이 설파(說破)되었을 것이다' 하는 말을 왜 하느냐 하면, 바울 선생이 여행하는 도중에 하나님의 복음의 말씀을 전파했더니 그 복음의 말씀이 자신만 건진 것이 아니고 그 소리를 들은 사람은 그가 헬라 사람이든지 스구디아인이든지 야만인이든지 애굽 사람이든지 로마 사람이든지 관계없이 모두 구원을 받을 뿐 아니라 과거에 가지고 있던 습관이나 역사나 국적이나 민족의 모든 차별을 초월하여 공동의 거룩한 품성을 발생시키고 하나의 거룩한 국가를 건설하는 역력한 사실을 보았을 때 '여기에 내가 명료하게 증명할 수 있는 하나님의 나라가 있다' 하는 것을 증명할 수 있었던 까닭에 그것이 신학으로 체계화한 것입니다. 이렇게 해서 거기에 은혜의 왕국, 곧 레그눔 그라티아에(regnum gratiae)의 신학이 형성된 것입니다. 혼자 있어서는 은혜의 왕국의 신학이 생기기 어려운 것입니다. 내가 은혜 가운데 들어가서 '이것이 은혜의 왕국이다' 하고 말하는 것은 이미 풍요한 역사적 실증 위에서 말하는 것입니다. 전연 아무 역사가 없이 나만 혼자 경험했다면 그것은 나 자신의 황홀경(ecstasy)이요 나 자신의 경험이라고나 할 것이지, 그것이 보편성 있는 은혜의 왕국이 역사 위에 자태를 나타낸 것이라고 당장에 속단할 수 없는 것입니다. 의와 평강과 기쁨이 나에게도 있고, 나하고는 말도 안 통하고 생활 습관도 다르고 근거가 다른 로마 사람에게도 있고 스구디아 사람에게도 있고 애굽 사람에게도 공동으로 있을 뿐 아니라 그것이 공동의 보편적인 하나의 세계를 건설하는 사실을 볼 때 '야, 여기에 기묘한 통치의 크신 능력이 있구나. 기묘한 경륜 혹은 오이코노미아(οἰκονομία)가 다시 발생하는구나' 하고 그 경륜이 있는 것을 본 것입니다. 그래서 바울 선생은 자기가 이방 사람의 세계로 다니며 전도 여행을 하면서 거기에서 신학을 뒷받침할 수 있는 풍요한 실증과 풍요한 재료들을 얻은 것이고 그것이 또한 사색의 재료가 되었습니다. 거기서 유추(analogy)의 재료를 얻어서 그 유추에 의해 신학적인 건설을 한 것이고 그렇게 해야 하는 것입니다.

그가 로마서 14:17에서 "하나님의 나라는 먹는 것과 마시는 것이 아니요 오직 성신 안에서 의와 평강과 희락이라" 하는 말을 쓸 때 그에게 중요한 것은 무엇보다도 계시입니다. 그러나 그가 이 계시를 계시로서 확실히 나타내 보이기 전에 천계(天界)를 바라보고 천계에서 보이는 그대로 하나님께서 '야, 하나님의 나라는 먹는 것과 마시는 것이 아니다. 성신 안에서 의와 평강과 기쁨이다'라고 하시는 말씀을 들었겠습니까? 소위 성문(聲聞)이 있었겠습니까? 성문으로 꿈을 보고 환상을 보고 하나님께서 직접 하신 말씀을 듣고서 모든 성경을 쓴 것이 아닙니다. 그의 면밀한 추구와 면밀한 노력에 의해서 쓴 것입니다. 그 추구와 노력이란 그의 지적인 활동과 논식의 활동을 의미하는 동시에 그의 풍요한 경험 가운데 자료를 수집하는 것과 무엇보다도 자기 자신에게서 전부를 보지 아니하고 보편적이고 객관적인 역사적 사실을 쓰기로 한 면밀한 노력인 것입니다. 그러한 까닭에 그것이 편지입니다. 편지인 까닭에 나 혼자 내 소리만 하는 것이 아니라 상대방에게 무엇이 어떻다는 것을 객관적으로 제시하고 실제의(factual) 사실을 판단해서 이야기하는 것이 더 많습니다. 그러한 까닭에 그것이 위대한 이야기입니다.

나는 이것이 수필이라든지 일기라든지 하는 형식이 아니고 편지의 형식이 되었다는 것이 대단히 의의 있는 일이라고 생각합니다. 편지는 읽는 사람이 있고 보내는 사람이 있어서 읽는 사람과 보내는 사람의 어떤 공통성을 전제로 하고 성립하는 것이고, 그 공통성은 벌써 보편성을 일으키는 것입니다. 그리고 그의 편지를 읽는 사람이 한 사람이 아니고 많은 사람입니다. 로마 사람이나 혹은 데살로니가 교회에 보냈고 대체로 많은 사람들에게 보냈습니다. 그리고 그 편지의 상대로는 에베소의 아시아 사람들도 있었고 고린도의 그리스 사람들도 있었고 로마의 로마 사람들도 있었고 유대 사람들도 있어서 이렇게 모든 국적을 망라해서 사방에 흩어져 있는 사람들에게 편지를 보냈습니다. 그리고 그 모든 사람들을 상대로 공통적인 문제를 논해 나갈 때 거기에는 어떤 보편적인 제목(subject)이 늘 서 있었습니다. 하나님 나라라는 제목이 있었던 것입니다.

이렇게 해서 바울 선생이 전도 여행 가운데 위대한 신학을 건설했다는 사실을 얼마나 큰 은혜로 생각해야 할는지 알 수 없습니다. 하나님은 이 전도 여행을 통해서 바울 선생에게 위대한 은혜로 갚아 주신 것입니다. 전도를 해서 전도한 기쁨을 얻는다는 데에만 그친 것이 아니라 그에게 그런 위대한 사색의 참된 재료들을 풍요하게 주셨습니다. 바울 선생은 돌아오는 길에 앗달리아에서 배를 타고 지중해 북단인 구브로의 북쪽으로 왔는데, 오늘날 우리와 같이 책을 많이 가지고 다니면서 필요할 때는 읽고 설교하거나 강해하거나 그렇게 했겠습니까? 바울 선생이 만일 그렇게 책을 가지고 다니려고 했다면 구텐베르크(Johannes Gutenberg, 1390?-1468)라는 사람 이전에 벌써 인쇄술을 발명했어야 했을 것입니다. 바울 선생은 그렇게 책을 가지고 다닐 수가 없었습니다. 양피지 위에 쓴 것이어서 성경 한 권을 가지고 다니더라도 한 짐씩 되는 것을 들고 다닌 것입니다. 그러니까 성경 한 권 가지고 다녔으면 많이 가지고 다녔을 것입니다. 그 이외의 것들은 특별히 가지고 다닐 것이 없습니다. 탈무드는 그때 없었고 미쉬나도 없었습니다. 그런데 그렇게 위대한 신학을 건설한 것입니다.

기도

　거룩하신 아버지시여, 주께서 주의 사도들을 세우시고 그들로 하여금 예루살렘과 온 유대와 사마리아와 땅 끝까지 이르러 주의 증인들이 되게 하셨사오며, 바울 사도라는 위대한 인물을 준비시키셨다가 소아시아와 유럽과 로마에도 복음을 전하게 하시고 주의 교회를 세우도록 허락하셨사옵나이다.

　이처럼 주의 복음을 전한 귀한 사실을 오늘날까지 저희에게 기록으로 전해지게 하셔서 그 시대에 복음을 전파하는 가운데 있었던 일들을 해석해 가는 가운데 또한 저희 교회에 필요한 것들도 깨닫게 하시옵나이다. 바울 시도가 처음 아시아에 복음을 전하고 돌아오는 길에 편하고 쉬운 길을 택하지 아니하고, 다시 복음을 전했던 지방을 차례로 들러서 제자들의 마음을 굳게 하여 믿음에 거하라고 권면하였는데, 그때만이 아니고 오늘날의 교회도 그런 터 위에 서서, 주의 복음을 전하는 자가 복음의 사실을 전한 뒤에는 복음의 도리를 더 깊게 전하여서 믿음 안에 거하도록 가르쳐야 하겠사오며, 또한 교회가 자라서 필요에 따라 직원을 세우거나 일을 해 나갈 때 제도에 의지하지 않고 모든 일을 주님께 부탁하여 주께서 친히 실증해 주시고 써 주시기를 바라서 주께 맡겨야 하겠사옵나이다.

　바울 사도에게 이미 모든 신학 체계가 구성되어 있어서 그 터 위에서 전도지에서 복음을 전했다기보다는 성신의 충만한 감동을 받아 각 지역의 필요에 맞게 복음을 잘 전했고, 그 결과 복음의 말씀이 모든 지역에 동일한 능력을 발휘하는 것을 실증하여 그것이 오늘에도 빛나는 신학이 되었듯이, 저희 교회도 성신의 함께하심과 감동하심을 따라 이 시대와 저희 교회의 필요에 맞게 하나님의 말씀을 잘 해명하여 전할 수 있게 하여 주시고, 그리하여 이 시대에 필요한 신학을 세워 나갈 수 있도록 은혜를 베풀어 주시옵소서.

우리 구주 예수님 이름으로 기도하옵나이다. 아멘.

1966년 6월 22일 수요일

제4강

전도 여행 가운데 위대한 신학을 수립함 (2)

사도행전 14:22-28

²²제자들의 마음을 굳게 하여 이 믿음에 거하라 권하고 또 우리가 하나님 나라에 들어가려면 많은 환난을 겪어야 할 것이라 하고 ²³각 교회에서 장로들을 택하여 금식 기도 하며 저희를 그 믿은 바 주께 부탁하고 ²⁴비시디아 가운데로 지나가서 밤빌리아에 이르러 ²⁵도를 버가에서 전하고 앗달리아로 내려가서 ²⁶거기서 배 타고 안디옥에 이르니 이곳은 두 사도의 이룬 그 일을 위하여 전에 하나님의 은혜에 부탁하던 곳이라. ²⁷이르러 교회를 모아 하나님이 함께 행하신 모든 일과 이방인들에게 믿음의 문을 여신 것을 고하고 ²⁸제자들과 함께 오래 있으니라.

제4강

전도 여행 가운데 위대한 신학을 수립함 ⑵

사도행전 14:22-28

제1차 여행의 마지막 부분을 공부하면서 결론적으로 상고하던 것이 몇 가지 있습니다. 제1차 여행의 순서는 잘 아실 것입니다. 수리아 안디옥을 떠나서 서쪽으로 해항(海港)인 실루기아로 가서 배 타고 구브로로 건너가 살라미에 닿은 다음, 그 섬을 횡단해서 바보에 이르렀고, 거기서부터 배 타고 북쪽으로 올라가서 대륙에 당도하여 밤빌리아 땅의 버가에 이르렀고, 버가에서부터 올라가서 비시디아 안디옥으로, 안디옥에서부터 다시 이고니온으로, 루스드라로, 그다음에는 더베로, 이렇게 루가오니아 지방을 돌아다녔습니다. 이 지역을 가리켜 하위(下位) 갈라디아(lower Galatia) 지방이라고도 합니다. 방만한 평야가 있는 광대한 지방입니다. 로마 제국의 시대에 그 지역을 갈라디아 지방으로 호칭했습니다. 보통 민족상 갈라디아라고 할 때는 저 북쪽의 헝가리 쪽 사람들을 가리킵니다. 옛날 서구라파의 라인 지방에서 살던 고울(Gaul) 종족들이 다뉴브로 흘러 내려왔고 그곳에서 다시 알프스를 넘어서 로마에 와서 로마를 한바탕 석권한 다음에는 다시 밀려서 헬라 지방으로 갔다가 헬레스폰트(Hellespont)를 건너서 지금 말하는 아시아 대륙으로 차츰차츰 들어왔습니다. 그래서 갈라디아 지방에 고울(Gaul) 사람들이 주로 많이 살았고, 또한 헬라 사람들이 많이 와서 살아서 잡다한 구성을 이루고 있었습니다.

더베에서부터 다시 돌아서서 루스드라로, 이고니온으로, 그다음에 비시디아 안디옥으로, 거기에서 아래로 죽 내려와서 버가로, 거기에서 앗달리아 항구로, 앗달리아에서 다시 배 타고 구브로 섬의 북쪽 바다로 항해해서 실루기아로 해서 다시 수리아 안디옥으로 돌아온 이것이 제1차 여행의 여정(旅程)인데, 대강의 연대가 주후 45년으로부터 48년으로서 우리나라 식으로 말하면 한 3년간이고 거의 한 2년이 걸렸습니다. 6천 리 혹은 1,500마일에 걸친 긴 여정이었습니다.

바울 신학의 배경과 위대성

지난 수요일 저녁에 우리가 바울 선생의 신학이라는 문제를 생각해 보았습니다. 바울 선생은 주님의 부르심을 받아서 마음 가운데 확연히 복음의 대도(大道)를 파악했는데, 전에 가지고 있던 자기의 사상적인 배경과 충돌되든지 혹은 아직 부합하지 못하는 몇 가지 문제에 대해서 깊이 사색해서 큰 뜻을 알고 그것에 대한 확신을 얻고자 아라비아로 가서 생각했습니다. 우리가 그전에 잠시 이야기한 것같이 그의 속에는 헬레니즘적인 배경(Hellenistic background)이 있습니다. 바울 선생이 가지고 있는 헬레니즘의 교육 배경을 생각해야 합니다. 유대 사람들을 집단으로 분류할 때 바울 선생은 헬레니스트(Hellenist)입니다. 이 말은 그때의 문화상으로나 인문상으로 헬레니스트라기보다는 그때 히브리 사람들을 헬레니스트와 순전한 히브리 파로 나눌 때 헬라 파에 속한다는 말입니다.

오늘날은 유대 사람들을 나눌 때 주로 '아쉬케나짐'과 '스파르딤'과 '예멘', 이렇게 셋으로 나눕니다. 그것은 그 사람들의 생활 지역을 따라서 나누는 것인데, '아쉬케나짐'은 주로 독일을 중심으로 삼아 동부 유럽에 살던 사람들입니다. 처음부터 독일에서 산 것이 아니고 그 위에 있는 폴란드에 가서 많이 살았지만 나중에 몰려나와서 독일로 많이 들어가서 살았습니다. '스파르딤'은 남부 유럽을 중심으로 삼아서 주로 라틴 종족들이 사는 데에 살던 사람들입니다. 그래서 아쉬케나짐 사람들은 자기네 말을 히브리 말로 회복하기 전에는, 즉 그 벤 에스라의 운동 이전에는 주로 '예기쉬'라는 말을 썼고 지금도 그 말을 하고 있습니다. 그 사람들이 뉴욕 같은 데서 히브리 문자를 가지고 흉내는 내지만 말은 히브리 말이 아니고 전부 '예기쉬'입니다. 독일 말에 동구라파 혹은 북구라파의 여러 말들이 막 뒤섞인 말입니다. 어떻게 들으면 독일 말 비슷한데 어떻게 보면 또 아니고 좀 이상한 경우가 많이 있습니다. '스파르딤'이 하는 말은 '레디노'라고 합니다. 그것은 주로 라틴 말의 영향을 받은 말로서 말이 제일 아름답습니다. 그리고 남쪽으로 내려가 아라비아를 중심 삼아서 거기서부터 에티오피아에도 가고 인도까지 가고 중국까지 온 사람들이 소위 '오리엔탈'입니다. 그 사람들이 가장 원상(原狀)의 셈 어(Semitic language)를 그대로 보전하고 있는 사람들입니다.

오늘날 그 사람들은 히브리 말을 할지라도 조금씩 다 다르게 합니다. 아쉬케나짐은 히브리 말을 하더라도 '오'를 '오'라고 발음하지 못하고 반드시 중모음으로 소리 냅니다. 여러분은 서양 사람들, 즉 영미 계통의 앵글로색슨 사람들이 '오'를 '오'라고 소리 내지 않는 것을 잘 아실 것입니다. 주의해서 들어보면 언제든지 '오우'라고 하지 '오'라고 안 합니다. 아주 빠른 발음 이외에는 '오'라는 발음이 안 나온다는 말입니다. 조금만 길게 하면 '오우'라고 하든지 그렇지 않으면 '아'라고 하든지 둘 중에 하나가 나옵니다. 그런데 이 아쉬케나짐들은 첫째로 '오'를 '오이'라고 합니다. 그리고 둘째는 'th' 발음, 즉 영어의 [θ] 발음이 안 나와서 '따' (tha)라고 해야 할 때 '타' (ta)라고 해 버립니다. 하지만 '따' (tha)라는 발음이 원래부터 좋은 발음인지 그전부터 히브리 발음 가운데 명확하게 있었는지 없었는지는 지금 우리가 알 수 없습니다. 신학교에 가면 히브리어를 가르칠 때에 항상 히브리 알파벳 맨 마지막 자(ה)의 첫 소리인 '따'(tha)를 'th' 발음으로 가르치지만 그거야 신학교식 교육이고, 진짜로 헤브라이즘(Hebraism)의 교육을 할 때는 그것을 '타우스' 라고 합니다. 그런데 아쉬케나짐들은 그 'th' 발음이 안 나오니까 '싸' 라는 발음을 냅니다. 우리 한국 사람도 'Thank you.' 하는 소리가 안 나니까 '쌩큐' 라고 해 버리는 사람들 있듯이, 그 사람들도 '대단히 고맙습니다' 라는 뜻의 '토다 라바' (תּוֹדָה רַבָּה)라는 말의 '토' 에 '오' 가 나오니까 결국 '쏘이다' 라고 합니다. 다 끝나서 고맙다는 말을 할 때 '쏘이다' 라고 합니다. 같은 히브리 말인데 만나서 '쏘이다' 혹은 '쏘이다 라바' 라고 하는 것입니다. 그리고 독일 사람들이나 불란서 사람들은 혀를 굴리는 것(rolling)이 잘 안 되니까, '라' 를 '크라' 라고 해서 '쏘이다 크라바' 라고 합니다. 그래서 물론 고맙다는 뜻으로 알아듣기는 하지만 좀 이상하게 들립니다. 그러나 스파르딤으로 가면 발음이 참 아름답게 흐르고 이태리 사람들이 혀를 잘 굴리듯이 잘 굴립니다. 아랍으로 가든지 오리엔탈로 가야 '아' , '에' 하는 발음들이 다 잘 나옵니다. 우리 한국 사람에게 하라고 하면 꼭 까마귀 우는 소리같이 해야 합니다. '아' , '까' , '가' , 이런 식으로 해야 나오는 소리입니다. 이렇게 그 사람들의 생활환경과 그 주위에 있는 소위 언어학적인 환경(philological environment)에 따라서 말이 달라진 것입니다.

그때 제1세기의 유대 사람들도 외국으로 나간 사람과 유대를 중심 삼아서 그냥 은거하고 살던 사람들이 있었습니다. 유대를 중심 삼아 은거하고 살던 사람들은 동부 아라메익(Aramaic) 언어의 영향을 강하게 받아서 우리 예수님 당시에 발음하고 직접 쓰던 말은 순수한 히브리 말이 아니고 아람 방언(Aramaic language)입니다. 실제로는 아람 방언으로 말하면서 경전을 인용할 때는 히브리어로 인용을 해야 합니다. 그러니까 바울 선생은 어느 편인가 하면 히브리 말도 잘했고 아람 방언도 잘했습니다. 물론 사도행전에 나오는 '히브리 방언'이라 할 때는 실은 아람 말입니다. "저희가 그 히브리 방언으로 말함을 듣고 더욱 종용(從容)한지라"(행 22:2. 참조. 21:40; 26:14). 그 사람들이 잘 알고 있는 아람 일대의 말을 쓴 것입니다.

알렉산더의 몰후(歿後)에 그의 네 대장 가운데 셀레우코스(Seleucos)가 주로 수리아를 점령하여 거기에 셀레우코스 왕조를 세워 나라를 봉쇄하고 있어서 수리아는 강하게 헬레니즘적인 땅이 되었습니다. 그래서 수리아의 일부를 중심해서 서쪽으로 지금 아나톨리아 일대 전부는 헬라 영향이 강했고, 헬라 문화를 그대로 강력하게 전승한 로마가 통치하고 있어서 가령 프로칸슬(proconsul)이 관할하는 아시아를 만들었어도 문화의 내용은 역시 헬라적이었습니다. 다만 갈라디아 지방만은 독특하게 자기네 루가오니아 방언을 한쪽에 유지하고 있었고, 북쪽에서는 자기네 독특한 풍습을 유지하고 저 라인 지방에서부터 정복해 내려오던 강건하고 감정적인 고울 족들의 기질과 풍습들이 많이 남아 있었습니다. 우리가 갈라디아서를 읽어 보노라면 그 사람들의 그러한 기질(temperament)이 많이 나타납니다.

이런 헬라 문화를 그대로 받아서 헬라적인 문물 속에서 살면 어떻게 됩니까? 미를 추구하고 진리와 미를 탐구하는 데 아주 발달해서 위대한 학자를 많이 내고, 또 예술적인 활동에 퍽 민감하고 발 빠른 동시에, 사람의 자유를 추구하고 생의 충족을 추구하고 높은 교양을 늘 유지하려는 헬레니즘적인 여러 특성들과 이상을 추구하고 있던 그 사회에 들어가서 살면 필연적으로 부지불식간에 자기도 그 영향을 받는 것입니다. 우리가 어떤 사회에 들어가서 살면 그 사회의 영향을 받지, 그 사회의 영향을 받지 않고 독립해서 끝까지 버티는 법이 없습니다. 사회가 추구하고 있는 전체의 아름다운 것과 또 인생의 근본에 관련되는 것은 항상 영향을 주기 마련입니다. 그와 같이 바울 선생도 길리기아 다소에서 살면서 헬레니즘의 영향을 받아서 항상 생의 충족과 어떤 위대한 목표를 향해서 간고 불이(艱苦不已)하려는 태도, 아주 고도적인 교양을 지니려고 항상 자기를 훈련하는 것, 그리고 인간의 자유를 늘 깊이 생각하고 거기에 대한 민감성을 가지는 태도를 지니고 있었는데, 이런 것들은 헬레니즘적 요소입니다.

일방 그는 히브리의 사람 중의 히브리 사람으로서 위대한 가말리엘의 문하에서 공부했습니다. 여러 번 말씀드렸지만, 예수님 당시의 헤브라이즘의 양대 학파의 스승은 샤마이(Shammai)와 힐렐(Hillel)입니다. 힐렐은 전통적이고 전형적이고 전범적(normative)인 유대교의 가장 위대한 스승의 하나로서, 모세 이래의 대출인(大出人)으로 존경받는 인물인데, 그이는 예수님이 나신 후에도 10년가량 동시대에 살고 있었습니다. 힐렐은 원래 바빌로니아 사람으로서 40년 전에 예루살렘으로 와서 가르쳤는데, 우리가 지난 주일 아침 강설에서도 힐렐 학파가 제7계명과 이혼에 대해 어떻게 해석했는가 하는 것을 살펴보았지만, 훨씬 철학적이고 원칙적인 해석을 하는 사람들이 이 힐렐 학파입니다.[1] 그러한 까닭에 어떤 것은 좀 느슨한 경향이 있을지라도, 말하자면 계율적이 아니고 독단적이 아니고 좀 더 인생의 기본적인 것과 보편적인 것을 찾아 나가던 철학적인 학파(school)였고, 또한 그것이 그 후의 전범적인 유대교를 형성하는 데 가장 큰 세력이 된 까닭에 바울 선생은 그런 대통(大統)과 정통을 이어받기 위해서 힐렐 학파의 대스승이고 또 힐렐의 손자인 가말리엘에게 가서 공부를 한 것입니다. 그래서 히브리주의가 가지고 있는 자기 부정이라는

---

[1] 참조. 김홍전, 『예수께서 가르치신 율법의 참뜻』(산상보훈 2), 제16강 '간음하지 말라 (2)', 성약출판사, 2002년.

것, 끝까지 계율과 규범 가운데 자기를 철저히 예속시키는 생활, 금욕적인 것, 그리고 자기희생적인 요소가 또한 그에게 있었고, 그것이 예수 그리스도를 만난 순간에 탁 없어진 것은 아니고 상당한 갈등을 하고 있다가, 예수 그리스도를 만나서 받은 그 거룩한 복음으로 말미암아 성신님의 조명(照明)과 주장(主掌)하심으로 자신의 풍요한 지식과 풍요한 사색력을 사용해서 헤브라이즘이 도달하고자 하는 그 이상적인 경계(境界)와 헬레니즘이 늘 지향하고 있던 이상이 그리스도의 복음 안에서 조화된다는 사실을 깊이 환연(渙然)히 깨닫게 된 것입니다. 만일 우리가 '바울 신학'이라는 말을 쓴다면 이것이 바울 신학이 위대한 타당성과 보편성을 가지게 된 소이(所以)이고, 이렇게 해서 바울 신학은 참된 의미의 그리스도교의 사상적인 구성에서 위대한 정점을 이루게 된 것입니다.

우리가 기독교 신학이라는 것을 볼 때 하나의 종교학적인 관점으로 보아서는 안 됩니다. 모든 인문의 역사와 인류의 사상과 사색의 과정의 도달점 혹은 귀결점을 추려낼 수 있는 대로 추려 보면, 거기에는 스토아주의적인(Stoic) 것도 있고 에피쿠로스주의적인(Epicurean) 것도 있고 훨씬 이성적인(rational) 것도 있고 동시에 신비한 명상의 세계를 찾는 것도 있습니다. 그 모든 세계를 다 갖다 놓고서 기독교를 이모저모에서 살펴볼 때 그 모든 것이 기독교에 다 완성되고 흡수되었다는 사실을 알게 되는 것입니다. 철학적으로 단순히 몇 가지 공식(formula)을 놓고 생각하는 정도가 아니고, 보통 말하는 '신학'이라는 말이나 '종교학'이라는 말 정도가 아니라, 인생의 깊이와 하나님 나라와 하나님 자신에 대해서 깊이 사색해 나가는 참된 철학(philosophy), 즉 지혜를 사랑하는 관점에서 사색의 세계를 전개한다면 그것이야말로 위대한 철학의 기본이 될 것인데, 이런 위대한 철학을 세웠다고 하면 역사적으로는 바울 선생이 효시(嚆矢)인 동시에 가장 위대한 정점을 이루고 있다고 생각합니다. 베드로나 요한보다는 바울 선생이 위대한 정점을 이루었다고 생각하는 것입니다. 사도 요한의 위대한 일면이 없는 것은 아니지만, 바울 선생이 비교적 충만하고 원만한 정점을, 원만한 세계를 만들어 냈다는 말씀입니다. 그리고 바울 선생을 내보냈던 안디옥 교회가 예루살렘 교회보다는 위대한 종합력에서는 훨씬 큰 세계를 가지고 있었던 것을 우리가 볼 수 있습니다. 그 후의 역사에서는 누가 그리스도의 나라의 위대한 사상의 높은 세계에 도달했는가 할 때 위대한 어거스틴(Augustine, 354-430) 선생이 도달했습니다. 그 후에 칼빈(John Calvin, 1509-1564) 선생이 어거스틴 선생이 가지고 있는 사색의 세계를 비교적 명확하게 조직하고 훨씬 명료하고 훨씬 정밀한 세계까지 이끌어 내려서 사람들의 갈 길에 대해서 대대적으로 가르쳐 나간 큰 공이 있습니다.

그 이후에는 그런 위대한 철학적인 세계를 겸비한 대사상가가 별로 나타나지 않았습니다. 오늘날 세계에서 이름을 날리는 자유주의자의 신학자들은 자기의 철학을 새로 전개하고, 새로 전개하는 그 철학 속에 종교학적이고 신학적인 요소들을 가미합니다. 종교학적이려니까 종교적인 요소가 거기에 있어야 하고, 신학적이려니까 무엇보다도 계시를 근거로 해서 좌든지 우든지 해설해 나가는 것입니다. 이렇게 해서 오늘날 세대에는 폴 틸리히(Paul J. Tillich, 1886-1965)나 불트만(Rudolf Bultman, 1884-1976) 같은 사람들이 나타나서 이 말 저 말을 하고, 사람들은 그것을 굉장한 것으로 여겨서 따라가고 있지만, 그러나 그것은 하나님께서 바울 선생을 쓰셔서 계시하셨던 위대한 하나님 나라의 큰 내용을 천명하고 더 명시하는 것이 아닙니다. 그것은 인류 역사의 필연적 과정 가운데서 발생한 역사적인 고민에 터를 두고서 시작한 사색이기는 할지라도, 별다른 세계로 이끌고 나가는 것입니다. 그 별다른 세계라는 것은 종합적인 하나님 나라의 큰 사상으로서 위대하고 초자연적이면서도 현실적인 하나님의 능력을 나타내는 것이 아닙니다. 다른 말로 하면 하나님은 그저 존재만 하신다거나 단순히 법칙을 내시고 위에서 감독만 하시는 것이 아니라, 역사 위에 오셔서 자신이 원하실 때는 역사의 전 경로(course)를 잡아 트시고, 필요할 때에는 자녀 개개인의 세세한 문제까지 직접 관할하시고 통치하시는 은혜의 왕국, 곧 레그눔 그라티아에(regnum gratiae)의 왕이신데, 그러한 하나님과 예수 그리스도의 크신 능력을 나타내는 철학적인 내용을 현시하기보다는, 현시대의 진통에 의해 이 세대의 사람들이 모색하고 있는 문제들, 가령 예를 들면 인생의 기계화 문제, 인간성 상실의 문제, 그리고 절망의 문제를 가지고 떠들기는 할지라도 거기에 대한 답변은 없이 대부분 그저 새로운 시행착오를 하는 것뿐임을 우리가 보는 것입니다.

바울 신학의 구성과 전도 여행의 관련성

여기에서 우리는 바울 선생이 가지고 있던 이 신학적인 내용의 구성이 이 여행과 어떻게 관계되어 있었던가를 상고해 보고 있습니다. 그저 '바울 선생은 전도 여행을 했느니라' 하는 데서 끝내면 의미가 없습니다. '그가 여행을 함으로써 그가 전파한 거룩한 복음이 어떠한 형태로 또한 어떠한 답변으로 역사 위에서 우리에게 제시되어 있는가' 하는 것을 찾는 것이 언제든지 중요합니다. '그가 실루기아로, 살라미로, 바보, 버가로, 그다음에는 안디옥, 이고니온, 루스드라, 더베와 같은 도시를 돌아다니며 전도해서 교회를 세우고 은혜를 끼쳤다' 하는 것으로 오늘날 우리가 전부의 내용을 삼는 것이 아닙니다. 그가 다니면서 말씀하는 가운데 그가 발견한 새로운 세계가 있는 것을 우리가 특별히 생각해 보자는 것입니다. 여러 가지 것을 설명할 수 있고 사람들이 강해할 때 여러 가지 것을 강해하지만, 우리가 흥미 있게 중점적으로 생각하는 문제는 바울 선생이 거기서 무엇을 체득했으며, 그의 신학을 구성하는 중요한 논증들을 거기에서 어떻게 체득해 나갔는가 하는 것입니다.

지난 시간에 우리가 이야기한 것은 사람이 신학을 구성할 때에 많이는 자기의 사색과 추리(reason)와 논리의 형식(logical form)에 의해서 터득한다는 것이었습니다. 그렇게 되면 어디에 빠지기 쉬운가 하면 역사 신앙(historical faith)에 빠지기 쉽습니다. 잘해야 그렇습니다. 그것은 말하자면 지적인 신앙(intellectual faith)입니다. 물론 신앙의 지적 요소라는 것은 심히 중요합니다. 지적 요소가 중요하지 않은 것이 아니지만, 신앙이 지적인 세계를 전부로 삼거나 대부분으로 삼든지 그것에 압도당하든지 그것이 전체를 유도하고 나갈 때 그것은 지적인 신앙 혹은 역사 신앙이 되는 것입니다. 그런고로 사람이 신학을 형성할 때 필연적으로 요구되는 것은 그 신학이 검증될 수 있는 생활 경험입니다. 그런데 자기가 지적으로 구성해 나가는 사실을 생활상 경험했다고 하더라도, 그 경험과 지적인 이론(principle)의 구성이 합쳐지면 거기에 정당하고 타당성 있는 신학이 자동적으로 형성되는가 하면 그것이 아닙니다. 그 점도 주의해야 합니다. 왜냐하면 사람의 생활 경험과 거기에 대한 지적인 해석이라는 것은 모든 이단에도 있는 일이고 모든 그릇된 운동에서도 다 발생하기 때문입니다. 예를 하나 들어서 스베덴보리(Emanuel Swedenborg, 1688-1772) 같은 사람이 자기가 체험하고 체득한 신비한 생활 경험을 성경에 있는 많은 말들을 인용해서 변증하고 제시한다고 할지라도 그것으로써 우리가 받아들일 만한 위대한 신학을 형성하느냐 하면 그런 것이 아니라는 말씀입니다.

우리는 경험을 심히 중요하게 생각합니다. '경험을 하지 않고 말로만 제기하는 것은 소용없다. 경험이 있어야 한다' 하고 말합니다. 물론 말하는 것도 중요하고 경험하는 것도 중요하지만, 그런 것으로써 신학의 근거가 서는 것이 아닙니다. 그런 것은 자기의 종교학의 근거는 됩니다. 사람이 자기의 종교학을 건설할 때에는, 즉 자기 딴에 하나의 신학이라는 이름을 붙일 종교학을 건설할 때에는 자기 경험과 자기가 얻은 이론과 자기가 구성해 나간 해석에 의해서 하는 것입니다. 자기 경험한 바를 이론적으로 또 논리적으로 서술하지 못한다면 그것은 설복력이 없습니다. 그러나 논리적으로 설득을 한다고 해서, 그러니까 그것이 반드시 타당하고 정당한 신학이 되는가 하면 그것은 아닙니다.

그런고로 언제든지 중요한 것은 참된 신학을 구성할 때 그 근거가 어디에 있는가 하면 두말할 것 없이 하나님의 계시에 있는 것입니다. 계시에 터를 두고서 그 계시에 대해 정당하고 타당성이 있고 그런고로 동일한 인식의 작용하에서 보편성을 가지는 해명을 하여서 그 해명한 바가 자기의 경험과 다른 사람의 경험을 통해서 실증되고 검증되었을 때 비로소 그 신학은 살아 있는 소리가 되는 것입니다. 바울 선생이 얻은 계시는 참으로 역사를 움직일 위대한 계시인데, 그에게 지금 필요한 것은 자기가 얻은 위대한 계시를 실증할 위대한 실례(實例), 즉 엑셈플리 그라티아(exempli gratia)라는 것이었습니다. 왜냐하면 그런 실례로 말미암아 그의 논증이 검증될 수 있고 명확하게 설 수 있는 까닭에 그렇습니다.

그러면 그것을 어디서 얻었는가 할 때 자기 혼자 앉아서 기도하고 명상 삼매(冥想三昧)하는 데서 얻은 것이 아니고 '복음의 힘이 나에게는 이런 능력을 나타냈지만, 이것이 독단적이거나 주관적인 것에 불과한 것이 되면 안 되겠다' 해서 그것이 보편타당성을 가졌는가를 알려면 그것을 퍼뜨려 보는 것입니다. 말하자면 그것을 자연 실험대에 놓고 실험(experiment)을 하는 것입니다. 이렇게 실험대에서 알았는데, 그것이 바울 선생이 방문했던 실루기아나 살라미나 바보나 버가나 비시디아 안디옥이나 루가오니아 지방의 여러 도시의 갖은 사람들이었다는 말입니다. 유대 사람, 헬라 사람, 로마 사람, 혹은 고울 사람, 그 외에도 여타의 잡다한 갈라디아 사람들에게 퍼뜨려 본 것입니다. 그러나 어디를 가든지, 그 사람들이 어떤 기질(temperament)을 가졌든지, 어떠한 인간적인 배경을 가졌든지, 어떠한 민족성을 가졌든지, 어떤 지방적인 색채를 가졌든지 그것을 초월해서 거기에 나타나는 위대한 복음의 작용과 능력의 실증은 동일했다는 말씀입니다. 그것을 파악했을 때 바울은 큰 확신을 가지고 이야기하기 시작한 것입니다. 그것이 바울 선생의 신학이 늘 생생한 힘을 발휘하는 연고입니다.

　이미 구성되어 있는 신학 체계나 조직 신학 체계라는 것을 배운 많은 사람들이 자기가 배운 그것을 앵무새와 같이 이야기하는 것으로 능력을 얻는 것이 아닙니다. 강단에서도 조직 신학 이야기를 가지고 능력을 끼치는 것이 아닙니다. 신론(神論)을 한다고 해서 '신은 이러이러하고 이러합니다. 신의 속성은 이렇습니다. 신의 공유적 속성(communicable attribute)은 이런 것입니다' 하고 남이 다 써 놓은 이야기를 기억해 가지고서 역설하는 것이지만, 궁극적으로 말할 때 신학이라는 것은 누구의 신학이 있는 것이 아니고 결국 그것은 누구에게나 동일한 신학이어야 하고 누구에게나 자기의 신학이 되어야 하는 것입니다.

　재작년에 제가 일본에 가서 몇 개의 신학교에서 강의를 할 때, 한번은 학생들에게 특별한 강설을 두 시간 정도 해 달라는 부탁을 받았습니다. 그래서 '오늘은 특별한 강설을 하자' 하고서는 다른 강의를 하던 것을 덮고 제목을 내걸기를 '신학'(神學)이라 해 놓고 '제군(諸君)들은 신학을 배우지만 신학을 배우는 동시에 한 가지 잊어버려서는 안 될 것이 있다. 철학을 배우는 시간에 철학 교수가 말하기를, 여러분이 철학을 배우는 것은 철학사를 배우고 철학 개론을 배우고 또한 시대별로 어떤 부문이나 어떤 사람의 중요한 철학에 대해서 연구하고 그러는 것이지만, 제일 중요한 문제는 철학을 하는 것이다, 하고 가르치지 않는가. 나도 똑같은 이야기를 하겠다. 여러분은 가령 누구의 신학, 어디의 신학, 무슨 교단의 신학, 이런 소리를 자꾸 떠들고 비교해서 연구도 하겠고, 여러분들이 받들려고 하는 개혁교회의 신학을 배운다고 할지라도 그것은 어디까지든지 남이 다 써먹은 것을 글자를 읽어 가지고서 기억하는 것뿐이다. 문제는 그것이 자기에게서 신학이 되어야 한다는 것이고, 그러려면 자기가 신학을 해야 한다'고 말했습니다. 그러면서 ''신학한다'는 동사를 하나 만들어 보자. 그런 동사가 있는지 나는 모르나, 씨알러지(theology) 혹은 쎄올로기아 (theologia)라는 말을 아예 동사로 만들어 가지고 신〔theos〕에 대해서 말한다〔logo〕는 뜻으로 쎄올로고(theologo) 혹은 영어로 씨알러자이즈 (theologize)라고 해 보자. 신에 대해서 내가 말한다는 것이 더 중요하지 않으냐'하고 말했습니다.

이런 것들은 무엇에서 오는가 할 때 자기가 배운 거룩한 도리가 있으면 그 거룩한 도리를 첫째의 실험대에 올려놓는 것입니다. 첫째의 실험대는 자기 자신입니다. 둘째의 실험대는 그것이 보편성을 가지는가를 알아보는 동시에 보편적인 효과를 얻어 보아야 하는 것입니다. '그런 일이 다른 사람에게도 일어났는데 나에게도 발생했다'할 때 물론 보편성이 있다는 것을 우리가 개연적으로 승인하지만, 그러나 내게 있는 것이 다른 사람들에게도 분명히 나타난다는 것을 검증하려면 나 자신이 그것을 전해 보아야 하는 것입니다. 다른 사람이 내가 전해 준 것을 받고서 '아, 같은 경험이다'하고 검증할 수 있으면 그 실험의 결과로 인해서 내가 수긍하는 것입니다. 그런고로 내 스스로 '그것이 왜 이런가?' 하는 것을 검증하기 위해 내 자신이 하나님의 말씀, 곧 복음의 무한한 현실적인 능력에 대해서 다른 사람에게 말을 해 보는 것입니다.

우리는 복음에 대해서 그전에 배웠고 또한 여러 번 이야기했습니다. 그뿐 아니라 일본 말을 아시는 교우들은 제가 일본에서 강의한 것들이 벌써 책자로 나온 것을 가지고 계실 것입니다.[2] 보신 분들은 이미 보셨겠지만, 거기에서 한 가지 중요히 이야기한 것이 '복음의 오늘의 효용'이라는 문제, 곧 '복음이 오늘 어떻게 실효를 나타내고 있는가' 하는 문제입니다. '복음의 오늘의 효용'이라고 할 때는 '오늘도 안 믿는 사람에게 복음이 들어가면 그 사람의 영혼이 주님의 거룩하신 은혜 가운데에서 구원을 받는다' 하는 이야기가 아니고, '이미 구원을 받았다고 확신하고 교회 생활을 여러 해 동안 해 온 나에게 다시 예수 그리스도의 죽으심과 다시 사심이라는 사실은 나의 오늘의 문제에 대해 어떠한 답변을 하고 어떠한 실효를 내느냐' 하는 문제입니다. 나의 오늘의 문제는 옛날에 처음 믿었을 때의 문제와는 다릅니다. 오늘 우리 개인 개인이 각각 당하는 문제나 생각해야 할 문제는 다 심각한 답변을 요하는 것입니다. 예수를 안 믿는 사람에게 처음에 주어야 할 문제는 '예수 믿고 천당 가시오' 하는 것이거나 그렇지 않으면 '예수 믿고 예수님의 속죄의 공효를 입어서 죄 사함을 받고 죄의 형벌을 면제받고, 그다음에는 죄에서 구속함을 받고, 그러고서는 새로운 생명을 받고, 그리고 나중에 완전한 경계(境界), 곧 거룩한 부활의 경계에 도달하시오' 하는 것이 하나의 완전한 형태(complete form)입니다. 그렇지만 오늘날의 문제는 그 여타의 문제인 것입니다. '어떻게 사느냐' 하는 문제이고, '무엇을 위해서 사느냐' 하는 문제이고, '이 생애에서 어떻게 승리를 얻느냐' 하는 문제도 있습니다. '거기에 대해서 여전히 예수님의 죽으심과 다시 사심이라는 그 이야기를 다시 하는 것이 무슨 실효를 내는가' 하는 것을 내가 올바로 깨닫고 아는 것이 신학하는 것입니다. 신학 책이나 조직 신학 책에서 그것을 자세히 서술한 경우는 아마 없을 것입니다. 대체로 개연적이고 일반적인 것을 이야기할 뿐입니다. 그러

---

[2] 참조. 김홍전, 『복음이란 무엇인가』, 도쿄: 생명의 말씀사, 1966년. 이 책은 1973년에 우리말로 번역되어 한국복음문서협회에서 출판하였고, 그 후에는 성약출판사에서 판을 거듭하여 펴내고 있음.

나 개인의 문제에 대해서 복음이 답변해 주는 것을 자기 스스로 체험해서 얻을 뿐 아니라, 이번에는 상대방이 그 말씀을 들어서 그것이 그 사람으로 하여금 자기 문제를 확연히 해결하게 할 뿐 아니라, 공동의 목표를 가지게 해서 하나님께서 재창조하신 거룩한 목표에 대한 전망(vision)을 명확하게 가지게 하는 그것이 살아 있는 신학의 소위(所爲)인 것입니다.

바울 선생은 이런 살아 있는 신학을 파악하고 다녔습니다. 그가 다닌 길에서 그는 단순히 복음을 전하고 끝난 것이 아니라 남에게 복음을 전하는 자기 자신부터 심오한 열매를 누렸다는 말씀입니다. 그러니까 남에게 전할 때 그는 남에게 권하고 자기에게도 권하면서 자기를 쳐서 복종시켰습니다(참조. 고전 9:27). 그것이 자기에게 늘 적용되게 했다는 말씀입니다. 남에게 전한 복음은 남에게 그 사람의 상태대로 유효했지만, 나에게는 나의 상태만큼, 즉 나의 문제와 나의 난제(challenge)와 나의 상태(status)만큼 유효했다는 말씀입니다. 그런 신비한 능력을 복음에서 맛보았을 때 "복음은 모든 믿는 자에게 구원을 주시는 하나님의 능력이 됨이라"(롬 1:16)고 말했던 것입니다. 믿는 모든 사람을 구원하는 복음이라고 할 때 바울 선생은 일찍이 그 구원이라는 말을 간단하게 천당 간다는 식으로 해석한 일이 없습니다. 그는 늘 구원의 전 과정(course)을 이야기하는 것입니다. 복음은 과거의 시제나 현재의 시제나 미래의 시제까지 덮어서 믿는 자를 구원하시는 하나님의 능력이라고 한 것입니다. 구원의 전 과정을 생생하게 깨달은(realize) 이것이 바울 선생이 가지고 있는 큰 소득입니다.

바울 선생이 거룩한 은혜를 받았다는 사실, 곧 그 여행 가운데서 얻은 큰 수확은 자기가 하나님의 도구가 되어서 남에게 준 것에 못지않게 풍요한 수확을 자기 자신의 내면세계에 얻어 가지고 돌아온 것입니다. 그리고 그것은 지난번에 말씀드린 것과 같이 주로 책을 읽고 공부하는 데에서 얻은 것이 아닙니다. 그는 과거에 많은 공부를 한 사람이지만, 여행을 하면서는 오늘날 말하는 그런 많은 공부를 할 여유가 없었습니다. 그때의 여행길은 험난해서 책을 가지고 다닐 수가 없는 것입니다. 그 두루마리 책들을 어떻게 짊어지고 다니겠습니까? 아마 성경 하나만 가지고 다니는 것도 그 사람들에게는 무거웠을 것입니다. 그는 또한 안력(眼力)이 약해서 눈 때문에 퍽 고생을 했습니다. 그는 낮에는 나가서 피곤하게 전도했고, 그러다가 때때로 쉬는 시간이 있었을 것입니다. 그렇게 쉬는 때에 무엇에 많은 시간을 보냈겠는가 할 때 첫째는 자기가 실험하는 문제에 대한 관찰을 했고, 둘째는 자기 자신이 직접 하나님 앞에 기도했고, 또한 그리스도와의 거룩한 교통하에서 계시를 받았습니다. 그런 사실뿐입니다.

바울 선생이 받은 계시

그러나 이런 계시를 그냥 가만히 앉아서 공허한 공백의 상태에서 받은 것은 아닙니다. 깊은 사색과 사색의 논리적인 진행 위에서 또한 타당성이 있게 받았습니다. 왜냐하면 계시라는 것은 신비한 것이지만 법칙하에서 움직이는 것이지 법칙을 떠나서 마음대로 움직이는 것이 아니기 때문입니다. 계시라고 하면 하나님께서 내시는 것이니까 마음대로 되는 것같이 생각하고 자기가 어떤 상태(status)에 있어도 다 계시를 받을 수 있는 것처럼 생각하는 사람들이 있습니다. 자기가 혼몽해서 정신이 어리빙빙한 상태라도 계시는 있는 것이고, 자기가 잠을 자는 상태라도 계시는 있는 것이고, 자기가 일어나서 맑은 정신하에 있어도 계시는 있는 것이고, 자기 속에 오백 야귀(野鬼)가 다 흘러 돌아다니면서 남을 증오하고 시기하고 야단 내면서도 계시는 있는 것같이 생각한다면 그것은 어림없는 일입니다. 또한 기도만 하고 앉아 있으면 계시가 온다고 생각하는 것도 어림없는 이야기입니다.

계시라는 것은 이미 내리신 계시와 스스로 충돌하지 않고 자기모순(self-contradiction)이 없는 까닭에 이미 내리신 계시의 터 위에서만 새로운 계시가 필요한 것입니다. 바울 선생이 계시를 받을 때에는 이미 내리셔서 모든 사람에게 요구하신 거룩한 말씀의 터가 분명히 서 있었던 것입니다. 말씀의 터가 없는 사람이 계시를 받으려고 하니까 계시는 그만두고 이상한 정신적인 몽환 상태 가운데 들어서 꿈을 보고 괴상한 것을 보고서는 그냥 '계시 받았다' 하고 떠들고 다니지만, 바울 선생이 받은 계시는 그런 것이 아닙니다. 바울 선생이 받은 계시는 누가 보든지 보편성 있고 타당성 있는 증명을 하는 계시입니다. 그는 주관적이고 독선적인 일이 있었을 때는 그것을 말하지 않았습니다. '내가 계시받은 것이 아주 기이하고 오묘하지만, 다른 사람이 나를 지나치게 볼 것 같아서 그것은 내가 말하지 않는다' 하고 자기가 삼층천(三層天)에 올라간 이야기에 대해서는 말하지 않았습니다(참조. 고후 12:1-6). 그 일은 독점적이었던 까닭에 그 일이 보편성을 가지지 않을 때는 이야기하지 않은 것입니다.

그리고 그가 가지고 있는 계시라는 것은 교회에 덕을 세우는 일로 나타났습니다. 하나님 나라의 거룩한 덕과 거룩한 진로와 규칙에 대해서 모든 사람에게 알리는 데 유용한 것만을 계시로서 효력 있게 나타낸 것입니다. 여기에서 바울 선생이 자제(self-control)할 줄 알고 분별력 있는 이성(reason)을 가지고서 분별력 있게 생활한 것을 알 수 있습니다. 그런 분별도 없는 사람에게 계시를 주면 계시를 받고 마구 함부로 지껄이는 것입니다. 아무 분별력도 없는 사람이 계시를 받았다고 하면서 '며칠 안에 서울이 불바다가 된다' 하고 야단입니다. '아, 하나님께서 내게 보이셨으니까 내가 이 말을 전하지 않을 수 없다' 하고 떠들고 돌아다닙니다. 그러면 또 그런 사람을 밥도 굶고 그냥 쫓아다니는 사람이 더러 있는 것이지 없는 것이 아닙니다. 그렇지만 자기가 먼저 생각할 때 '왜 하필 내가 그런 계시를 받아야 하는가? 내가 서울에 대해서 무슨 책임을 가지고 있고, 또한 내가 서울에 대해서 어떤 영향력(influence)을 가졌기에 내게 이 말씀을 하셨는가?' 하고 자기 스스로를 평가해야 할 텐데 평가를 안 합니다. 어디서 알지도 못하는 사람이 뛰어 들어와서 '서울이 곧 불바다가 된다. 음력으로 몇 월 며칠에 불바다가 된다' 합니다. 하필 계시는 음력으로만 오는지 어떤지 알 수 없습니다. 그 야단을 하더니 불바다는커녕 물바다도 되지 않는 것입니다. 그런 것들이 이상한 계시를 받는 사람들이 하는 일입니다. 그런 일들이 많이 있습니다.

그러나 바울 선생이 사색 가운데 깊이 들어가 있을 때에는 근거 없거나 재료가 없는 사색이 아닙니다. 그의 사색의 내용은 하나님 나라였을 것이고 복음의 큰 능력이었을 것입니다. 그 복음은 어디에서 제시된 복음입니까? 예수님을 처음으로 뵈었을 때 비로소 깨달은 복음이 아닙니다. 깨닫기는 예수님이 부르심으로써 깨달았지만, 복음은 이미 처음부터, 태초부터 있었던 것입니다. 구약에 이미 풍요한 내용으로 복음이 가르쳐졌고 풍요한 내용으로 거룩한 구원의 도리가 서 있었다는 말씀입니다. 그는 그것을 그때 비로소 추리(reason)할 수가 있었습니다. '아, 그렇구나. 그것을 내가 이제까지 오해했구나. 그것을 곡해했구나' 하고 후회하기 시작했던 것입니다. 그런 중요한 거룩한 계시의 내용이 자기에게 친히 근거와 터가 되고 판단의 기준(criteria)이 될 때에 하나님께서 그 위에 바른 계시를 보태시면 그것은 그 모든 전제(premise) 위에서 결론(conclusion)을 자꾸 내리시는 일이 되는 것입니다. 계시를 받을 때는 이런 것들이 중요합니다.

이것은 다소간에 오늘날에도 마찬가지입니다. 오늘날 우리가 살 때에 '하나님의 인도하심을 받는다', '하나님의 뜻대로 한다' 하는 말을 많이 합니다. 예수님께서도 "나더러 주여, 주여 하는 자마다 천국에 다 들어갈 것이 아니요, 다만 하늘에 계신 내 아버지의 뜻대로 행하는 자라야 들어가리라"(마 7:21) 하고 말씀하셨습니다. 그러면 그 '하늘에 계신 내 아버지의 뜻'이라는 것을 어떻게 아는가 할 때, 거기에서는 '너희 아버지'라고 하거나 '천부(天父)라고 하시지 않고, '내 아버지'라는 독점적인 말씀을 하셨다고 전에 말씀드렸습니다. 예수 그리스도, 곧 성자 예수께서 '나'라는 말과 함께 독점적으로 '내 아버지'라는 말을 하신 것은 하나님과 중요한 관계가 있는 것을 표시하신 것입니다. 자기를 통해서 자기가 나타내신 하나님이시기 때문에 '하늘에 계신 내 아버지'입니다. '하나님은 물론 너희 아버지도 되시지만, 위선(爲先) 그리고 독특한 의미에서는 오직 독생자인 나의 아버지이시다' 하는 것입니다. 그런고로 예수 그리스도, 곧 독생하신 하나님에게서 비로소 나타나시고 충만히 나타나시고 비류(比類) 없이 나타나신 그 하나님의 거룩한 계시를 우리가 받아야 한다는 뜻인데, 그것을 어떻게 받는가 하는 문제입니다. 하나님의 계시를 공백의 상태나 멍청한 상태나 혼몽한 상태에 있는 사람이나, 이적을 구하고 몽환을 구하고 특별한 이상(vision)을 구하는 사람에게 내리신다는 이야기가 아니고, 이미 내리신 풍요한 계시의 내용에 대해서 명확한 파악이 있고 판단이 있는 사람이 그것을 깊이 명상하고 사색하고 그 거룩한 도리를 추구해 나갈 때 그 도리 위에서 새로운 계시를 취해 나가는 것입니다.

우리가 '오늘 내가 하는 일에 대해서 어떤 것이 하나님의 뜻이겠는가' 하고 찾아 나갈 때는 어떻게 해야 하겠습니까? 하나님 앞에서 '하나님, 거룩한 뜻을 보여 주소서' 하고 기도만 하고 막연히 앉아 있는 것으로 하나님의 뜻을 찾아서는 안 됩니다. 물론 하나님의 뜻을 알지 못할 때에는 기도를 하는 것입니다. "너희 중에 누구든지 지혜가 부족하거든 모든 사람에게 후히 주시고 꾸짖지 아니하시는 하나님께 구하라. 그리하면 주시리라. 오직 믿음으로 구하고 조금도 의심하지 말라. 의심하는 자는 마치

바람에 밀려 요동하는 바다 물결 같으니 이런 사람은 무엇이든지 주께 얻기를 생각하지 말라"(약 1:5-7) 하고 말씀하셨습니다. 그런고로 믿음으로 구하는 것입니다. 반드시 주실 것을 믿는 것입니다. 그러나 주실 것을 믿으면 그다음에 어떻게 하는 것입니까? 그다음에는 기다리는 것입니다. 어떻게 기다립니까? 기다리는 태도는 이미 주신 하나님의 말씀의 거룩한 도리하에서 거기에 관여된 거룩한 계시를 생각하는 것입니다. 어떤 문제에 관여된 것을 집중적으로 자꾸 생각해 나가는 것입니다. 어떤 말씀이 그 문제에 대해서는 이렇게 뜻을 보이면 거기를 조준해서 자꾸 외우는 것입니다. 외워 나갈 때 나중에 성신님의 거룩한 조명이나 혹은 영감(inspiration)이 나로 하여금 '아, 이것이구나' 하고 번쩍 깨닫게 하는 것입니다. 그리고 그때에는 이런 모든 전제(premise)가 있어서 그 전제 하의 연역적인(syllogistical) 결론이 되는 까닭에 피할 수 없는 것입니다. '이러니까 이렇게 되지 않았느냐?' 하면 내가 하나님 앞에 '하나님, 이러니까 이렇지 않습니까?' 하고서 비로소 하나님 앞에 의논(reason)할 수 있는 것입니다. '나와 의논하자(참조. 사 1:18), 하셨으니 제가 의논하겠습니다. 이것 아닙니까?' 하고 받는 것이지, 그런 것을 떠나서 가만히 몽환 가운데 멍하니 '하나님, 보여 주십시오. 꿈으로 혹은 우림과 둠밈으로 보여 주십시오' (참조. 출 28:30) 하는 것이 아닙니다. 오늘날 우리는 우림도 모르고 둠밈도 모릅니다. 우림과 둠밈이 어떻게 생겼는지도 모릅니다. 우림(אוּרִים)은 빛을 뜻하는 히브리 말인 오르(אוֹר)에서 나왔는데, 빛으로 환히 비추면 무엇으로 압니까? '저기 신작로가 하나 있는데, 거기 사람이 하나 서서 간다. 그러니까 나는 한 사람을 따라가야겠다' 하는 식으로 그렇게 교묘하게 생각해서는 안 됩니다.

언제든지 성신님께서 사람에게 역사하실 때 가장 정상적이고 가장 풍요하고 가장 능력적으로 역사(歷史)를 움직였던 그 거룩한 계시의 역사(役

事)는 유기적(有機的)이었습니다. 유기적인 영감(organic inspiration)이 중요합니다. 유기적이라는 것은 나의 의식을 박탈하거나 제약하지 않고 나의 의식의 능력이나 인식의 능력을 충분히 사용해서 깨닫게 하신다는 것입니다. 바울 선생이 논의(reason)하는 방식은 언제든지 그렇습니다. 갈라디아 교회의 상태를 들었을 때는 그 교회가 가지고 있는 여러 기질상의 특징들을 이야기합니다. "그리스도의 은혜로 너희를 부르신 이를 이같이 속히 떠나 다른 복음 좇는 것을 내가 이상히 여기노라"(갈 1:6). 이렇게 아주 강한 특징들을 먼저 지적해 가면서 시작하는 것입니다. 고린도 교회에 말할 때에도 고린도 교회가 가지고 있는 그 저급한 육신에 속힌(σαρκικός) 상태에 대해서 지적해 갔습니다. 그 인간적이었던 것, 육적이었던 것을 가지고 논전(論戰)하기 시작해서, 말하자면 그것을 시발점(starting point)으로 삼아 자꾸 추론해 나가는 것입니다. 자기의 논식에 의해 얼마나 강하게 논술해 가는지 모릅니다. 이런 것이 성신께서 조명하셔서 인도하시는 것입니다.

  성신의 조명 없이 사람이 자기의 논식에 의해서만 논리를 해 나가면 그것은 성신 대신 이성을 사용하는 것입니다. 이렇게 함으로 도달하는 곳이 인간의 철학입니다. 그렇게 해서 도달한 곳이 어디입니까? 어떤 높은 지점에도 도달하지 않는 것입니다. 그저 끝없는 사색일 뿐입니다. 거기에서 철학이 생깁니다. 철학은 끝없는 사색입니다. 단테의 『신곡』(神曲)을 보면 지옥의 한군데를 가니까 많은 늙은이들이 지팡이를 짚고 끝없는 일망무제(一望無際)의 광야를 자꾸 걷고 있어서 '저게 누구냐?' 하니까 '저게 철학자들이다' 라고 하더라는 이야기가 있습니다. 철학자들은 그렇게 끝없이 걸을 뿐이고, 성신께서 빛을 비추셔야 '저기 있구나!' 하고 알게 되는 것입니다. 이 광야의 길을 걸을 때, 그것이 무슨 광야가 되었든지, 신 광야가 되었든지 바란 광야가 되었든지 결국은 성신의 조명하심으로 그 광야의 길을 올바로 걷게 되는 것입니다. 성신께서 광야의 길을 인도하실 때에 호밥처럼 광야의 길에 익숙한 사람을 앞세우셨습니다(참조. 민 10:29-32). 민수기를 보면 광야에서 이스라엘 백성을 인도하신 방식은 어디에서든지 기이한 방식으로만 인도하신 것이 아니고 아주 논리적(reasonable)으로 늘 인도하셨습니다.

이런 방식으로 사도 바울 선생이 성신님의 거룩한 조명과 계시의 인도를 받아서 사색해 나갈 때 그 많은 훌륭한 편지 글들을 다 논리적으로 서술해 나갔습니다. 그냥 쓱쓱 이야기하는 것이 아니고 자꾸 논해 나가지 않습니까? '이러면 이렇게 되지 않느냐? 이러니 이렇게 해야겠다' 하면서 자꾸 논리를 해 나갔습니다. 그리고 바울 선생이 처음으로 이렇게 시작한 것이 아닙니다. 예언서들, 곧 선지자의 글들을 연구해 보면 그들에게 카리스마가 있다고 하지만, 그들이 덮어놓고 불쑥 한마디씩 내쏘는 것은 아닙니다. 거기에 그때의 정치적 정형을 일일이 다 기록하지 않았을 뿐이지, 가령 '너희 에돔은 들어라' 한다든지 또는 '너희 누구는 들어라' 할 때는 반드시 그때 가지고 있는 그 정치적이고 도덕적이고 종교적인 현상(現狀, status quo)을 전제로 하고 한 말입니다. 그런고로 그때 '쉐마 이스라엘'(שְׁמַע יִשְׂרָאֵל), 곧 '들으라, 이스라엘아' 하고 말하기 위해서는 어떤 이스라엘을 보고 그렇게 말했는가를 알아야 하는 것입니다. 이스라엘은 그때 어떤 정치적, 도덕적, 종교적 위치에 있었는가 하는 것을 먼저 찾아서 '그런 터 위에서 이렇게 이야기했구나' 하는 것을 연구해서 깨달아야지, '이스라엘에게 이렇게 말했으니까 그 말은 이런 말이다' 하고 곧바로 알 수 있는 것이 아닙니다.

바울 선생 역시 마찬가지입니다. 자기가 이르렀던 그 지방 사람들의 정형과 도를 받던 상태와 그들이 지니고 있던 태도 등에 대해서 잘 관찰해서 그에 맞게 복음을 전했던 것입니다. 누가는 그런 것을 아주 간단하게 만 기록해 놓았습니다. 루가오니아에 갔을 때 제우스네 허메네 하면서 제사 지내려고 하는 그 사람들의 아주 소박하면서도 거칠고 미신적이고 암매하면서도 정열적인 종교열을 딱 한마디로 다 그려내 버렸습니다. 나중에 역사를 고증해 보면 그 사람들이 원래 그런 사람들입니다. 그 사람들이 라인 강 연안에서부터 차례차례 흘러내려 온 이야기를 우리가 볼 수 있습니다. 그것은 그것이고, 오늘은 바울 선생의 신학의 구성이라는 문제에 대해서 다시 한번 강조하고 넘어가는 것입니다. 바울 선생은 제1차 여행을 통해서 그의 신학을 위대한 산 신학으로, 생생한 확신과 검증을 가진 신학으로서 더 구성했다는 것을 이야기했습니다.

안디옥 교회에 돌아와서 보고함

그리고 돌아와서 안디옥에 가서는 어떻게 했습니까? 여기 보면, "안디옥에 이르니 이곳은 두 사도의 이룬 그 일을 위하여 전에 하나님의 은혜에 부탁하던 곳이라. 이르러 교회를 모아 하나님이 함께 행하신 모든 일과 이방인들에게 믿음의 문을 여신 것을 고하고 제자들과 함께 오래 있으니라"(행 14:26-28)라고 했습니다. 바울 선생은 자기들을 보낸 안디옥 교회에 돌아와서 보고를 했습니다. 그 보고를 들은 안디옥 교회는 일찍이 2년여 전에 바울과 바나바를 파견한 교회로서 두 사람을 위해 기도하던 교회입니다. 두 사람을 기다리던 이 안디옥 교회는 마침내 그들이 상당한 수확을 얻고 돌아와서 그동안 지낸 이야기와 그들이 거둔 결실을 보고하는 것을 들었습니다. 사도행전 13:2-3에서 안디옥 교회가 이들을 파송할 때 그 교회에 얼마나 참된 은혜가 있었던가를 우리가 볼 수 있는데, 파송 시에 이 교회에 참으로 복과 신령함이 가득했듯이, 다시 만나는 이 회(會)도 기대와 영광의 회가 되었습니다.

저들이 파송한 이 두 사도 가운데 하나는 몸에 흔적을 지니고 왔습니다. 갈라디아서 6:17 말씀과 같이 그리스도의 흔적을 지니고 온 것입니다. 루스드라에서 돌에 맞아서 죽었다가 일어났습니다. 그러면 그러한 핍박과 환난을 이야기했겠습니까? 물론 핍박과 환난에 대해서도 이야기했을 것입니다. 그러나 여기 14:27의 말씀을 보면 "하나님이 함께 행하신 모든 일과 이방인들에게 믿음의 문을 여신 것을 고하고"라고 해서 '하나님이 함께 행하신 모든 일'이라고 합니다. 하나님께서 하신 일이 무엇인가 할 때 현실적으로는 이방인들에게 믿음의 문을 여신 일입니다. '하나님께서 함께하셨다. 우리에게는 하나님께서 함께하신 역력한 증거가 이렇게 있다' 하는 것이 바울 선생이 실험해서 얻은 확신들일 것이고, 그 속에는 또한 말로 다할 수 없는 그의 사상의 성숙성이 있습니다. 이와 같이 바울 선생은 하나님께서 함께하신 것을 어디서든지 아주 명확하게 말할 수 있었습니다. 동시에 객관적으로는 어떠한 사실이 나타났는가 할 때 하나님께서 함께하신 결과로 이방인들에게 믿음의 문을 열어 놓으셨다는 것을 이야기했습니다.

하나님 나라에 들어가려면 많은 환난을 겪어야 함

여기서 한마디만 더 보고 넘어가고 싶은 것은 14:22 하반절의 "우리가 하나님 나라에 들어가려면 많은 환난을 겪어야 할 것이라" 하는 말씀입니다. '환난을 겪으면 하나님 나라에 들어간다' 하는 말이 아니고, '하나님 나라에 들어가려면 환난을 겪어야 한다' 하는 것뿐입니다. 하나님 나라로 향하는 길에는 환난이 있다는 말씀입니다. 사람이 남이 짓지 않는 괴상한 죄를 지으려고 해도 고생은 하는 것입니다. 그렇지만 그런 환난은 하나님 나라에 들어가기 위한 것이 아니라 마귀의 특색을 드러내기 위해서 하는 고생입니다. 세상 사람은 결국 살면서 고생을 하기 마련인데, 기왕 고생하려면 하나님 나라를 실현하는 고생을 하는 것이 낫지, 고생해 가면서 결국 마귀의 일을 방조한다면 그것은 불쌍한 일입니다. 여기에서 한 말은 고생을 영화(榮化)한 이야기가 아닙니다. 그런고로 목표가 분명해야 합니다. '하나님 나라가 저기 있어서 그 하나님 나라에 들어간다' 하는 말보다는 '하나님 나라를 실현한다' 하는 말이 여기에 더 적합합니다. 왜냐하면 원칙적으로 하나님 나라에 들어간 까닭에 그 나라를 위해서 고생하는 것이기 때문입니다. 하나님 나라가 인류의 역사 위에서 구현되어서 우리가 그렇게 구현된 하나님 나라 가운데 들어갔다는 것을 실증하려면 고생하지 않고는 안 된다는 말씀입니다.

우리가 다 같이 중생하고 다 같이 구원의 은혜를 받고 다 같이 하나님 나라를 마음에 보유한 까닭에 거룩한 교회로 서 있지만, 성약교회가 민일 하나님 나라의 역사적인 사명을 이 역사의 시기에 땅 위에서 구현하려면 고생하지 않고 저절로는 되는 것이 아님을 가르치는 것입니다. 우리 속에는 필연적으로 끊어야 할 것도 많고 과거의 행습 가운데 잘못된 것과 포기해야 할 것도 많습니다. 그런고로 여전히 자기의 사생활은 사생활대로 하고 교회에 와서만 경건하고 거룩해서는 의미가 없습니다. 그렇게 해서는 거룩한 하나님 나라의 성격을 구유(具有)한 교회의 현실적인 능력을 현시할 아무런 재주가 없는 것입니다. 우리는 과거에 자기가 가지고 있던 여러 가지 사상의 그릇된 것을 차례차례 깨닫는 대로 포기해야 합니다. 많은 것에 그릇되게 영향을 받아 때가 묻었다는 것을 때때로 스스로 인정할 수밖에 없는 것입니다.

교회론에 대해서만 그런 것이 아니라 사회 일반의 문화에 대한 우리의 주관이나 관점(view)에 그릇된 것이 많이 있습니다. 신문을 보고 우리가 무엇을 평할 때 세상의 믿지 않는 사람이 평하는 것과 비교해 보더라도 신문사의 논설위원들이 평하는 것 이상을 넘지 못하는 것을 다 보는 것입니다. 왜 그렇습니까? 신문에 나타난 사회면의 여러 기사나 여러 국제적인 현실을 보고 거기에 대해 자기가 논평을 하거나 그것을 해석하려면 그럴 만한 자기의 판단 기준이 충분히 있어야 할 것이고, 그 판단의 기준은 하나님 나라적인 것이어야 할 것입니다. 그런데 그런 판단의 기준이 없거나 빈약하니까 안 믿는 사람이 보는 식으로 보는 것입니다. 신문사의 논설위원과 같이 그 방면을 도저(到底)하게 연구한 사람들이 보는 정도 이상을 못 본다는 말씀입니다. 신문사의 논설위원들은 잘 분석하고 잘 봅니다.

제가 일찍이 신문사에 있을 때 늘 논설 회의를 주재했는데 그 논설위원들은 각 사계(斯界)의 전문가들입니다. 함께 모여 앉아서 그날의 중요한 화제(topic)들을 몇 가지 죽 내놓은 다음에, 거기에는 그 방면의 전문가가 반드시 앉아 있으니까 경제 문제이면 경제 문제 전문가와 주로 이야기를 합니다. 혹은 여러 사람들이 다 앉아 거들면서 자꾸 의논을 합니다. 그다음에는 정치 문제나 사회 문제에 대해서 논의하는데, 사회 문제에도 여러 가지가 있으니까 생활의 문제, 교육 문제, 문화 운동의 문제, 이런 문제들을 이야기합니다. 그다음에는 국제 정세나 국제 관계의 문제를 놓고서 이야기한 결과, 결국은 그중에 가장 시급하고 중요한 두 개의 문제를 딱 뽑아서 '그럼 이것은 누가 쓰고, 이것은 누가 쓰십시오' 하고 지정을 하는 것인데, 신문사를 경영하는 이야기는 여러분이 몰라도 괜찮습니다. 어찌 되었든 논설위원들이 이야기하는 소리를 가만히 들으면 고상하고 해박하게 잘 알고 있고 내면을 잘 알고 있습니다. '여기 신문에는 이렇게 났는데 속은 이렇게 생겼다'고 하면서 '신문에 왜 그렇게 나왔는가' 하고 속을 다 뒤적거립니다. 그렇지만 반드시 다 아는 것은 아니니까 편집국장을 오라고 하든지 그것을 담당한 담당 기자를 오라고 해서 그것을 취재할 때 찾아본 배경(background)을 한번 이야기해 보라고 하면 와서 소상히 이야기합니다. 그렇게 해서 현실을 파악하고 난 뒤에 '그러면 어떻게 해야 할 것인가' 하는 방향은 물론 소위 사장이 된 이 사람이 제시해야 합니다.

'우리로서는 이런 목표가 있으니까 이런 방향을 가지고 논해서 쓰는 것이 좋겠다' 해서 써 나가는 것입니다.3)

물론 우리가 늘 신문을 볼 때 그런 사람들과 같이 신문에 있는 뉴스나 화제들을 잘 분해할 만한 그런 정세 분석가(analyst)도 아니고 그것을 늘 다 파악하라는 것도 아닙니다. 여기에서 말하고자 하는 것은 신자가 보는 판단의 기준이 불신자와 별로 다르지 않더라 하는 말입니다. 분해를 할 줄 알든지 모르든지 판단의 기준이 다르고 차원이 높으면 높은 대로 이야기하는 것인데, 그렇게 보지를 않더라는 것입니다. 가령 사회에 빈곤이 있고 식량의 문제가 있습니다. 한국의 식량 문제라고 하면 해마다 한 5백만 식이 부족하다고 늘 이야기합니다. 인구의 사연 증가가 그렇게 급속히 이루어지니까 그 인구를 먹여 대려면 식량이 부족할 것 아닙니까? 그렇지만 과연 그렇게까지 부족한지는 모르겠습니다. 누군가가 부풀려서 이야기하는 말도 있을 것입니다. 정확하게 알려면 통계를 자세히 보아야 하는데, 통계라는 것은 사람이 얼른 터득하는 것이 아닙니다. 하여튼 상당한 양의 식량이 부족합니다. 인구의 자연 증가가 있는데다가 원래 우리가 가지고 있는 식량의 절대량이 부족하기 때문입니다. 그래서 많은 부족이 생기는 것입니다. '그런 문제가 있을 때 어떻게 해야겠는가?' 하면 '농사를 더 지어야겠다' 합니다. '더 지으려면 어디에 짓는가? 어디에 지을 땅이 있어야 하지 않겠는가?' 하면 '개간을 더 해야겠다' 합니다. '황무지가 많아야 개간을 더 해서 충당을 할 것이 아닌가?' 하면 '간척지를 막아서 농사를 지어야겠다' 합니다. 그것도 한 방도는 방도입니다. 그러다가 '산아 제한을 해야겠다' 하는 이야기가 쑥 나옵니다. 인구가 못 불어나게

---

3) 저자는 1960년 8월부터 1962년 9월까지, 즉 군사 정권에 의해 민국일보가 해산될 때까지 그 신문사의 사장 겸 발행인으로 있었음. 참조. 고(故) 허암(虛菴) 김홍전(金弘全) 목사 약력, 「성약출판소식」 42호, 2003년 12월.

인구 증가를 딱 정지시키겠다는 이야기입니다. 그렇게 해야겠습니까? 결국은 이것은 무엇을 의미합니까? 만일 거기에 하나님 나라와 역사의 큰 과정(course)을 생각하고 역사 위에서 혹은 역사의 성격 가운데서 하나님의 거룩하신 표적들과 증적(證迹)들을 터득하려는 시대의 예언자가 있다면 무엇이라고 말하겠습니까?

정확한 통계를 분석하든지 못하든지 누구나 아는 것은 인구는 급속도로 증가하고 식량에 대한 수요가 급속도로 늘어난다는 사실입니다. 이대로 갈 것 같으면 결국 나중에는 폭발점에 도달할 것이라고 합니다. 지금은 1966년인데 주후 2천 년이라는 해에 이를 것 같으면 인구는 어떻게 되겠는가 할 때 유엔(UN)의 세계 식량 계획(World Food Programme)에서 내놓은 것이 있잖습니까? 현재의 수의 배가 될 것이라고 합니다. 인구가 현재의 수의 배가 되면 거기에 해당한 식량이 필요할 것입니다. 그 식량은 어디서 나옵니까? 현재에도 이미 식량이 부족하여 영양실조 가운데 빠져 있는 나라들이 많이 있습니다. 대체로 첫째 제일 심한 데가 아프리카이고, 이 아시아에서는 특별히 동남아시아 일대인데, 그중에도 심한 것이 인도입니다. 그다음에는 저 라틴 아메리카의 인디언들이 주로 사는 지역입니다. 식량을 먹고 남아 유족한 곳이 오스트레일리아, 미국, 그리고 서구라파입니다. 그런데 벌써 이렇게 힘이 부족해서 세계의 많은 지역이 반(半) 기아 상태나 항구적인 기아 상태 가운데 빠져 있는데, 앞으로 어떻게 하면 문제가 해결되겠습니까? 큰 전쟁은 기아에 대한 전쟁이라고 모두 이야기합니다.

이런 보고를 우리가 들을 때 당장 우리 입으로 밥이 들어가니까 그것이 퍽 실감 있게 들어오지 않을는지 몰라도, 지금 세계에서 매일 날마다 굶어 죽는 사람이 만 명이 넘는 것을 벌써 보고를 들어서 다 아는 것입니다. 세계 인구 가운데 날마다 만 명씩은 굶어 죽는데, 이것은 다른 이유로 죽는 것 아니고 먹을 것이 없어서 그냥 굶어서 죽는 것입니다. 세월을 붙잡아 맬 길은 없고, 자꾸 세월이 가면 인구는 자꾸 증가되어서 식량 부족이 더 심해지다가 마침내 폭발점에 도달하면 어떻게 되는가 하는 문제에 대해서 선지자가 나타난다면 무엇을 예견하겠습니까? '저기 태평양 한가운데 수억 명을 수용하고도 남을 땅이 있으니 가자' 하고 가르치는 것이 선지자겠습니까? 그런 괴상한 소리를 해야겠습니까? '하나님이여, 태평양 한가운데 지진이라도 나서 큰 섬이 쑥 올라와 거기서 사람이 수억 명씩 살게 만들어 주시옵소서' 하고 열심히 엘리야처럼 기도해 보련다 하고 기도해야겠습니까? 그러면 어떻게 해야겠습니까?

이런 것은 간단한 이야기 같아도 하나님이 자녀로 하여금 신가하게 생각하게 하는 문제가 있습니다. 그런 생각에 의해서 만일 높은 차원의 판단의 기준 위에 서 있는 사람이라면 '그런고로 무엇이 필요하다. 무엇을 해라' 하고 가르쳐 주실 것입니다. 그런 것이 중요합니다. 그런고로 하나님의 나라의 거룩한 능력이 필요합니다. 왜냐하면 사람은 하나님께서 살리시지 않고는 도저히 살길이 없기 때문입니다. 사람이 제 스스로 삶을 살고 밥만 있으면 사는 줄 아는 데서부터 착오가 생기는 것입니다. 성경의 원칙은 '장차 전 세계적으로 역사적으로 사람들이 명확하게 받든지 안 받고 다 굶어 죽든지 할 그런 갈림길(crisis) 가운데에 도달할 것이다. 너희들이 떡으로만 사는 줄 아느냐? 하나님의 입으로 나오는 모든 말씀으로 사는 것이다. 사람이란 그런 것이다' 하는 것입니다. 시험은 인자(人子)이신 예수님께 대해서 했지만, 예수님은 '나는 이렇게 산다' 하고 말씀하신 것이 아니고, '사람이란 이렇게 사는 것이다' 하고 큰 원칙을 가르치셨습니다.

그런 경우에 오늘날 라인홀드 니이버(Reinhold Niebuhr, 1892-1971) 같은 사람이나 장 시베릿 같은 사람은 사회 문제를 중심 삼아서 신학적으로 혹은 기독교적으로 해설을 하고 해결을 해야겠다 하고 책을 써 내서 사방에 퍼뜨려서 유명하게 되었지만, 무슨 해결을 가져다주었는가 할 때 아무 해결도 가져다준 것이 없습니다. 여전히 고통은 심각하고 절 망은 그대로 더 짙어지고 사람들의 도덕적인 퇴폐와 타락은 그냥 가속도 로 급진전하고 있습니다. 그러면 어디에 소망이 있습니까? 하나님의 백 성이나 예언자가 나타나서 무슨 말을 하면 그것이 그가 하늘나라에 올라 간 이후에라도 세기의 소망으로 빛을 비추어야 하는 것입니다. 그래야 선 지자입니다. 그렇지 않고 해결책인 것처럼 생각하게는 했으되, 잠시 위로 를 준 듯했으되 궁극적으로는 아무런 해결도 안 줄 때에는 거짓 선지자인 것입니다. 그런 거짓 선지자를 위대한 신학자라고 해서 모두 따라다닌다 면 그것도 불쌍한 이야기입니다. 왜 따라다니는가 할 때 지식을 좋아하는 나머지, 아는 체하는 나머지, 심각해지고 싶은 나머지 모두들 따라다니는 것입니다.

바울 선생은 제1세기에 장차 올 모든 세기의 것을 다 투시한 것은 아 닙니다. 그러나 그의 큰 상념들은 그것을 통해 장차 오고 올 세대를 투시 하게 해 주는 아주 찬란하고 빛나는 것들을 세워 놓았습니다. 다음 장(章) 인 사도행전 15장에 나오는 예루살렘 회의에서의 바울 선생의 태도나 그 로 말미암아 그들이 나아간 방향을 생각할 때에도 그렇습니다. 거기에서 그들은 당면의 문제에 대한 것을 주로 이야기했지만, 그것이 나중에는 만 대불변(萬代不變)의 대진리로 서 나가게 되는 것입니다. 왜 그런가 하면 그 모든 거룩한 계시를 하나님께로부터 받은 까닭에 그런 것입니다. 과거 의 선지자들도 하나님께로부터 말씀을 받을 때에는 먼저 당면의 문제에 대한 답변으로 시작합니다. 멀고 먼 시대에 대해서 '장차 100세기 후에 는 혹은 10세기 후에는 이렇게 될 테니 이것을 준비하라' 하는 이야기는 아닙니다. 당장의 문제에 대해서 늘 이야기를 했습니다. 그러한 까닭에 과거의 역사를 많이 말합니다. 그리고 '과거의 역사의 결과로 현재는 이렇지 않으냐' 하는 것을 많이 말했습니다. 예레미야나 이사야나 에스겔이 다 그렇게 이야기합니다. 그렇게 하고서는 '그러니까 너희가 이제는 이렇게 해야 할 것이 아니냐? 이스라엘 민족이 가진 사명과 이스라엘 민족이 가지고 있는 기초가 이렇지 않으냐?' 하고 말하면서 메시야 왕국을 늘 지지하고 나갔던 것입니다. 그렇게 했지, 항상 몇 세기 후의 이야기를 바라보고서는 그 당시 사람들에게 직접 관계되지 않는 것을 이야기하려고 한 것은 아닙니다. 민족의 지표와 민족의 이상(理想)을 이야기할 때에도 그것이 가공(架空)이 아니고 현실적이면서 역사 위에 필연적으로 나타나야 할 사실이었던 까닭에 그것이 위대한 예언이었던 것입니다.

그러면 오늘날 우리 교회는 무엇을 해야 합니까? 성약교회는 무엇을 해야 하겠습니까? 우리가 스스로 예언자를 자처하지 않더라도 주께서 우리에게 명확하게 보이신 바가 있는 것입니다. '하나님 나라의 거룩한 자태를 구현하기 위해, 거룩한 그 나라의 속성을 인류의 역사 위에 명확하게 구현하고 증시(證示)하기 위해서 너희를 선택했느니라' 하는 것이 교회가 존재하는 거룩한 목적입니다. 그러나 교회의 거룩한 목적도 모르고 '교회는 살림 잘해서 큰 예배당 짓고 사람들을 많이 모으고 주일날 많이 모여서 재미있게 예배 보고 모두 재미있게 이야기하고 가면 그것으로 전부이다. 혹은 그렇게 하면 대체로 된다' 하고 생각한다면 그것은 어림없는 이야기입니다. 우리의 모든 것을 집약해서 목적을 향해서 구심적으로 노력해야 하는 것입니다.

바울 선생은 그 여행을 통해서 이런 거룩하고 위대한 신학적인 큰 지표들을 얻으면서 그 결과로 '하나님 나라가 이 땅 위에서 구현되려면 우리가 환난을 겪어야 한다. 하나님 나라를 음으로 양으로 저해하는 세력과는 언제든지 맞부딪쳐서 싸워야만 하는 까닭에 환난을 겪는 것이다. 전투의 교회(church militant)는 싸우는 것이고, 싸우려면 고생하는 것이다. 보통 때에는 너희가 다른 일을 다 돌아본다 할지라도, 일단 전투에 임해서 너희를 전사로 불러냈을 때에는, 다른 일이 필요 없어서가 아니라 이제는 더 중요한 문제 때문에 전투하는 그 일에만 집중하지 않을 수 없도록 불러내는 것이다. 그런고로 너희는 군사와 같이, 전사와 같이 나서야 한다' 하는 이것이 전투의 교회로 부르심을 받은 사람들의 각오입니다.

우리가 세상에서 살 때 평화로운 가정과 안정된 생활이 불필요한 것이 아닙니다. 그러나 하나님의 영광을 위해서 전투의 위치에 서서 나가려고 할 때에는 불가부득 그것을 돌아보지 않고 나갈 수밖에 없는 때도 옵니다. 그러니까 고생하는 것입니다. 그런 고생을 하기 싫다면 결국은 전투를 포기하자는 이야기밖에 안 됩니다. 물론 날마다 그것만 하고 살아가라는 것은 아닙니다. 날마다 가정을 돌아보지도 않고 옛날 유교식으로 '위천하자(爲天下者)는 불고사사(不顧私事)라' 해서는 자기 집 앞을 지나가더라도 그냥 지나만 가지 들어가지도 않고 공사(公事)가 끝날 때까지는 집에 안 들어간다는 식의 이야기는 아닙니다. 그런 형식적인 윤리를 이야기하는 것이 아닙니다. 자기의 마음의 자리가 항상 명확하게 전투에 대해서와 하나님 나라의 구현에 대해서 집중되어 있고 민감해야 합니다. 부르실 때에는 감연히 뛰어나가야 합니다. 또한 '하나님 나라에 들어가려면 환난을 겪는다' 든지 혹은 '하나님 나라가 현실적으로 역사의 과정 위에서 구현되는데 거기에 들어가려면 환난을 겪는다' 할 때는 첫째, 하나님 나라적인 거룩한 사상과 거룩한 성격 혹은 속성들을 드러내기 위해서 나 자신의 생활이 하나님 나라의 것으로 먼저 화해야 합니다. 그러기 위해서는 나 자신의 생활 가운데 그릇된 것, 사람의 때가 묻었던 것이 씻겨져야 합니다. 앞에서 이야기한 것같이 신문을 보든지 현실 세계를 당해서 무엇을 관찰할 때 세상 사람이 보는 식으로 보면서 거기에서 일보 전진도 없는 그런 막연하고 몽롱한 태도를 취하지 말아야 하는 것입니다. 혹은 거기에 종교적인 의미를 붙인다고 해도 별것이 되는 것이 아닙니다. 흔히 사람들은 어떤 일에 종교적인 의미를 잘 붙이는 버릇이 있습니다.

요컨대 하나님의 나라라는 말은 집약적이고 통괄적인 용어입니다. 그것은 문화라든지 예술이라든지 과학이라는 말이 아니고 그 모든 것을 포함한 하나의 나라입니다. 그것은 하나의 목적을 가진 나라이고, 거룩한 통치의 규범을 가지고 있고, 법칙이 서 있고, 거기에 권위가 있고, 피통치자가 있습니다. 그래서 '그의 나라'라는 말을 썼습니다(참조. 마 6:33; 눅 12:31; 딤후 4:1). 바실레이아(βασιλεία) 혹은 라틴어로 레그눔(regnum)라 할 때 절대주의적인 거룩한 신권의 정치인 까닭에 레그눔이라는 말을 쓴 것입니다. 오늘 같은 공화국(republic)이 아니고 레그눔입니다.

지금까지 그릇되게 가지고 있던 자기의 모든 해석, 즉 역사와 물질과 현실에 대한 그릇된 해석을 버려야 합니다. 교회에 와서는 교인으로서 서로 정답게 지내는 것 같지만, 일단 현실 문제에 가서는 대단히 현실적이고, 그래서 그렇게 사는 많은 사람의 영향과 유혹에서 일보도 벗어나지 못하는 그런 생활은 하나님 나라를 구현하는 생활이 못 됩니다. 교회의 거룩한 속성의 첫 번째가 거룩하라는 것입니다. 거룩하라는 것은 구별되라는 것입니다. '사상상으로 너는 구별되어야 한다. 세상의 때 묻은 사상에 그냥 잠겨 있거나 그냥 섞여 있지 말아라' 하는 것입니다. 우리는 주의 이름으로 주께 기도하고, 죄를 사해 주시기를 바라고, 또한 주께서 언약하신 대로 죄를 씻어 주시기를 바랍니다. 죄를 씻어야 하는 것입니다. 사함만 받지 말고 씻어야 합니다. 그릇된 사상과 그릇된 영향과 그릇된 태도와 그릇된 관찰을 씻어 버려야 하는 것입니다. '주여, 씻어 주시옵소서' 할 때 '네가 씻어 달라고 했으니 그러면 내가 씻는다' 하고 하루아침에 홀연히 없어지지 않습니다. 고생도 하게 하고 그릇되었다는 것을 각성도 하게 하고 그것 때문에 마음에 고통을 받게도 하고 책망도 듣는 것이고 깨달음도 오고 그래서 나중에는 '아, 그릇되었구나' 하고 자기를 포기하는 것입니다. 그렇게 무서운 것이 완고한 자기의 사상과 생각입니다. 하나님께서는 그런 것을 씻으시기 위해서 불도가니에도 넣기도 하고 물속에도 넣기도 하십니다. 그래서 고생하는 것입니다. '네가 하나님 나라를 구현하려면 이 그릇된 것을 씻기 위해서라도 고생하지 않을 수 없는 것이다. 왜냐하면 너는 고생하지 않고 그대로 얼른 포기할 수 있는 그런 순한 양 같은 사람이 아니기 때문이다. 너는 염소 같은 사람이다. 조금만 틈이 있으면 톡 튀어 나가고 톡 튀어 나갈 것이다.' 껍데기는 양 같아도 속은 염소라는 말씀입니다. 구약에서도 제물을 드릴 때에 염소를 드리는 의미가 있지 않습니까? 우리는 염소 같습니다. 염소 같은 우리라도 하나님 앞에 드린다는 표시로 염소를 대신 잡아 드리게 만든 것입니다. 그러한 까닭에 고생을 하지 않을 수 없는 것입니다.

우리의 사상이 될 수 있는 대로 진리에 대해서 민감하고, 진리라고 하면 모든 것을 배제하고 그냥 따라가겠다는 그런 위치 가운데 있어야만 하겠지만, 모든 사람이 다 그렇지 못해서 아무리 신령한 교회라고 할지라도 갖가지 사람들이 있어서 진리보다는 현실상 유익한 것을 취하는 일이 많이 있습니다. 표면만 그럴듯하게 맞추어 주고 내면으로는 늘 자기에게 유리한 것을 늘 취하겠다는 태도를 취하는 일이 얼마든지 있는 것입니다. 어느 때는 교회가 전체로 진리라는 미명하에서 사실은 현실적으로 세속적인 것을 취하는 것입니다. 교회를 거대한 기업으로 생각하고 기업으로서의 발전, 기업으로서의 성공이라는 교회관을 가지고 있다면 그것은 교회가 아닙니다. 교회는 기업으로 성공해야 하는 것이 아니고, 교회의 속성을 드러내야 합니다. 하나님께서 경영하시는 것을 증시하라는 것이지,

사람이 돈을 많이 내서 훌륭한 일을 한다는 것을 보이라는 것이 아닙니다. '하나님께 맡긴즉 하나님께서 어떻게 하시는가를 너희는 보라' 하는 것입니다. 그것은 근본적으로 다릅니다. 그럼에도 그렇게 하지 않을 때 그것을 뚜들겨 고치기 위해서는 고생이 따르게 됩니다. 개인이 먼저 하나님 앞에 맡길 때에도 고생하는 것입니다. 안 맡기고 지나가면 번영하고 잘사는가 하면 번영하고 잘사는 것이 아닙니다. 안 맡긴 까닭에 무지한 말이나 노새와 같이 매로 뚜들겨 맞는 것입니다. "너희는 무지한 말이나 노새같이 되지 말지어다. 그것들은 자갈과 굴레로 단속하지 아니하면 너희에게 가까이 오지 아니하리로다"(시 32:9). 말이나 노새와 같이 딴 데로 가면서 뚜들거 맞는 것보다 고치고 바른 길로 들어가면서 고생하는 것이 나은 것입니다. 좁은 문을 향해서 걸어가노라면 길은 좁고 험해서 그 좁고 험한 길을 가느라 고생하는 것이지만, 그것이 다른 길로 가면서 여전히 고생하는 것보다 나은 것입니다.

우리는 그동안 기도에 관해 배우면서 고난의 문제에 대해서 여러 시간 이야기했습니다. 고난이 어떻게 하면 가치가 있고 어떻게 하면 가치가 없게 됩니까? 고생에 찌들고 눌려서 그냥 아무것도 안 되어 버리는 일이 얼마든지 있는 것입니다. 고생하면 다 정금같이 빛나는 것이 아닙니다. 고생을 안 했으면 제대로 좀 보전했을 텐데, 고생을 해서 나중에는 신산스럽게 아무것도 안 되어 버리는 사람이 얼마든지 생기는 것입니다. 그러나 '하나님 나라에 들어가기 위해서는 많은 환난을 겪어야 할 것이라 하셨으니, 저는 하나님 나라의 그 거룩한 영광을 사모하고 거기에 자신의 전체를 맡기고 진리를 위해서는 아무것도 유보하지 않고 다 포기합니다' 하는 확연한 마음의 태도를 취할 때는 '그러냐? 오냐, 그럼 내가 너를 씻어서 하나님 나라의 것으로 만들기 위해서는 너의 미숙하고 뒤떨어지고 여러 결핍과 결함이 있는 것들을 고치고 씻어야겠다. 씻기 위해서는 이것이 필요하다' 하고 은의 찌꺼기를 제하기 위해서 풀무에나 도가니에 넣는 것처럼 연단하시는 것입니다. "도가니는 은을, 풀무는 금을 연단하거니와, 여호와는 마음을 연단하시느니라"(잠 17:3). 여호와는 사람을 연단하시고야 마는 것입니다.

이러니까 우리가 하나님 나라에 들어갈 때면 언제든지 구체적으로 이런 개인적인 고생이나 전체적인 고생이 따르는 것입니다. 바울 선생도 고생을 많이 했습니다. 본토인의 핍박과 이방인의 핍박을 당했고, 그중에서도 본토인인 유대 사람들의 핍박이 심했습니다. '하나님을 아노라' 하고 '이렇게 하는 것이 하나님을 섬기는 도리라' 해서 기성의 교회가 핍박할 것을 우리도 늘 각오하는 것입니다. '뭐, 저 사람들은 소수가 모여 가지고 저희들이 무엇을 한다고 되지못하게 저러느냐?' 하는 수모나 모욕 정도가 아닙니다. 우리가 집단적으로 움직이면 편할 텐데 따로 떨어져서 움직이려니까 불편한 일이 많이 있을 것이고, 간접적으로 혹은 직접으로 핍박이 올 것입니다. 환난의 형태나 방식은 세월과 더불어 늘 변하는 것이지만, 그 실체는 항상 있습니다.

그러나 환난의 장소는 또한 능력의 장소인 것입니다. 만일 우리가 하나님의 나라를 참으로 추구한다면 하나님께서 그것을 가납하시고 힘 주시고 붙드시며 같이 가신다는 참능력이 환난에서 비로소 증시되는 것입니다. 유명하고 훌륭한 약은 병이 났을 때 비로소 위력을 발휘하는 것과 마찬가지입니다. '하나님의 능력은 약한 데서 온전하여진다'(고후 12:9)는 말씀과 같이, 하나님의 큰 능력은 우리가 고생할 때 나타나는 것입니다. 그런고로 환난 가운데 처한 시간은 우리의 목적이 바르냐 그르냐 하는 것을 하나님께서 증시해 주시고 실증해 주시는 시간입니다. '너는 지금 그릇된 길을 가면서 고생하느냐, 아니면 참으로 하나님 나라를 추구하느냐?' 하는 것입니다. 하나님 나라를 추구하면서 고생했다면 그 고생이 능력의 장소로 변하는 것을 실증할 것입니다. 그렇지 않고 자기 욕심 때문에 고생하고 산다면 그것은 그냥 자기가 고생하고 만 것입니다. "죄가 있어 매를 맞고 참으면 무슨 칭찬이 있으리오"(벧전 2:20)라고 했습니다. '아무 상급도 없다. 보상이 하나라도 있겠느냐?' 하는 말씀입니다. 고린도전서 16:8-9을 보면 "내가 오순절까지 에베소에 유하려 함은 내게 광대하고 공효를 이루는 문이 열리고 대적하는 자가 많으니라" 하였습니다. 능력의 장소에 광대하고 공효를 이루는 문이 열리고 동시에 대적하는 자가 많다고 하였습니다. 능력의 장소에는 적들이 또한 있는 것이라는 말입니다. 환난의 과정을 통해서 마침내 승리가 오는 것입니다.

기도

거룩하신 아버지시여, 저희들을 은혜로 세우시고 주님의 말씀의 거룩한 도리를 알게 하여 주셨사오니 이 도리가 저희 안에서 성신님이 역사하시는 도구가 되게 하시고, 성신님으로 인하여 저희가 이 말씀이 생생하고 능력적인 말씀인 것을 실증하게 하여 주시고, 그것을 실증하는 생활에서 먼저 저희의 그릇된 것이 씻겨지게 하시며, 저희가 또한 거룩한 교회로서 하나님의 나라라는 큰 은혜의 왕국의 거룩한 속성들을 구현하는 교회가 되게 하시옵소서. 주여, 성신님으로 저희를 충만히 지배하시고 주장(主掌)하여 주시고, 모든 경우에 저희의 목표가 명확하게 하시고 방황하지 않게 하시며, 좁은 문을 향해 가는 길에서 저희가 좁고 험한 길을 걸어갈 때에도 분명한 소망과 하나님의 위로와 능력이 같이하심을 맛보고 나가게 하시옵소서.

예수님 이름으로 기도하옵나이다. 아멘.

1966년 6월 29일 수요일

제5강

예루살렘 회의의 성격

사도행전 15:1-35

¹어떤 사람들이 유대로부터 내려와서 형제들을 가르치되 너희가 모세의 법대로 할례를 받지 아니하면 능히 구원을 얻지 못하리라 하니 ²바울과 바나바와 저희 사이에 적지 아니한 다툼과 변론이 일어난지라. 형제들이 이 문제에 대하여 바울과 바나바와 및 그중에 몇 사람을 예루살렘에 있는 사도와 장로들에게 보내기로 작정하니 ³저희가 교회의 전송을 받고 베니게와 사마리아로 다녀가며 이방인들의 주께 돌아온 일을 말하여 형제들을 다 크게 기쁘게 하더라. ⁴예루살렘에 이르러 교회와 사도와 장로들에게 영접을 받고 하나님이 자기들과 함께 계셔 행하신 모든 일을 말하매 ⁵바리새파 중에 믿는 어떤 사람들이 일어나 말하되 이방인에게 할례 주고 모세의 율법을 지키라 명하는 것이 마땅하다 하니라. ⁶사도와 장로들이 이 일을 의논하러 모여 ⁷많은 변론이 있은 후에 베드로가 일어나 말하되 형제들아, 너희도 알거니와 하나님이 이방인들로 내 입에서 복음의 말씀을 들어 믿게 하시려고 오래 전부터 너희 가운데서 나를 택하시고 ⁸또 마음을 아시는 하나님이 우리에게와 같이 저희에게도 성신을 주어 증거하시고 ⁹믿음으로 저희 마음을 깨끗이 하사 저희나 우리나 분간치 아니하셨느니라. ¹⁰그런데 지금 너희가 어찌하여 하나님을 시험하여 우리 조상과 우리도 능히 메지 못하던 멍에를 제자들의 목에 두려느냐. ¹¹우리가 저희와 동일하게 주 예수의 은혜로 구원받는 줄을 믿노라 하니라. ¹²온 무리가 가만히 있어 바나바와 바울이 하나님이 자기들로 말미암아 이방인 중에서 행하신 표적(表蹟)과 기사(奇事) 고하는 것을 듣더니 ¹³말을 마치매 야고보가 대답하여 가로되 형제들아, 내 말을 들으라. ¹⁴하나님이 처음으로 이방인 중에서 자기 이름을 위할 백성을 취하시려고 저희를 권고(眷顧)하신 것을 시므온이 고하였으니 ¹⁵선지자들의 말씀이 이와 합하도다. 기록된 바 ¹⁶이후에 내가 돌아와서 다윗의 무너진 장막을 다시 지으며 또 그 퇴락(頹落)한 것을 다시 지어 일으키니 ¹⁷이는 그 남은 사람들과 내 이름으로 일컬음을 받는 모든 이방인들로 주를 찾게 하려 함이라 하셨으니 ¹⁸즉 예로부터 이것을 알게 하시는 주의 말씀이라 함과 같으니라. ¹⁹그러므로 내 의견에는 이방인 중에서 하나님께로 돌아오는 자들을 괴롭게 말고 ²⁰다만 우상의 더러운 것과 음행과 목매어 죽인 것과 피를 멀리하라고 편지하는 것이 가하니 ²¹이는 예로부터 각 성에서 모세를 전하는 자가 있어 안식일마다 회당에서 그 글을 읽음이니라 하더라. ²²이에 사도와 장로와 온 교회가 그중에서 사람을 택하여 바울과 바나바와 함께 안디옥으로 보내기를 가결하니 곧 형제 중에 인도자인 바사바라 하는 유다와 실라더라. (23절 이하 생략)

제5강

예루살렘 회의의 성격

사도행전 15:1-35

갈라디아서의 기록

오늘부터 사도행전 15장이 시작됩니다. 우리는 이미 지난 6월 19일 저녁에 기도에 대해서 제55회째로 공부할 때에 '성신님의 뜻대로 기도한다' 는 것을 상고하면서 이 부분을 들어서 잠깐 생각해 보았습니다. 그럴지라도 사도행전을 공부하는 순서로나 또한 이 부분의 중요성으로나 우리가 좀 더 생각할 필요가 있는 까닭에, 우리가 그전에 했던 이야기나 생각해 보았던 것을 여기서 반복해서 다시 생각해 보려고 합니다.

갈라디아서를 1:7부터 보겠습니다. "다른 복음은 없나니 다만 어떤 사람들이 너희를 요란케 하여 그리스도의 복음을 변하려 함이라. 그러나 우리나 혹 하늘로부터 온 천사라도 우리가 너희에게 전한 복음 외에 다른 복음을 전하면 저주를 받을지어다. 우리가 전에 말하였거니와 내가 지금 다시 말하노니 만일 누구든지 너희의 받은 것 외에 다른 복음을 전하면 저주를 받을지어다"(7-9절).

또 11절에서부터 보면 "형제들아, 내가 너희에게 알게 하노니 내가 전한 복음이 사람의 뜻을 따라 된 것이 아니라. 이는 내가 사람에게서 받은 것도 아니요 배운 것도 아니요 오직 예수 그리스도의 계시로 말미암은 것이라. 내가 이전에 유대교에 있을 때에 행한 일을 너희가 들었거니와 하나님의 교회를 심히 핍박하여 잔해하고 내가 내 동족 중 여러 연갑자(年甲者)보다 유대교를 지나치게 믿어 내 조상의 유전(遺傳)에 대하여 더욱 열심이 있었으나 그러나 내 어머니의 태로부터 나를 택정(擇定)하시고 은혜로 나를 부르신 이가 그 아들을", 즉 그 아드님이신 예수 그리스도를 "이방에 전하기 위하여 그를 내 속에 나타내시기를 기뻐하실 때에 내가 곧 혈육과 의논하지 아니하고", 이 말은 다른 사람들과 의논하지 않았다는 말씀입니다. "또 나보다 먼저 사도 된 자들을 만나려고 예루살렘으로 가지 아니하고 오직 아라비아로 갔다가 다시 다메섹으로 돌아갔노라. 그 후 삼 년 만에 내가 게바를 심방하려고 예루살렘에 올라가서 저와 함께 십오 일을 유할새 주의 형제 야고보 외에 다른 사도들을 보지 못하였노라. 보라, 내가 너희에게 쓰는 것은 하나님 앞에서 거짓말이 아니로라. 그 후에 내가 수리아와 길리기아 지방에 이르렀으나 유대에 그리스도 안에 있는 교회들이 나를 얼굴로 알지 못하고, 다만 우리를 핍박하던 자가 전에 잔해하던 그 믿음을 지금 전한다 함을 듣고 나로 말미암아 영광을 하나님께 돌리니라. 십사 년 후에 내가 바나바와 함께 디도를 데리고 다시 예루살렘에 올라갔노니 계시를 인하여 올라가 내가 이방 가운데서 전파하는 복음을 저희에게 제출하되 유명한 자들에게 사사로이 한 것은 내가 달음질하는 것이나 달음질한 것이 헛되지 않게 하려 함이라. 그러나 나와 함께 있는 헬라인 디도라도 억지로 할례를 받게 아니하였으니 이는 가만히 들어온 거짓 형제 까닭이라. 저희가 가만히 들어온 것은 그리스도 예수 안에서 우리의 가진 자유를 엿보고 우리를 종으로 삼고자 함이로되 우리가 일시라도 복종치 아니하였으니 이는 복음의 진리로 너희 가운데 항상 있게 하려 함이라. 유명하다는 이들 중에 (본래 어떤 이들이든지 내게 상관이 없으며 하나님은 사람의 외모를 취하지 아니하시나니) 저 유명한 이들은 내게 더하여 준 것이 없고 도리어 내가 무할례자에게 복음 전함을 맡기를 베드로가 할례자에게 맡음과 같이 한 것을 보고 베드로에게 역사하사 그를 할례자의 사도로 삼으신 이가 또한 내게 역사하사 나를 이방인에게 사도로 삼으셨느니라. 또 내게 주신 은혜를 알므로 기둥같이 여기는 야고보와 게바와 요한도 나와 바나바에게 교제의 악수를 하였으니 이는 우리는 이방인에게로, 저희는 할례자에게로 가게 하려 함이라. 다만 우리에게 가난한 자들 생각하는 것을 부탁하였으니 이것을 나도 본래 힘써 행하노라"(갈 1:11-2:10). 가난한 자들, 곧 예루살렘의 빈곤한 이들을 위한 연보(捐補)에 대한 것을 부탁했다는 말입니다. 여기까지 읽은 것은 대체로 예루살렘 회의의 이야기입니다. 여기서 긴취(看取)할 것은 예루살렘 회의 때 내부의 교섭이 어떠했는가 하는 것입니다. 유명한 이들에게 사사로이 이야기했다고 했습니다. 회의로 만나서 자꾸 이야기하기 전에 먼저 사사로이 자기의 의견을 개진했습니다. 먼저 의견을 서로 충분히 교환해 본 것입니다. 댓바람에 모여서 회의만 한 것이 아니고 사사로이 만나서 서로 이야기한 일이 있었습니다.

이제는 그다음의 이야기입니다. 그 일이 있은 후에, 즉 예루살렘 회의의 결정 이후에 "게바가 안디옥에 이르렀을 때에", 베드로가 이 수리아 안디옥에 이르렀을 때에 "책망할 일이 있기로 내가 저를 면책하였노라." 그것은 무엇인가 하면 "야고보에게서 온 어떤 이들이 이르기 전에", 그러니까 예루살렘 교회에서 어떤 사람들이 안디옥으로 왔는데, 그들이 이르기 전에 "게바가 이방인과 함께 먹다가", 즉 음식을 같이 나누고 있다가 "저희가 오매 그가 할례자들을 두려워하여 떠나 물러가매", 비방을 받을까 무서워서 그렇게 했습니다. 야고보에게서 온 이들은 할례자들이고 할례를 주장하는 바리새파들이기 때문입니다. 그러니까 자기네 교회에서 잘 알고 있는 이들이 게바의 이 탈속(脫俗)한 행동 혹은 탈(脫)유대화적인 행동에 대해 비난할까 봐 먹다가 슬쩍 안 먹은 체하고 피한 것입니다. "남은 유대인들도 저와 같이 외식(外飾)하므로 바나바도 저희 외식에 유혹되었느니라." 바나바는 예루살렘 회의 때 바울과 끝까지 위치와 태도를 같이하던 사람인데도 이 일에 대해서는 동정적으로 이야기한 모양입니다. "그러므로 나는 저희가 복음의 진리를 따라 바로 행하지 아니함을 보고 모든 자 앞에서 게바에게 이르되", 면책을 했다는 말입니다. 게바에게 '할 말이 있다'고 하고서 조용히 '거 어떻게 그렇게 하십니까?' 하지 않고 모든 사람 앞에 무렴(無廉)을 주었다는 말입니다. 왜 면책했는가 할 때 베드로가 모든 사람 앞에서 증거를 올바로 세우지 않으니까 그 증거를 바로잡으려면 할 수 없이 면책을 할 수밖에 없었던 것입니다. '모든 사람 앞에서 이것을 올바로 분명히 세우자. 왜냐하면 이것은 장차 교회의 큰 문제이기 때문이다' 하고 생각한 것입니다.

"네가 유대인으로서 이방을 좇고 유대인답게 살지 아니하면서 어찌하여 억지로 이방인을 유대인답게 살게 하려느냐 하였노라." 이 말은 '당신은 혹은 형님은 유대인이면서도 유대인답게 살지 않고 이방을 좇아가면서 어떻게 해서 이방 사람으로 하여금 할례를 받아 유대 사람의 헤브라이즘의 본궤도에서 다시 처음부터 시작하라고 하는 그러한 태도를 취하고 있습니까?' 하는 말입니다. 이것은 결론적인 이야기입니다. 간단히 이야기했지만 이것은 결론입니다. '결국은 이제 형님도 이 이방 사람들이 예루살렘에서 온 사람들의 의견에 복종해야 한다는 그런 뜻입니까? 그것을 타파하기 위해서 분명한 태도를 취했으면 그런 태도를 취한 대로 가야 할 것 아닙니까?' 그러니까 단순히 게바가 음식을 먹다가 떠나간 그것을 면책한 것이 아니라, 그가 가지고 있는 바 시종일관하지 않는 태도나 그의 태도가 의미하는 바 기독교의 본질에서 이탈하는 태도에 대해 당장에 지적하면서 '대사도(大使徒)가 그렇게 한다면 앞으로 기독교에 큰 문제가 되지 않겠습니까?' 한 것입니다. "우리는 본래 유대인이요 이방 죄인이 아니로되 사람이 의롭게 되는 것은 율법의 행위에서 난 것이 아니요", 즉 할례를 받음으로써 헤브라이즘을 처음부터 습답(襲踏)하는 데 있는 것이 아니고, "오직 예수 그리스도를 믿음으로 말미암은 줄 아는 고로", 그리스도를 믿는다는 전연 새로운 사실에 입각해야 한다는 말입니다. 이것은 이방 사람에게는 새로운 사실이고, 히브리 사람에게도 처음부터 그것이 핵심이었던 사실입니다. 오직 그것만이 중대한 갈림길(crisis)이 된다는 말입니다. "우리도 그리스도 예수를 믿나니 이는 우리가 율법의 행위에서 아니고 그리스도를 믿음으로써 의롭다 함을 얻으려 함이라. 율법의 행위로써는 의롭다 함을 얻을 육체가 없느니라"(갈 2:11-16). 이것이 갈라디아에 나타난 바 바울 선생이 개인적으로 갈라디아 사람들에게 편지하면서 예루살렘 회의의 경과 가운데 어떤 부분을 말하고 그때의 자기의 심경과 태도를 분명히 표시한 내용입니다. 갈라디아서 2:5에 "우리가 일시라도 복종치 아니하였으니", 일보도 일 촌(一寸)도 양보하지 않았다고 했습니다. "이는 복음의 진리로 너희 가운데 항상 있게 하려 함이라." 복음의 진리가 조금이라도 은폐됨이 없이, 조금이라도 간단(間斷)이 없이, 즉 있었다 없었다 하지 않고 언제든지 항상 있게 하려고 그렇게 했다는 말입니다.

안디옥에서 변론이 일어남

이렇게 우리가 예비로 갈라디아서를 보았고, 이제 다시 사도행전 15장으로 돌아가서 보겠습니다. "어떤 사람들이 유대로부터" 수리아 안디옥에 "내려 와서" 수리아 안디옥에 있는 교우 "형제들을 가르치되 너희가 모세의 법대로 할례를 받지 아니하면 능히 구원을 얻지 못하리라 하니 바울과 바나바와 저희 사이에", 한쪽은 바울과 바나바, 즉 수리아 안디옥 교회의 기둥 되는 두 지도자요, 저편 사람들은 유대에서 올라온, 기독교와 함께 또한 할례를 주장하는 사람들인데, 그 저편 사람들과 이편 수리아 안디옥의 지도자들과의 사이에 "적지 아니한 다툼과 변론이 일어난지라"(15:1-2상). 그냥 서로 말로만 이러고저러고 소위 토론(debate)을 한 데 그친 것이 아니라 거기에 상당히 격렬한 다툼이 있었다는 말입니다. 그리고 이 '다툼'이라는 말 가운데는 감정의 저상(沮喪)을 암시하는 뜻이 많이 있습니다. 그냥 변론만 한 것이 아니고, 그냥 어떤 의견에 대해서 상론(相論)만 한 것이 아니라 다툼이 있었다는 말입니다. 사람이니까 진리를 가지고 싸울 때는 순순히 진리만을 냉정하게 논백(論白)하고 끝내는 법이 없습니다.

기독교 역사를 보면 진리를 호지(護持)한 모든 운동에는 반드시 나중에는 결국 열전(熱戰)이 붙거나 최소한 감정의 소격(疏隔)과 분열이 생기고 맙니다. 이것은 불가부득한 이야기입니다. 사람이라는 것이 말만 따로 하고 감정은 따로 있도록 그렇게 피조(被造)되지를 않았기 때문입니다. 그런고로 다만 그런 것을 절제할 줄 아는 것이 더 중요합니다. 절제하지 못할 때 감정이 말에 앞서고 나중에는 죄에 빠져 들어가는 것입니다. 이단(異端)을 말하는 사람과 이야기할 때 '내 감정은 도무지 아무렇지도 않고 그 사람의 이론만 틀렸다'고 말하는 사람이 있다면 그것은 허위인 것이고, 신자는 그런 허위를 말하지 않는 것입니다. 이단을 말하는 사람에 대해서는 말로만 변박할 뿐 아니라 감정으로도 그것을 대단히 싫어하는 것입니다. '그럴 수가 없다' 하고 생각하기 때문에, 같은 진리를 이야기하는 사람을 좋아하듯이 그 사람을 좋아할 수는 도저히 없는 것입니다. '아, 나는 형님을 사랑합니다' 하고 사랑을 할는지는 몰라도 그 사랑의 종류는 같을 수 없는 것입니다.

"형제들이 이 문제에 대하여 바울과 바나바와 및 그중에 몇 사람을 예루살렘에 있는 사도와 장로들에게 보내기로 작정하니 저희가 교회의 전송을 받고 베니게와 사마리아로 다녀가며", 수리아 안디옥에서 저쪽 베니게로 갔습니다. 베니게는 페니키아, 곧 두로와 시돈 지대를 말합니다. 페니키아로 갔다가 다시 사마리아를 지나가면서 거기에서 "이방인들의 주께 돌아온 일을 말하여", 전도한 경위와 결과를 보고하고 이로 인하여 "형제들을 다 크게 기쁘게 하더라"(15:2하-3). 페니키아나 사마리아나 다 이방 사람이 복음을 받고 하나님의 은혜 안에 들어왔다는 소리를 들을 때 진심으로 기뻐할 사람들입니다. 예루살렘 사람들이라도 기뻐해야 하지만, 특별히 간격 없이 더욱 기뻐할 사람들은 요컨대 유대 사람에게 항상 이방인으로 지목받는 페니기아 사람들이나 유대 사람들에 개같이 지목받는 사마리아 사람들인 것입니다. '이제 우리는 새로운 오이코노미아(οἰκονομία)로서 다 같이 같은 평면 위에서 그리스도를 모시고 살게 되었다' 하는 복된 소식을 기뻐했다는 말씀입니다.

"예루살렘에 이르러 교회와 사도와 장로들에게 영접을 받고"(15:4상), 교우들도 많이 나왔겠는데 어디까지 나왔는지 알 수 없습니다. 기차 같으면 정거장에 나왔겠지만 필연 기차를 타고 가지는 않았을 테니까, 말을 타고 갔든지 그때 시대에 대상(隊商)들이 여행하는 방식을 썼든지 해서, 그때 아마 역마을이 있다면 역마을까지 나갔을 것입니다. 옛날에는 대상로(隊商路, caravan route)가 있고 대상(隊商)들이 머무는 곳(caravan station)이 있어서 지금도 남은 자취가 여기저기에 있습니다. 대개 큰 도시로 들어오는 어귀에 대상들이 머무는 곳이 있었는데, 지금도 그런 자리가 있고 옛날 집의 흔적이 남아 있습니다. 저도 그런 곳을 많이 방문해 보고 그랬는데, 아마 거기까지 나왔을 수도 있을 것입니다. 가령 동구 밖에까지 나올 수가 있습니다. 옛날 중국에서 사신(使臣)이 오면 임금이라도 저 무악재 앞에 있는 모화관(慕華館)까지 가서 기다렸다가 영접을 하고 맞아들였던 일이 다 있었습니다. 그리고 천자(天子)의 사신이라고 하는 천사(天使)를 맞이하려면 사신이 미리 저 의주 압록강 변경까지 가서 등대(等待)하고 기다리다가 배를 타고 건너오면 맞아들이기도 했습니다.

그다음에 무엇을 했는가 하면 "하나님이 자기들과 함께 계셔 행하신 모든 일을 말하매"(15:4하), 이것은 보고차(報告次) 그렇게 한 것만이 아니라, 이러한 이야기로 말미암아 예루살렘 회의의 성격이 중대하게 영향을 받게 되는 것입니다. 바울과 바나바는 자기네가 지금 주장하는 문제를 명백하게 하기 위해서라도 주장을 먼저 하지 않고 '이것이 사실 아니냐' 하고 사실(fact)을 먼저 드러냈습니다. 무엇보다도 사실이 강하게 실증하는(demonstrate) 것이기 때문에 사실을 먼저 드러낸 것입니다. 그런고로 '하나님께서 자기들과 함께 계셔서 행하신 모든 일'을 말한 결과 얼른 기뻐했지만, "바리새파 중에 믿는 어떤 사람들이 일어나 말하되", 즉 히브레이스트(Hebraist) 가운데에 기독 신자들이 일어나서 말하되 "이방인에게 할례 주고 모세의 율법을 지키라 명하는 것이 마땅하다 하니라"(15:5).

문제는 여기입니다. 예루살렘에서 소위 두목이나 거물이 될 만한 히브레이스트 가운데 예수를 믿고 나온 사람들이 예수를 믿는 도리에 대해 헤브라이즘의 관점에서 해석을 했고, 그 해석이 추종자를 낳았습니다. 그래서 그런 거물 가운데 어떤 사람들이었든지 그 추종자들이었든지 그 둘이 뒤섞였든지 간에 그들이 저 북쪽에 있는, 이방인에게 전도하는 본거지요, 그런고로 이방 교회에 지대한 영향을 미칠 본거지인 수리아 안디옥까지 찾아간 것입니다. 왜냐하면 수리아 안디옥 교회의 중요성을 보았기 때문입니다. 심히 중요한 곳이니까 간 것입니다. '자, 거기서부터 바나바 바울이 사방으로 다니면서 복음을 전해서 이방 사람이 예수를 믿도록 하니까 좋지만, 그것만 해 가지고는 부족하다. 그 사람들이 믿으려면 기독교의 발상(發祥)인 유대교부터 올바로 잘 파악하고 올바로 잘 받을 필요가 있다' 해서 거기까지 찾아가서 그 말을 전하게 된 것입니다. 덮어놓고 유대에 있는 어떤 선생들이 어쩌다가 오다가다가 수리아에 들른 것이라고 생각할 수 없습니다. 수리아 안디옥에 있는 그 교회의 중요성을 생각할 때, 그것이 큰 발판(springboard)이 되고 한 거점이 되어서 거기서부터 사방으로 갈 수 있고, 벌써 아시아 일대에 가서 복음을 전하고 돌아온 데다가 앞으로 또 어디로 갈는지 알 수 없으니까 '아주 미리 단속을 하자' 한 것입니다. 그래서 실제로 바울 선생이 제1차 선교 여행을 하고 돌아온 다음에 이 문제가 발생한 것입니다. 선교 여행을 하고 온 결과, 그 선교 지대에서 나오는 소식들을 예루살렘에 있는 교우들이 듣게 되었는데, 그때 소위 강한 히브레이스트 출신의 크리스천들은 이 문제에 대해서 심각하게 생각했을 것입니다.

심각하게 생각한 나머지 가서 이 신학적인 논변을 했지만, 소위 엑스커씨드라[ex cathedra, 교좌(敎座) 선언]적인 태도로 한 것은 아닙니다. 즉 위에서 고도적이고 엄숙하고 숭엄하게 대조권(大朝權)을 가지고 명령하는 태도로 한 것이 아니고, 어디까지든지 신학적인 제시(theological presentation)로 이야기를 했습니다. 그러니까 이 사람들이 수리아 안디옥에 이르러서 한 말은 '당신네들은 모세의 법대로 할례를 받아야 합니다' 하는 것은 아니었습니다. 모세의 법대로 할례를 받아야 하느니 마느니 하는 조권적(朝權的)인 위치에서 이야기할 생각도 없었을 뿐 아니라 그런 태도를 취하지 않았고 또 취할 만한 법적 권위를 가지고 있지도 않았습니다. 가서 무엇이라고 했는가 하면, '아, 예수 믿는 도리를 받았으니 대단히 기쁜데, 사실 깊이 연구해 보면 이 예수 믿는 도리의 근저(根底)에는 헤브라이즘의 진수(眞髓)가 다 있는 것이다. 왜냐하면 예수라는 분이 메시야인 것이 확실한데, 메시야는 오다가다 갑자기 솟아난 분이 아니고 역사적으로 히브리 백성이 대망(待望)하고 기다리고 선지자들이 예언하고 항상 가르치던 분이기 때문이다. 만일 우리가 역사적으로 흘러온 모든 연원(淵源)을 거슬러 올라가 명확하게 시작을 말한다면 우리의 조상이 처음에 형성되었을 때부터 이야기가 시작되겠고, 더 명확히 이야기하면 인류가 발생할 때부터 시작된다고 하겠지만, 적어도 우리 유대 사람은 유대 민족을 형성하는 대본(大本)과 대강령(大綱領)이 되는 모세의 가르침과 모세의 성문법에서부터는 분명히 메시야적인 새로운 이코노미(economy)에 대한 기초를 세웠으니까 그것을 가져야 하는 것이다' 하고 말한 것입니다. '메시야적인 기초(Messianic basis)는 모세의 법에서부터 시작해야 한다' 하는 말입니다. 이것이 아주 신학적인 이론인 것입니다.

양측의 논지와 한국 교회에 있는 폐단

그 문제에 대해서 오늘날 우리가 퍽 쉽게 생각해서는 안 됩니다. 그 이유는 주로 이 한국의 교회가 – 한국의 교회만 그런 것은 아니지만, 다른 나라 교회 이야기는 많이 할 것이 없겠습니다 – 장로교가 되었든 복음주의라고 하는 여러 교파들이 되었든 간에 이와 같은 헤브라이즘의 무서운 오류 가운데 빠져 있다는 것을 차츰차츰 연구할수록 더욱 깨닫게 되기 때문입니다. 그것이 무엇인가 할 때, 바울 선생의 변론의 근거가 어디에 있었는가를 자꾸 생각하고 연구해 보면 결국은 헤브라이즘이 가지고 있는 독점적인 주장이 있습니다. 바울 선생은 헤브라이즘이 가지고 있는 그 독점적인 주장에 대해서 맹렬하게 반대한 것입니다. 지난번에 예루살렘 회의의 내용을 대강 이야기했으니까 이번에는 좀 더 다른 각도에서 이야기를 해 나가려고 합니다. 그러니까 지난번의 내용을 듣지 않은 분은 이 본문과 관련된 내용을 좀 공부하시기 바랍니다. 다른 각도에서 하는 이 이야기는 이 본문 가운데에서 우리가 얼른 간취(看取)할 수 있는 것이 아니고, 또 이 본문 하나만 알아서 다 알 수 있는 것이 아닙니다. 바울 선생이 기록한 많은 기록들을 우리가 읽을 때 거기서 흡수하게 되는 중요한 것이 있습니다.

오늘 간단명료하게 우리 교우들에게 말하고 싶은 것은 대체 헤브라이즘에 대한 바울 선생의 태도는 어떠했으며, 또 유대에서 온 선생들의 태도는 어떠했는가 할 때 서로 대척적(對蹠的)인 위치에서 이야기한 것입니다. 하나의 중요한 각도에서 평가하면 이런 것입니다. 유대에서 온 선생들의 태도는 '너희 이방 사람들이나 헬라 사람들이 복음을 받았다고 할지라도 중간에서 복음부터 받으면 안 된다' 하는 이야기입니다. '너희는 반드시 모세의 큰 법, 즉 이 거룩한 메시야 왕국을 계시하고 예언하고 가르친 그 처음 것부터 흡수해야 한다. 그것을 흡수하지 않고 중간으로 뛰어들면 메시야 왕국의 성격을 알지도 못하고 올바르게 장성할 길이 없다. 즉 참된 구원의 완성이라는 구원의 큰 테두리 가운데 못 들어간다. 그러니까 모세의 법대로 할례를 받지 않으면 능히 구원을 얻지 못하는 것이다' 하는 신학적인 논변을 한 것입니다. '그렇게 해라' 하고 명령한 것도 아니고, '그렇게 하지 않는다면 너희들은 금방 다 지옥 간다'고 한 것도 아닙니다. 다만 문제는 '할례를 받지 않는다면 당신네가 구원, 구원하지만 아마 올바른 결론에 도달하지 못할 것이다' 하는 이야기입니다.

그러면 여기에 대한 바울 선생의 태도는 무엇입니까? 바울 선생의 태도는 '너희 유대 사람이 가지고 있는 독특한 주장, 즉 이방 사람이 일찍이 가지지 못했던 메시야 왕국을 너희들은 가졌고, 그 메시야 왕국에 대한 계시를 모세 이래로 옛날부터 지금까지 받아서 전승했다는 그 사실이 하나님의 나라에 들어가는 문제나 복음을 받는 문제나 구원의 문제에서 특권을 주느냐 하면 특권을 주지 않는다' 하는 이야기입니다. '너희들이 가지고 있는 좀 더 풍요한 신학이 구원의 특권을 주는 것은 아니다' 하는 말입니다.

다시 한발 더 들어가서 이야기하면, 유대 선생들은 '히브리 사람들은 히브리적인 구약(舊約), 즉 히브리적인 옛날 약속하에서 특권적인 위치, 우월한 위치에 늘 서 있다' 하는 것을 암암리에 표시했습니다. '그런고로 너희 이방 사람들도 이러한 우월한 위치에 도달하고 이러한 구원의 가장 복된 위치에 도달하려면 히브리 사람의 그 특권을 나누어 받아야 한다. 너희도 들어오너라. 들어와서 특권을 나눠 받자' 하는 호의(好意)의 이야기입니다.

그럴 때 바울 선생의 논변은 무엇인가 하면 '너희들 생각에는 이방 사람은 저기 서 있고, 너희 히브리 사람은 여기에 서 있는 줄로 안다. 그래서 너희들이 받는 구원이 진짜요, 이방 사람이 받는 구원이란 아직 가설적(假設的)인 차함(借銜)의 구원인 줄 안다. 그런 것 없다. 하나님은 외모로 사람을 취하시지 않고 또한 혈육을 가지고 사람을 대하시지 않는 까닭에 피가 유대 사람이라고 해서 특권을 받는 법은 없다' 하는 이야기입니다. 또한 '히브리적 특권이 있다고 할 때 너희들이 사상상 헤브라이즘을 받았으니까 너희가 하나님께서 택하신 백성으로, 독특한 위치로 빼내신 백성으로, 거룩한 백성으로 서 있다고 생각하는데 그렇지 않다. 너희가 메시야를 배척하고 버린 이상에는 너희도 정죄받은 이방 사람과 똑같은 위치에서 정죄받은 것이고, 너희들이 예수 그리스도를 십자가에 못 박아 죽인 이상에는 너희에게 아무 특권도 있을 턱이 없는 것이다' 하는 말입니다. 그러면 어느 사람에게 특권이 있는가 할 때, 나중에 바울 선생은 명확하고 명쾌한 결론으로 말하기를 '누가 참으로 하나님께서 선택한 이스라엘인가 하면 피로써 자기가 아브라함의 자손이라고 자시(自恃)하고 자과(自誇)하는 사람이 아니라, 참으로 신령하게 하나님의 선택을 받고 하나님의 예지와 예정에 의해서 구원을 받고 부르심을 받아서 새로운 생명을 받은 그 사람이 이스라엘이다. 모든 이스라엘의 특권은 그 사람에게 있는 것이지, 혈통상 유대인이라고 해서 이스라엘의 특권이 있는 것이 아니다' 하고 말했습니다. 즉 민족으로서의 이스라엘의 우월성이라는 것은 추호만큼도 없다는 것을 이야기했습니다. 이런 근거 위에서 하는 이야기입니다.

그러면 이러한 근거를 명확하게 파악한 터 위에서 미리 한마디 하고 넘어갈 것은 유대인의 우월성을 주장하는 신학적 요소나 내용에는 고도선이란 도무지 없고 일치성도 없지만, 그래도 만일 '학'(學)이라는 말을 붙인다면 그것도 일종의 신학이고 또한 하나의 파(派)입니다. 그렇게 유대인의 고도적인 우월성을 주장하는 파나 그런 주의(主義, -ism)가 이 세상의 기독교 안에 있습니다. 그런 주의가 자유주의 속에 있는 것이 아니라 복음주의의 기독교 안에 있고, 그런 파의 침해를 받은 교회가 세계에 많이 있지만, 여러 나라를 돌아다니면서 보아도 한국에 있는 복음주의 교회같이 침해를 많이 받은 교회도 드뭅니다. 다른 나라의 교회들은 대체로 부분적으로 침해를 받았는데, 한국은 압도적으로 침해를 받았습니다.

이 말이 무슨 뜻인가 할 때, 한국 교회의 여러 사람이 가지고 있는 생각은 메시야가 유대인을 중심 삼아서 장차 팔레스타인에 왕국을 세우고 군림하리라는 생각인 것입니다. 유대인이라고 할 때, 혈통적으로 유대인으로 났으면 그 사람들은 어떤 특권이 있는 것같이 생각하는 그런 이상한 생각, 즉 옛날 바리새파들의 생각을 그대로 가지고 있는 사람이 있습니다. 그것이 단순히 피로 유대인으로 났다는 것 때문에 팔레스타인 왕국(Palestinian Kingdom)을 건설할 특수하고 특권적인 부르심을 받은 자격을 가졌다고 생각하는 사람들이 있는 것입니다. 그리고 그와 같은 소위 유대인 팔레스타인 왕국설은 역사 철학에서도 나타나고 특별히 종말론에서도 나타납니다. 종말론에서 그와 같은 설을 진리인 것같이 압도적으로 믿고 있는 교회가 바로 한국의 교회인 줄 알아야 합니다.

한국의 교회는 종말론을 이야기할 때 반드시 예수님의 공중 재림이 있어서 땅에 있는 교회들이 다 휴거(携擧)되어서 올라가는데 그때는 교회가 예수님의 신부(新婦)이고 지금은 예수님의 몸이라고 합니다. 그러니까 '몸으로서의 교회'와 '신부로서의 교회'로 자꾸 나누는 것입니다. 그리고 거기에는 신랑의 친구도 있고 열 처녀 비유에 나오는 십종녀(十從女)도 있어서 신부를 옹위하고 다닙니다. 신학이라고 할는지 설이라고 할는지 하여간 이렇게 이상하게 나누는 이야기가 있습니다. 그렇게 교회가 휴거되어 올라간 다음에 이 땅에 7년 대환난이 있는데, 그 환난을 3년 반씩 나누어서 전반은 대환난이고, 후반은 특별히 예레미야서에 있는 말을 인용해서 '야곱의 환난'(렘 30:7)이라고 하는데, 이 야곱의 환난이라는 것은 유대 사람을 상대로 하는 환난이라는 말입니다. 3년 반의 야곱의 환난이 지난 다음에 예수님이 공중에서부터 땅으로 재림합니다. 혼인 잔치가 끝났으니까 오신다는 것입니다. 땅으로 오시되 어디에 오시는가 하면 그 발이 감람산에 임하신다고 합니다. 그러면 감람산 골짜기는 땅에 있는 열방(列邦)을 심판하시기 위해서 웃시야 왕 때 지진이 나서 터지듯이 터지는 것입니다(참조. 슥 14:5). 왜냐하면 저 기드론 시내 골짜기와 여호사밧 골짜기는 좁아서 다 들어올 수가 없기 때문입니다(참조. 욜 3:2,12). 제가 그 여호사밧 골짜기를 가 보고서는 '원, 저기에는 한 사람도 못 들어가겠다. 저런 속에 한 사람이나 들어가겠나' 하고 웃으면서 말한 일이 있습니다. 그러니까 하는 말이 지진이 나서 툭 터진다는 것입니다. 그래서 이제 2억이 거기로 몰려들어 올 것입니다. 계시록에서 "마병

대의 수는 이만만이니"(9:16)라고 했으니까 2억이라는 수가 거기에서 나온 것입니다. 싸움을 하다가 므깃도에서 많이 죽었고 거기가 도살(屠殺)의 골짜기이니까 절반이 죽었다고 합시다. 우리가 개산(槪算)해서 1억 명만 몰려온다고 합시다. 그렇다고 해도 그냥 산을 번쩍 삽으로 들어서 지중해에 퍼내 버리기나 한다면 몰라도 '도시(都是) 저기에 1억이 선다는 것은 기적이 아니겠는가?' 하고 생각할 수밖에 없습니다. 하여간 거기에 지진이 나서 터져서 그 많은 사람이 모인다는 것입니다.

그리고 저 에스드렐론 골짜기에 므깃도가 있습니다. 골짜기라는 말은 히브리 말로 에멕(עֵמֶק)인데, 이 말은 산곡(山谷)이라는 말이 아니라 산과 산 사이의 평원, 훤한 고원(高原)을 말합니다. 훤한 그 에스드렐론 일대가 지금은 아주 비옥한 들이 되었는데, 거기에 므깃도가 있고 므깃도의 산이 있습니다. 산이라는 말은 히브리 말로 하르(הר)이고 므깃도 산이라고 하면 하르 므깃돈(הר מְגִדּוֹן)이 되어서 그것을 헬라 식으로 하면 하마겟돈(Ἁρμαγεδών)이 됩니다. 그렇게 해서 아마겟돈이란 말이 나왔습니다. 소위 아마겟돈 전쟁이란 므깃도 산의 싸움이라는 말입니다. 그래서 거기에서 아마겟돈 전쟁을 한바탕 한 다음에 여호사밧 골짜기에 와서 다 모이면, 예수님의 발이 땅에 임해서 거기서 양과 염소를 나누듯이 나누고, 누가 지을지는 몰라도 예루살렘에 성전을 짓고, 성전에서 다시 옛날식대로 소와 양과 비둘기의 제사를 드린다고 합니다. 예수님의 피만으로는 부족하기라도 한 듯이 소와 양과 비둘기의 피를 다시 드려야겠다는 말입니다. 그렇게 한 다음에 예수님이 왕으로서 통치한다고 하는 것입니다. 여러분은 아마 이런 묵시록 강해를 들어 보았을 것입니다. 부흥회를 한다고 하거나 '말세학(末世學) 강의합니다' 하는 데를 가 보면 별것이 없이 모두 그 이야기입니다. 이름들은 모두 다른데 그런 사람들의 이야기를 들어 보면 모두 천편일률(千篇一律)입니다. 거기에 다른 괴상한 이야기든지 묘한 이야기를 덧붙이는 일은 있어도 그 테두리는 하나도 여기에서 벗어나지 않는 것입니다. 벗어나려야 벗어날 재료가 없으니까 그렇습니다. 스스로 성경을 공부해서 깊이 알지는 못하고, 천하의 많은 학자들이 옛날부터 지금까지 많은 이야기를 했는데도 그런 것은 모르고 다 무시해 버리고, 어디 한구석에서 그 한 가지 소리만 받들어 가지고 늘 돌아다니는 것입니다.

여러분은 1885년부터 섰다는 이 한국의 장로교가 태생 이래로 만일 무슨 역사 철학이라는 것을 가졌다면 그것 하나밖에 없었다는 것을 알 것입니다. 처음에 목사님들이 그것부터 가르치기 시작했습니다. 부흥회 한다고 다니면서 그것부터 가르쳤습니다. 그 사상의 근저(根底)는 한마디로 말하면 유대화주의적인 사상입니다. 자기도 모르는 사이에 그것이 들어가 있습니다. 유대화주의 사상인 까닭에 모세의 법을 중요시하고 구약의 법전을 중요시하고 그렇게 해서 나중에는 계율주의(nomism)로 화하는 것입니다. 그런 데다 옛날부터 지금까지 내려온 동양 사람의 정치적 형태가 필연적으로 그런 것을 잘 받아들일 적응성을 만들어 냈습니다. 우리 한국 사회는 민주주의적인 사회가 아니었고 언제든지 절대주의 체제나 전제주의 체제나 권위주의 체제하에서 흘러 내려온 까닭에 누가 위에 앉아서 권위적으로 명령하면 제대로 움직여도, 자유를 주고 개인의 책임을 묻고 하면 칠령팔락(七零八落)해 버리는 것입니다. 그런 까닭에 무엇이든지 위에서부터 권위적으로 명령하거나 소위 거룩한 성소에 앉아서 신성한 소리로 엄숙하게 엑스 커씨드라(ex cathedra)의 명령을 하면 '아, 그렇습니까?' 하고 따라간다는 말입니다. 이렇게 해서 권위 있는 선배가 권위 있는 소리를 하기 시작하면 그것이 유일의 권위가 되고, 그 체제에서도 계율과 율법을 가지고 딱 단속하면 잘 믿는 것같이 애쓰지만, 자유를 주고 '자기 스스로 자유의 정신을 발휘해서 기쁘게 하나님의 말씀을 스스로 연구해서 깨닫는 방향으로 자꾸 나가 보라' 하면 별로 힘이 안 생기는 것입니다.

그전에 고려파의 어떤 목사님과 이야기를 하는 가운데 이런 이야기를 들었습니다. 그 교회가 집회를 할 때 제가 가서 복음을 전했더니 그 목사님이 하는 말이 '참 이것이 진리는 진리이고, 목사님의 말씀이 진리는 진리이지만, 교인들에게 조금 자유를 주고 그 진리에 의해서 살아보라고 하면 해이해져서 예배당에 나오는 수도 적어지고 연보(捐補) 내는 것도 적어지니 그렇게 해서는 교회가 되지를 않는다. 그러니 가만히 둘 수가 없어서 이러면 안 되겠다 하고 한바탕 단속을 해서 몰아 대면 아이고, 큰일났다 하고 모이는 수도 많아지고 기도하는 시간도 많아지고 돈도 좀 낸다. 그렇게 하면서 가만히 생각하기를, 내가 무엇 때문에 이렇게 몰아 대나 하는 생각을 하기도 한다'고 합니다. 자기 스스로 두 틈바귀 속에서 그저 방황하고 다닌다고 이야기하더라는 말씀입니다.

예루살렘 회의의 성격

앞에서 갈라디아서에서 바울 선생이 예루살렘 회의 때 가지고 있었던 태도를 보았습니다. 일시(一時)라도 혹은 일보라도 양보하지 않으려고 했습니다. 일시라도 복종하기를 원하지 않았다고 했습니다. 그러고 개인적으로 가서 이야기를 했고 다툼까지 일어났습니다. 다툼이야 그쪽에서 온 사람들이 그런 말을 해서 다툼이 난 것입니다. 안디옥 사람들끼리야 무슨 다툼이 나겠습니까? 자기네끼리야 다툼이 날 까닭이 없습니다. 지금까지 조용했는데 그 사람들이 안디옥에 와서 그 야단을 내서 문제가 일어나니까 안디옥에서 사람을 파견했기 때문에 비로소 회의를 열고 다투게 된 것입니다. 아마 다툴 때는 바울 선생이 일등으로 다투었을 것입니다. 왜냐하면 바울 선생의 기조를 보면 베드로 선생이 잠깐 실수한 것에 대해서도 잠시도 용인하지 않고 '그럴 수가 있습니까?' 하고 면전에서 중인환시리(衆人環視裏)에 그것을 반박했기 때문입니다. '베드로 선생은 기독교에서 중요한 인물인데 그가 이렇게 행동했으니 많은 사람이 그릇되게 이해하기가 쉽겠다. 이런 증거의 불신실(不信實)이란 참을 수 없는 일이다. 내 개인의 우정을 희생해서라도 이 문제는 분명히 하자' 한 것입니다. 이처럼 끝까지 진리에 충실한 태도를 취한 것입니다.

 바울 선생이 예루살렘에 간 것은 예루살렘에 있는 교우들과 예루살렘에 있는 그리스도 안의 여러 다른 형제들에게 '당신네들은 어떻게 생각합니까? 어디 생각을 한번 들어 봅시다. 당신네 편에 있는 사람들이 와서 그런 소리를 하니 어디 한번 들어 봅시다. 교회도 그렇게 생각합니까?' 하고서 그것을 따져 보러 간 것이지, '예루살렘 회의에 감독자가 앉아 있으니까 결정해 주십시오' 하고 감독에게 물으려고 찾아간 것은 아닙니다. 만일 예루살렘 회의에서 별다른 것을 작정했다면 분명히 바울 선생은 '그러면 당신네끼리 하시오. 나는 따로 가렵니다' 하고서 나갔을 태도입니다. 그런 것에는 일시라도 복종치 않는다고 했기 때문입니다. 조금이라도 양보하지 않은 것이고 양보할 수 없는 일이었습니다. 양보했다가는 큰일이 났을 것입니다. 그렇게 양보했다면 오늘날 기독교는 이상한 것이 되었을 것입니다. 유대교 비슷하게 되었을 것이라는 말씀입니다. 그렇게 되었다면 한국에 있는 많은 사람에게는 잘 맞을는지도 모릅니다. 계율을 다 지키라고 하고 할례도 받으라고 하고 무엇이든지 다 하라고 하고 유대 사람을 중심 삼아서 왕국을 세운다고 하니 말입니다. 그렇지 않아도 그런 것을 많이 배워서 좋다고 하는 판국입니다. 그렇지만 참으로 진리의 깊은 도리를 배우는 사람은 '야, 이거 큰일 났다. 이것이 기독교냐? 여기에는 기독교가 없고 헤브라이즘적인 노예적 기반(羈絆)과 질곡(桎梏)만 있구나' 하고 생각할 것입니다.

그러한 까닭에 오늘날에도 우리가 그런 것을 참으로 주의해야 합니다. 특별히 우리 교회를 단위로 하고 생각할 때, 우리 교회는 처음에 시작할 때부터 언제든지 모든 그릇된 전통에 대해서는 하나도 미련이 없이 다 포기하는 태도를 취하고 나아왔습니다. 그것은 첫째로 이미 형성된 전통에 대해서도 그렇거니와, 생활 가운데 부지불식간에 받고 있는 영향에 대해서도 그것이 그릇된 것인 줄 알면 그날로 포기하고 끊도록 해야 할 것입니다. 이것은 두 가지의 용기를 요하는 것입니다. 용기가 두 가지나 세 가지가 될 턱이 없지만, 두 가지 면에서 용기를 요구한다는 말씀입니다. 첫째로, 이미 형성된 그릇된 전통에 대해서는 감연히 분명한 태도를 취해서 상당한 반대와 박해기 있을지라도 그것과 상관없이 분명한 대도를 취하고 나간다 하는 것이고, 둘째로는 그것이 생활 속에서 스며드는 그릇된 것이라면, 가령 그릇된 친구의 영향을 자꾸 받는다든지, 그릇된 사회 제도가 주는 그릇된 영향을 못 버리고 못 씻고 있는 것을 자기가 깨달았을 때에는, 그것이 아무리 친한 친구요 유익을 많이 주는 친구라고 할지라도 끊고, 그것이 아무리 내게 유리하게 전개되는 일이라도 그것과 절연하는 신령한 태도를 취해야 하는 것입니다. 이렇게 신령한 태도를 취한다는 것은 결국 자기가 간접적으로 곤란 가운데로 뛰어 들어가는 일이고, 적극적으로 제도에 대해서 올바로 서려면 박해를 받는 데로 뛰어 들어가는 것입니다. 이처럼 곤란과 박해라 할 때는, 일면으로는 내가 거룩하게 살기 위해서 남들은 다 하는 일이지만 나는 안 해야 할 테니까 곤란을 받는 것이고, 또 남들이 안 걷는 좁은 길을 걸어가니까 가다가 그릇된 반(反)세력을 만나면 파쇄(破碎)하면서 나가려니까 싸움을 할 수밖에 없어서 말하자면 전투의 고난을 또 예상해야 하는 것입니다. 특별히 오늘 우리가 여기에서 이런 것을 깊이 명심하지 않을 수가 없습니다.

이 예루살렘 회의가 무슨 회의였는가 할 때, 대표자들끼리 모여서 치리상(治理上)의 문제를 결정하는 회의가 아닌 것을 우리가 이 이야기를 보아서 압니다. 대표자라고 할 때 요즘 말하는 총대(總代)란 전권 대표자입니다. 그래서 전체에 대한 대표가 됩니다. 그런 대표자(delegate)란 대변자(代辯者)에 불과한 것이 아닙니다. 그러나 예루살렘 회의는 총대들의 회의가 아니고 예루살렘 교인들이 모이는 회의입니다. 그러니까 별것이 아닙니다. 예루살렘 교인들이 모이는 회의니까 오늘날 말하는 식의 공의회(公議會, council)가 아니고, 그저 예루살렘 교회 교우들이 같이 만난 자리인데, 안디옥 교회에서 파송한 사자(使者)들이 저들과 더불어 앉아서 '어떻게 생각하는가?' 하고 그들의 의견을 물어보아서 참고하는 것뿐입니다. 다행히 결과는 모두 다 일치하게 생각을 했습니다. 전에도 말씀드렸거니와 결과는 일치했지만 과정도 항상 일치했던 것은 아닙니다. 다툼이 일어나고 심한 변론을 했습니다. 그러나 다툼과 변론 끝에 아름답고 위대한 시간이 왔을 때 마음들이 다 성신으로 묶임을 받아 하나가 되어 '성신과 우리는 이렇게 하는 것이 가(可)한 줄 알았다' 하는 말을 하게 되었습니다. 결국 성신께서 그렇게 최후에 그들에게 영감을 주시고 그들의 마음을 합치게 하시고 동일한 공동의 결론에 도달하게 만드신 회의를 한 것입니다. 성신께서 이와 같은 위치에 도달하게 한 회의라고 해서 처음부터 화기애애하게 모든 것을 양보해 가면서 타협한 회의는 아니었습니다. 만일 진리를 타협해 가면서 성신의 영감을 바라고 있다면 영감은 그만두고 타협으로 말미암아 괴상한 것들이 들어올 것입니다. 그때는 서로 좋고 평화롭지만 후세에 얼마나 오욕(汚辱)을 끼칠지 알 수 없습니다.

　미국의 많은 교회가 회의를 할 때 다투지 않더니 오늘날 일어난 여러 가지 결과를 보시기 바랍니다. 그들이 회의를 할 때 처음에 한두 사람이 일어나서 자유주의적인 주장을 했는데, 그때는 소위 정통이라고 하고 복음주의라고 하는 사람의 수가 압도적이니까 '아, 어디 그럴 수가 있느냐? 그런 생각을 하는 것은 좋지 못하다. 그것은 아마 형제가 잘못 생각한 모양이다' 하니까 '아, 그러면 우리의 발언을 취소합니다' 하고 쏙 들어갔습니다. 그리고 그다음 해에는 동지를 더 많이 얻어 옵니다. 왜냐하면 유럽에서나 그 나라에서 자유주의적인 사상을 자꾸 더 받으니까 받은 대로 더 이야기하기 때문입니다. 그렇게 이야기해도 '아, 그러면 안 된다' 하고 그냥 덮어 놓아둡니다. 그러나 그렇게 이야기하는 사람들의 수가 자꾸 많아지니까 그 사람들을 처벌한다든지 하는 생각을 쉽게 하지 못합니다. 처벌해서 평지풍파를 일으키기를 원치 않았다는 말씀입니다. 평화를 유지하고 우호 관계를 유지하고 친교를 유지하려고 덮어 둔 것입니다.

이렇게 해서 여러 해를 지나는 동안에 해마다 문제는 났고 해마다 자유주의 진영이 패배하고 뒤로 물러갔지만, 여러 해 지나니까 그들의 수가 많아졌고, 이번에는 정통을 주장하는 사람의 수가 조금 적게 되었습니다. 그럴 때 정통을 주장하는 사람들이 일어나서 맹렬하게 반격을 했는가 하면 맹렬하게 반격을 할 수가 없습니다. 또 자유주의에 있는 사람들이 하는 말이 '과거에 당신들의 수가 많아서 지배할 때는 우리도 잘 복종하지 않았는가? 그것이 민주주의의 원칙이고 그래야 교회의 화평을 유지하고 통일을 유지할 것 아닌가? 오늘날 우리의 수가 많아서 우리의 주장이 서면 거기에 순종하고 나가는 것이 정당하지 않은가? 그렇게 우리가 서로 친교를 맺고 한 교회로서 서로 화평하게 지내는 것이 좋지 않은가?' 하고 제안을 한 것입니다. 그런 좋은 제안(proposition)을 가지고 오는 까닭에 '아, 그렇다. 우리가 서로 다투어 가지고 야단 낼 것이 아니라 지금까지 저 사람들이 우리의 주장에 늘 순종한 것같이 저 사람들의 수가 많으면 다수결의 원칙에 의해서 우리도 따라가자' 했습니다. 이렇게 민주주의가 진리를 훼파하는 데 유력하게 작용했습니다. 오늘날의 민주주의적 정치

체제라는 것이 진리 훼파에도 유력한 무기로 대두했던 것입니다. 이렇게 해서 그 사람들의 수가 많을 때 그 자유주의자들의 뜻대로 결정을 하되 너무 심하게 과격하고 반동적인 결정을 함부로 하지는 않았습니다. 그들은 뱀같이 지혜로운 사람들이니까 조금씩 일보씩 자유주의적인 선언과 발언만을 하고 '그런 것을 강단에서 퍼뜨리는 사람을 교회에서 너무 함부로 누르지 말라'는 정도로 처음에는 완화된 태도를 취하다가 차츰차츰 적극적으로 밀고 나간 결과, 불과 사반세기(四半世紀)도 못 되어서 자유주의가 압도적으로 그 교회를 한목 지배하게 되었습니다. 독버섯이나 악한 균은 빨리 퍼져 나갑니다. 그 사람들은 정치적으로 승리한 것이 아니라 사상적으로 승리한 것입니다. 왜 그렇게 되었습니까? 정통주의라고 하는 그 길에서 바울 선생과 같이 일보도 양보함이 없이 자기네가 지닌 진리를 끝까지 주장하여 진리 본래의 성격을 드러내지 않았기 때문에 그렇게 된 것입니다. 진리가 아닌 것은 양보할 수도 있습니다. 진리라면 양보할 수 없는 것이지만, 진리가 아닌 것은 양보도 하고 타협도 하는 것인데, 그들은 결과적으로 마치 진리를 진리 아닌 것처럼 대하는 태도를 취한 것입니다. 그렇게 되면 어떻게 됩니까? 진리가 왜곡되고 삭감되고 파괴되어서 결국 진리가 아닌 것이 서는 것입니다. 파괴된 진리는 진리가 아닙니다. 이런 까닭에 진리가 파괴되고 삭감된 자리에 왜곡된 아이디어가 가미된 것입니다.

 예를 들면 예수 그리스도의 동정녀 탄생이란 하나님의 화인(化人), 즉 말씀이 육신이 된다는 사실에서 비류(比類) 없는 품위를 더 구성하는데, 그것은 하나님께서 정하신 절대적인 방도입니다. 지난 성탄절 때 화육(化肉)하신 하나님(God incarnate) 혹은 말씀이 육신이 되신 예수 그리스도에 대해서 특별히 강해했습니다.[4] 예수 그리스도의 동정녀 탄생을 화신(化身) 혹은 화육이라는 말로 바꾸어 부를 때, 그들은 주로 화육의 의

의와 효과라는 문제만을 이야기하고, 화육의 내용, 즉 실제적인 사실(fact)과 화육의 방도에 대해서는 불문(不問)에 부치기로 작정을 한 것입니다. '가령 말씀이 육신이 되었다고 할 때, 예수 그리스도께서 동정녀 탄생을 했든지 안 했든지 무슨 상관이냐? 말씀이 육신이 되었으면 그만이 아니냐?' 하는 식으로 시작했습니다. 이렇게 시작해서 '중요한 것은 그것의 의의요 역사적인 실효이지, 그것 자체의 방법이나 사실이 가장 중요한 것은 아니다. 사실(fact)은 그때 아무도 본 사람이 없으니까 누구도 결정할 수 없는 것 아니냐?' 라고 했습니다. 처음에는 이렇게 '예수 그리스도의 화육의 실효나 역사성은 중요하지만, 그리스도가 가지고 있는 화육의 사실과 방도는 그렇게 중요한 것이 아니다'하고 주장했지만, 차츰차츰 '나는 동정녀의 탄생에 대해서는 그것 자체를 처음부터 중요하게 생각하지 않는다. 여기에 그리스도가 계시고 그는 하나님이시요 말씀이 육신이 되신 분이며 그가 부활하시고 속죄하셨다고 하면 그만이지, 그가 동정녀에게서 탄생했다는 것이 너의 구원과 무슨 큰 상관이 있느냐?' 하는 데로 나아갔습니다. 지금은 이런 사람들이 가장 전통적이고 정통적인 칼빈주의를 가르치던 신학교에서 종교 철학이나 변증론(apologetics)을 가르치고 있고, 그런 사람들이 장로교 신학교의 교장 노릇을 하고 있습니다. 그것은 다 아시는 이야기입니다. 그런데 그런 사람들에게 훈도(訓導)를 받고 나온 사람들을 그냥 좋다고 영입하면서 그들과 같이 앉아서 의논하겠다는 것입니다. 그들에게 훈도를 받았을지라도 명확하게 자기의 신앙 태도를 취하고 나오는 사람이면 상관없습니다. 그러나 이런저런 도리에 대해 흐리멍텅한 사람을 받아들이는 것은 그것이 그릇된 길로 가는 가장 교

---

4) 참조. 김홍전, 『이 땅에 오신 그리스도에 대한 묵상』, 제1,2강 '육신을 입으신 예수 그리스도 (1),(2)', 성약출판사, 2009년(전면 개정 증보판. 참고. 1986년 초판: 『성탄절 강설』, 1990년 증보판: 『그리스도께서 오심』).

묘한 방법이 되는 것입니다.

여러분은 오늘날 미국 북장로교의 선교사들이 가르치는 것이나 그들이 가지고 있는 사상의 어떤 부분이 얼마나 종래에 가지고 있던 개혁교회의 정신과는 많이 벗어난 것인가를 알 것입니다. 그러면서도 그들이 신학교에서 가르치도록 두어두고 그 사람들이 교회의 강단에 서게 두어둡니다. 소위 정치적인 조건과 현실적인 고려하에서 그렇게 다 만들어 놓고서도 아무 말도 하지 않고 지내는 것입니다. 그렇게 하는데도 그 교회에 증거가 있다고 우리가 말할 수 없는 것이고, 그러면서도 그 교회는 괜찮다고 아무도 말하지 못하는 것입니다. 소위 보수(保守) 교회가 부패했다면 보수 교회는 그 한 가지 사실에서 부패한 것입니다. 그렇게 보수 교회가 부패했다고 해서 자유주의를 용인하는 교회로 들어가서는 안 됩니다. 그렇게 태도를 불분명하게 취하는 사람들은 언제고 한번은 진리를 왜곡하는 까닭에 진리를 왜곡하는 측은 진리 전체를 파괴하고 맙니다. 이것이 미국 교회가 부패한 가장 중요한 이유의 하나입니다. 제가 보고 듣고 조사해 본 대로는 미국 교회가 부패한 가장 중요한 근저(根底)는 진리를 끝까지 진리로서 고수하지 않은 것입니다. 자기는 홀로 그렇게 진리 쪽에 서 있습니다. 그러나 증거자로서 증거를 하지 않았다는 말입니다. 강단에서 진리를 강력하게 증거하지 않고, 교인이 다른 것을 이야기할 때도 그것을 막지 않고, '그래도 괜찮고 저래도 괜찮다' 하는 생각으로 지내면서 큰 교회를 만들고 돈만 거두면 그만인 줄 알았다는 말입니다. 그러한 까닭에 부패한 것입니다.

그러나 바울 선생은 일보도 양보하지 않았습니다. 왜냐하면 이것은 교회의 큰 문제이기 때문입니다. 만일 교회가 다시 헤브라이즘으로 돌아간다든지 적어도 그리스도의 교회에 헤브라이즘적인 요소를 가미하려고 했다면, 허다히 많은 괴로움과 억압과 비본질적인 것들이 잡탕처럼 기독교

안에 섞였을 것입니다. 과연 그렇게 유대주의적인 것을 주장했던 초대의 여러 가지 이파(異派)들이 그 후에 생성하고 발육한 다음에 소멸했던 자취를 다 아실 것입니다. 기독교 역사상 강력하게 유대주의적인 교파들이 일어났지만, 나중에는 다 스러져 버리고 말았습니다. 그러나 언제든지 끝까지 소소 명백(昭昭明白)하게 역사를 관통해서 능력 있게 남아 있는 것은 지금 우리가 말하는 개혁교회의 거룩한 도리인 것입니다.

오늘도 소위 유대 우월주의를 주장하는 사람의 글을 보았는데, 그 사람들이 앞에서 말한 그런 말세학적인 구상을 다 이야기하면서 누구를 맹렬하게 공격하느냐 하면 어거스틴(Augustine, 354-430)을 공격합니다. '어거스틴적인 오류야 어거스틴적인 질문(inquiry) 가운데 빠져 있다'고 하면서 '어거스틴은 교회가 하나님의 나라이고, 하나님의 나라는 지금 여기에 있다는 그런 그릇된 주장을 했다'고 주장합니다. 여기에 큰 문제가 있습니다. '예수님이 오늘 살아 계셔서 우리의 왕이 되시고, 우리 위에 절대의 권위자로 계시고, 우리의 전체의 염려를 친히 맡으시고, 우리를 친히 주장(主掌)하시고, 그 나라의 거룩한 경영과 계획이 있어서 그 경영과 계획하에 우리에게 사명을 주시고, 그것을 땅 위에서 이루기 위해서 역사와 세계와 세상 나라와 문화를 향해서 전투해 가면서 거룩한 하나님의 나라를 정치와 경제와 사회와 문화의 일반적인 부문에서 그리고 무엇보다도 진리라는 부문에서 현시하게 하신다'는 그런 사상을 가진 사람이 적극적인 생활을 하겠는가, 아니면 '예수님의 왕국은 장차 올 것이고, 우리는 여기서 그것을 바라고나 있으며, 땅에 고요히 은둔하고 살고 있다가 예수님이 부르시면 홀딱 하늘로 올라가겠다' 하는 사람들이 세상에 대해서 책임 있고 능력 있게 살겠는가 생각해 보시기 바랍니다. 그 사람들은 이렇게 하나님 나라에 대한 사상을 왜곡시킨 것입니다.

여기에서 그런 문제가 시작되니까 바울 선생은 일보도 양보할 수 없었던 것입니다. 생의 충족이라는 것, 높은 교양이라는 것, 자유를 얻는다는 것, 이것이 헬레니즘의 위대한 이상들인데, 바울 선생은 그러한 이상들을 다 성취하는 기독교를 강력하게 뒷받침하면서 '그런 기독교를 좇을 것인가, 아니면 그런 것은 없어져 버리고 노예가 되고, 몽학(蒙學) 선생 밑에서 유유 맹종(唯唯盲從)해야 하고, 자꾸 무엇을 하지 말라고 금해서 아무것에도 손을 못 대게 하는 퇴영적(退嬰的)이고 노예적이고 구속적(拘束的)인 헤브라이즘의 한 말단으로 뛰어 들어가겠는가?' 둘 중에 하나를 결정하라는 것입니다. 이것이 무서운 이야기입니다.

예루살렘 회의는 그런 문제에 대해서 역사 위에다 어떻게 했습니까? 예루살렘 회의가 그것을 결정해서 비로소 역사가 결정된 것은 아닙니다. 예루살렘 회의는 바울 선생이 말한 그 진리의 주장에 따라오고 말았습니다. 왜냐하면 예루살렘 교회에서 기둥같이 여기는 야고보나 – 그는 예수님의 동생입니다 – 시몬 베드로나 모두 바울 선생의 주장을 받아들였습니다. 베드로의 경우에는 좀체로 빠지지 않는 유대주의를 빼 주시기 위해서 하나님께서 피장(皮匠) 시몬의 집에서 네 귀퉁이를 맨 보자기를 세 번이나 구경시키시고 친히 말씀하셔서 가르치신 다음에 비로소 고넬료의 집으로 이끌고 가셨습니다. 고넬료의 집에서 그가 말하는 동안에 성신이 그들에게 충만히 역사하셔서, 할례를 받았다고 자랑하는 유대 사람에게 내리셨던 모든 은혜를 할례 없는 그들에게도 내리셨습니다. 자기네가 보기에 고넬료는 로마의 철권과 제국주의의 대표자인 로마의 백부장이고, 말하자면 메시야 왕국에서 거대한 적군이 되는 군인의 한 사람인데, 성신께서 그 사람의 집에서 그들에게 은혜를 주셔서 그들도 같은 은혜를 받는 것을 볼 때, 예수님이 로마 제국 위에서도 왕이 되신다는 사실을 희미하게라도 느꼈을 것입니다. '예수님은 로마 제국을 대항하는 왕이 아니고 그 제국 위에서 왕 노릇 하시는 분이시구나' 하는 것을 발견하기 시작했을 것이라는 말씀입니다. 그리고 '예수님의 그 거룩한 왕국의 능력은 이렇게 신비하게 그 나라를 세상 나라의 군왕의 왕실과 보좌와 궁정에서 혹은 큰 정치 마당에서와 대중 속에서와 상가 속에서 건설하는 것이구나' 하는 것을 아마 추후에라도 발견하게 되었을 것입니다. 그러한 조직적인 신학을 세웠을는지는 알 수 없으나 그것을 발견했기에 아주 비상하고 기상천외한 큰 혁명이 자기 속에 일어나서 '내가 경험한 것은 이것이다. 왜 괴롭게 하려고 하느냐? 하지 말아라' 한 것입니다. 베드로의 성격상 가만히 있지 못하는 것입니다. '아, 나는 이런 경험을 했는데 왜 너희들이 자꾸 시끄럽게 그러느냐? 그렇게 할 것 없다' 하고 베드로의 강한 증거가 예루살렘 회의에서 나왔습니다. 예루살렘 회의의 의의라는 것은 그 자체의 동기부터 심히 막중한 것입니다. 기독교 역사에서 기독교의 거대한 성격의 본질을 드러내는 한 시발점이 되었습니다. 그런 성격이 과거에 안디옥 교회에서 나타나지 않은 것이 아닙니다. 그렇게 이미 있었던 것인데 반대의 세력에 부딪혔을 때 비로소 그 본질이 명료하고 요지부동하게 선 것을 보기 시작하는 것입니다.

기도

거룩하신 아버지여, 저희들에게 아버님의 은혜를 주셔서 거룩한 진리를 더 깊이 터득하게 하시고, 주께서 세우신 그 나라의 참되고 아름다운 성격을 더 깊이 깨달아 알게 하시고, 그로 인하여 역사를 통해서 주께서는 무엇을 이루셨으며 무엇을 이루시려고 하시는지를 더 잘 깨달아 알게 하시고, 저희가 지극히 적은 수라도 참으로 주님의 거룩한 은혜를 받은 자요 진리를 깨달은 자답게 그리스도의 사랑으로 공고하게 결속해서 저희가 달려야 할 이 경주장에서 경주하게 하시고, 저희 앞에 벌어져 있는 이 전장(戰場)에서 감연히 전투해 나가게 하시며, 또한 모든 그릇된 것의 유혹을 물리치게 하여 주시고, 일보도 양보함이 없이 끝까지 진리에 올바로 서게 하여 주시옵소서.

예수님 이름으로 기도하옵나이다. 아멘.

1966년 7월 6일 수요일

제6강

예루살렘 회의의 교훈

사도행전 15:1-35

¹어떤 사람들이 유대로부터 내려와서 형제들을 가르치되 너희가 모세의 법대로 할례를 받지 아니하면 능히 구원을 얻지 못하리라 하니 ²바울과 바나바와 저희 사이에 적지 아니한 다툼과 변론이 일어난지라. 형제들이 이 문제에 대하여 바울과 바나바와 및 그중에 몇 사람을 예루살렘에 있는 사도와 장로들에게 보내기로 작정하니 ³저희가 교회의 전송을 받고 베니게와 사마리아로 다녀가며 이방인들의 주께 돌아온 일을 말하여 형제들을 다 크게 기쁘게 하더라. ⁴예루살렘에 이르러 교회와 사도와 장로들에게 영접을 받고 하나님이 자기들과 함께 계셔 행하신 모든 일을 말하매 ⁵바리새파 중에 믿는 어떤 사람들이 일어나 말하되 이방인에게 할례 주고 모세의 율법을 지키라 명하는 것이 마땅하다 하니라. ⁶사도와 장로들이 이 일을 의논하러 모여 ⁷많은 변론이 있은 후에 베드로가 일어나 말하되 형제들아, 너희도 알거니와 하나님이 이방인들로 내 입에서 복음의 말씀을 들어 믿게 하시려고 오래 전부터 너희 가운데서 나를 택하시고 ⁸또 마음을 아시는 하나님이 우리에게와 같이 저희에게도 성신을 주어 증거하시고 ⁹믿음으로 저희 마음을 깨끗이 하사 저희나 우리나 분간치 아니하셨느니라. ¹⁰그런데 지금 너희가 어찌하여 하나님을 시험하여 우리 조상과 우리도 능히 메지 못하던 멍에를 제자들의 목에 두려느냐. ¹¹우리가 저희와 동일하게 주 예수의 은혜로 구원받는 줄을 믿노라 하니라. ¹²온 무리가 가만히 있어 바나바와 바울이 하나님이 자기들로 말미암아 이방인 중에서 행하신 표적(表蹟)과 기사(奇事) 고하는 것을 듣더니 ¹³말을 마치매 야고보가 대답하여 가로되 형제들아, 내 말을 들으라. ¹⁴하나님이 처음으로 이방인 중에서 자기 이름을 위할 백성을 취하시려고 저희를 권고(眷顧)하신 것을 시므온이 고하였으니 ¹⁵선지자들의 말씀이 이와 합하도다. 기록된 바 ¹⁶이후에 내가 돌아와서 다윗의 무너진 장막을 다시 지으며 또 그 퇴락(頹落)한 것을 다시 지어 일으키리니 ¹⁷이는 그 남은 사람들과 내 이름으로 일컬음을 받는 모든 이방인들로 주를 찾게 하려 함이라 하셨으니 ¹⁸즉 예로부터 이것을 알게 하시는 주의 말씀이라 함과 같으니라. ¹⁹그러므로 내 의견에는 이방인 중에서 하나님께로 돌아오는 자들을 괴롭게 말고 ²⁰다만 우상의 더러운 것과 음행과 목매어 죽인 것과 피를 멀리하라고 편지하는 것이 가하니 ²¹이는 예로부터 각 성에서 모세를 전하는 자가 있어 안식일마다 회당에서 그 글을 읽음이니라 하더라. ²²이에 사도와 장로와 온 교회가 그중에서 사람을 택하여 바울과 바나바와 함께 안디옥으로 보내기를 가결하니 곧 형제 중에 인도자인 바사바라 하는 유다와 실라더라. (23절 이하 생략)

제6강

예루살렘 회의의 교훈

사도행전 15:1-35

예루살렘 회의로 모인 이유와 바울 사도의 태도

지난주에 계속해서 예루살렘 회의에 대한 것을 공부하겠습니다. 이미 우리가 공부한 대로 그것은 예루살렘 교회의 회의일 뿐이지, 특별히 일반적인 의미의 공의회나 협의회나 공회(公會)라고 할 만한 것이 아니고, 예루살렘 교회가 안디옥에서 파송한 대표들을 맞아들여서 안디옥에서 문의한 건을 서로 상고하고 의견을 보태 준 것뿐입니다. 그러나 이 문제는 심히 중요한 문제였습니다. 어떤 의미에서 중요한가 하면 앞으로의 선교 정책과 선교 사업에 심히 중요한 문제였습니다. 그 중요한 문제를 서로 의논하려고 모인 것이지, 마지막에 독단적인 혹은 권위적인 결정을 해서 명령을 하려고 모인 것은 아닙니다. 그 후의 역사에서 소위 교회의 공회로 여러 번 모였지만, 그 공회들에서는 너무나 많은 권력 행사가 있었고, 교회의 본래의 자태에서 벗어나 좀 더 정치적이고 권위적인 방향과 성격을 띠게 된 경우가 너무나 많이 있었다는 것을 알게 됩니다. 이 첫 번째의 예루살렘 교회의 회의 이후에 있었던 역사상의 모든 공회들은 어떤 의식(儀式)의 절차를 결정하기도 하고 혹은 어떤 위대한 진리의 최후의 표현 양식에 대해서 '추후에는 이렇게 해야 한다' 하는 것들을 결정하기도 했습니다. 그러나 예루살렘의 첫 공회에서는 위에서 말한 그런 것들을 시도한 일이 없습니다.

여기서 참으로 교회의 협의회가 무엇을 해야 할 것인가를 암암리에 우리에게 보이는 것인데, 그것은 당면한 문제를 고려하는 데에 목적이 있는 것이고, 또한 그것이 어떠한 원칙 가운데 해석되어야 할 것인가를 상고한 결과로 그 원칙을 어떻게 적용할 것인가를 발견하는 것이 회의의 중요한 목적입니다. 그런데 이러한 고려와 발견이 장차 올 발전에 심히 중대한 지시를 하게 된 것입니다. 예루살렘 회의에서 고려해야 할 문제는 안디옥 교회에서 빚어진 어떠한 문제였습니다. 안디옥 교회는 새로운 선교 운동의 중심지였습니다. 그 교회 안에 일어난 문제는 유대의 어떤 사람들이 안디옥 교회에 도착함으로써 생겨난 것인데, 이 유대에서 온 사람들은 무엇이라고 했는가 할 때, '새로운 이방인 신자들 혹은 개종자들도 모세의 법대로 할례를 받아야만 한다' 하고 주장했다기보다는 '할례를 받지 않는다면 구원을 얻지 못할 것이다' 하고 말했습니다. 말하자면 이렇게 말한 목적이 법적이고 권위적인 발언이나 혹은 어떤 필요를 강조하는 발언을 하는 것이라기보다는 문제를 제시한 것입니다. 예루살렘 회의는 이 건을 깊이 고려하고자 회집(會集)하여서 안디옥 교회에서 보낸 이들의 보고를 들었습니다. 물론 예루살렘 교회가 다른 교회들이 복종하도록 권위 있게 최종적으로 무엇을 말하려고 모인 것은 아니라고 앞에서도 말씀드렸습니다. 문제를 이렇게 깊이 고려하는 목적은 다른 것이 아니고 결국 서로 상의하는 것입니다. '이런 중대한 일에 임하여 좀 더 넓은 그리스도인들의 세계에서 서로 교통을 하면서 같이 생각해 보자' 하는 것입니다.

우리에게 어떤 문제가 있을 때 자기 한 사람이나 주위의 몇 사람이 생각하는 것보다는 그리스도인, 곧 하나님의 은혜를 받은 사람들이 광범위하게 함께 앉아 의논하는 것이 대단히 좋은 것입니다. 누가복음의 저자인 누가는 또한 사도행전의 저자인데, 이 누가라는 의사가 기록한 예루살렘 회의에 관한 사도행전의 기록은 지난번에 우리가 본 것처럼 바울 선생이 기록한 갈라디아서와 서로 비교해 가면서 보는 것이 좋습니다. 이 두 기록들을 읽어 보면 각각 아주 다른 어조(tone)가 나타납니다. 바울 선생의 기록은 갈라디아서에 나타난 대로 보면 다른 사람이 자기 자신을 어떻게 보고 있는지를 느낀 사람답게 글을 썼고, 특별히 사도들이 자기를 어떻게 볼 것인가 하는 것을 전연 모르는 사람으로서 멍청하게 쓴 것이 아니고 민감하게 그것을 다 느낀 사람으로서 글을 썼습니다. 만약 사도들이나 기타 사도행전에 나타난 여러 사람들이 우리가 사도행전에서 보는 이 결론 이외의 다른 결론을 맺었다고 가정한다면 바울 선생은 거기에 불복종했으리라고 느낄 만큼 강경한 태도를 취했습니다. 일보도 양보하지 않는다는 태도를 취했다는 말씀입니다. 바울 선생은 예루살렘 교회에 권위 있는 답변을 구했던 것이 아닙니다. 바울 선생은 베드로나 야곱이 예루살렘의 높은 교직자의 자리에 앉아서 어떤 진리의 표현이나 선포를 해 주기를 바랐던 것이 아니라는 말씀입니다. 바울 선생이 예루살렘에 간 것은 단순히 그들이 어떻게 생각하는지 물어보고 서로 의논하려고 간 것입니다. 만약 그 결과가 이방 사람들을 다시 구속(拘束)과 질고(疾苦)와 매임(bondage) 가운데 빠져 들어가게 하는 것이었다면 바울 선생은 진리를 위하여 예루살렘과도 결별을 했겠고 모든 사도들과도 결별하고 말았을 만큼 강경한 태도를 취했던 것이 예루살렘에 갔을 때의 바울 선생의 태도였던 것을 우리가 봅니다.

지난번에 우리가 갈라디아서를 읽었는데 다시 한번 보겠습니다. "십사 년 후에 내가 바나바와 함께 디도를 데리고 다시 예루살렘에 올라갔노니 계시를 인하여 올라가 내가 이방 가운데서 전파하는 복음을 저희에게 제출하되 유명한 자들에게 사사로이 한 것은 내가 달음질하는 것이나 달음질한 것이 헛되지 않게 하려 함이라. 그러나 나와 함께 있는 헬라인 디도라도 억지로 할례를 받게 아니하였으니 이는 가만히 들어온 거짓 형제 까닭이라. 저희가 가만히 들어온 것은 그리스도 예수 안에서 우리의 가진 자유를 엿보고 우리를 종으로 삼고자 함이로되 우리가 일시라도 복종치 아니하였으니", 잠시라도 양보하고 복종한 일이 없었다고 했습니다. "이는 복음의 진리로 너희 가운데 항상 있게 하려 함이라"(갈 2:1-5). 이제 막 읽은 대로, 그 당시의 일을 기록한 바울 선생의 이 사화(史話)를 보면 이러한 역사상의 결론에 도달하기 전에 많은 분쟁과 의견 상치(相馳)와 이론(異論)과 변론(辯論) 등이 있었던 것을 우리가 느끼는 것입니다.

다시 갈라디아서 2:6부터 보면 "유명하다는 이들 중에 (본래 어떤 이들이든지 내게 상관이 없으며 하나님은 사람의 외모를 취하지 아니하시나니) 저 유명한 이들은 내게 더하여 준 것이 없고 도리어 내가 무할례자에게 복음 전함을 맡기를 베드로가 할례자에게 맡음과 같이 한 것을 보고 베드로에게 역사하사 그를 할례자의 사도로 삼으신 이가 또한 내게 역사하사 나를 이방인에게 사도로 삼으셨느니라. 또 내게 주신 은혜를 알므로 기둥같이 여기는 야고보와 게바와 요한도 나와 바나바에게 교제의 악수를 하였으니 이는 우리는 이방인에게로, 저희는 할례자에게로 가게 하려 함이라. 다만 우리에게 가난한 자들 생각하는 것을 부탁하였으니 이것을 나도 본래 힘써 행하노라"(6-10절). 이렇게 해서 예루살렘에서 지낸 후에 다시 안디옥에 왔는데, 이 예루살렘 회의 후에 "게바가 안디옥에 이르렀을 때에 책망할 일이 있기로 내가 저를 면책하였노라. 야고보에게서 온 어떤 이들이 이르기 전에 게바가 이방인과 함께 먹다가 저희가 오매 그가 할례자들을 두려워하여 떠나 물러가매 남은 유대인들도 저와 같이 외식(外飾)하므로 바나바도 저희의 외식에 유혹되었느니라. 그러므로 나는 저희가 복음의 진리를 따라 바로 행하지 아니함을 보고 모든 자 앞에서 게바에게 이르되 네가 유대인으로서 이방을 좇고 유대인답게 살지 아니하면서 어찌하여 억지로 이방인을 유대인답게 살게 하려느냐 하였노라"(11-14절). 이런 정도로 강경한 태도를 취한 것입니다. 그러나 누가가 기록한 이 사도행전의 기록을 읽으면 의견이 서로 달랐던 세세한 것은 별로 발견하지 못하고 최후의 결정의 조화와 합치만을 발견하게 되는 것입니다. 아래의 두 가지 사실을 우리가 발견할 때에 이 사화(史話)는 더욱 흥미 있습니다. 첫째로, 이 예루살렘 회의에서 맨 처음에 회합을 한 후에 그 다음에 계속적으로 회합을 할 때 여러 가지 의논을 하게 되었는데, 그때 서로 많은 상의가 있었고 어느 때는 아마도 불쾌한 부조화까지 있었으리라는 것을 우리가 발견하는 것입니다. 그리고 둘째로, 그리스도인들의 이 회의에서 서로 상이하고 상반되는 의견이 있었을지라도 큰 원칙에 의거한 의논이 있은 후에 최후에 위대하고 거룩하고 훌륭한 순간이 이르렀을 때에는 무엇이라고 할 수 있었는가 하면 '성신과 우리는 이렇게 이렇게 하는 것이 가한 줄 알았노니'(행 15:28) 하는 말로 결론을 맺었습니다.

상반된 의견

이렇게 서로 상반된 의견 때문에 예루살렘 회의를 하게 되었는데, 왜 예루살렘 회의를 하도록 상반된 의견이 생겼는가 하는 것이 지금 우리에게 문제입니다. 첫째, 그 분위기를 보면 유대인 신자들에게는 그리스도교가 과거에 히브리 사람들에게 나타났던 하나님의 경륜의 성취와 계속이었다는 것입니다. 유대인 신자들 가운데에는 아무도 그리스도교가 그들이 과거부터 믿어 오던 유대교와 전연 상관이 없는 새로운 외국의 종교라고 생각한 사람이 없었습니다. 사도들이 유대인들에게 전도할 때는 유대인들이 과거부터 가지고 있던 위대한 경전과 소망을 그대로 인용해서 가르쳤던 까닭에 그 말을 좇아서 예수를 메시야로 받아들이고 나아온 유대인 신자들은 예수님이 메시야이신 까닭에 진실로 예수께서 이제 메시야로서 모든 기능을 어떠한 형태로든지 발휘하실 것이라고 믿었던 것입니다. 그러므로 유대인에게 기독교라는 것은 메시야의 교(敎)입니다. 그러니까 그리스도교라는 말입니다. 그리스도 혹은 크리스토스(Χριστός)는 그 메시야 혹은 하마쉬아흐(הַמָּשִׁיחַ)입니다. 그러므로 이 메시야의 교는 히브리 사람들이 역사적으로 바라고 기대하고 신봉해 온 큰 소망을 이루는 구체적인 사실로서, 그것은 히브리 사람들이 지금까지 믿고 의지하고 지키고 내려오던 과거의 하나님의 모든 계획과 경륜인 구약적인 제도의 목표와 결론과 성취로서 온 것이요, 말하자면 그 행진의 계속이라고 생각할 수밖에 없는 것입니다.

　그런고로 유대 사람들의 정신적 태도를 볼 때 안디옥이나 이고니온이나 루스드라 등의 새로운 신자들과는 늘 전연 다른 생각을 하고 다른 정신적 기초 위에 서 있었다는 것을 우리가 느끼게 됩니다. 예수 그리스도, 즉 예수 메시야를 믿는 히브리 사람들에게 예수 그리스도의 교회는 자기 선조의 종교를 파괴하는 종교가 아니라 성취하는 종교였습니다. 그리스도교는 선조들의 가르침에서 솟아난 것이요 거기에서 자라 나온 것이라는 말입니다. 그런고로 그것은 자기 선조들에게서 시작한 하나님의 거룩한 운동이 계속적으로 진행해 나가는 하나의 운동의 연속이라고 생각한 것입니다. 바울 선생이 비시디아 안디옥 회당에서 강해를 할 때도 하나님의 통일성이라는 것을 큰 교리로 삼아 논했는데, 그것은 헬라 사람의 마음을 포착하여서 하나님의 통일된 거룩한 것을 올바로 가르치기 위하여 그렇게 한 것이지만, 그러면서도 그는 히브리 민족 전체의 큰 운동, 즉 변함이 없고 시작하시면 마치지 않으심이 없는 통일적이시고 유일하신 하나님의 거룩한 운동의 시작이요 진행이요 결과로서의 그리스도교를 말했지, 그것과 아무 상관이 없이 중간에서 튀어나온 기독교를 이야기하지 않았습니다. 하나님께서 이미 히브리 사람들에게서 시작하시고 약속하시고 복 주시며 제도화하시고 받들고 나가게 하셨던 그 운동은 어디에서 결론을 지었는가 할 때 그리스도와 그의 복음에서 성취되었다는 것을 바울 선생도 비시디아 안디옥에서 그 위대한 설교를 할 때 말한 것입니다. 스데반이 죽기 전에 인용한 모든 구약적인 내용도 요컨대 예수 그리스도는 하나님께서 옛날 선조들에게 계시하신 거룩한 운동의 성취이지, 따로 어디서 갑자기 생겨난 것은 아니라는 것을 가르쳤습니다. 이것은 히브리 기독교 신자들의 정신 상태가 어떠한 배경과 터를 가지고 있었겠는가를 상상하게 하는 것입니다.

그렇다면 수리아 안디옥에서 일어난 새로운 운동은 어떻습니까? 스데반의 연고로 핍박을 받은 해에 사방으로 흩어졌던 사람들이 안디옥에도 이르러서 복음을 전했는데 그중에 저 구브로와 구레네 사람들, 즉 지중해 연안에 있거나 혹은 지중해권에 속해 있는 사람들이 와서 도(道)를 헬라 사람들에게 전하니까 헬라 사람들이 즐겁게 그것을 받았습니다(참조. 행 11:20). 하나님의 성신이 붙드시고 도우심으로 즐겁게 그 도를 받으니까 교인의 수가 더했습니다. 그래서 안디옥은 참으로 위대한 이방 교회의 한 모체(母體)처럼 되었습니다. 거기에 히브리 교인들이 없었던 것은 아니지만, 히브리적인 전통과 사상을 가지고 교회를 운전하려고 하지 않았습니다. 안디옥 교회가 생기기를 그러한 계기로 인해 그러한 분위기와 터 위에서 생긴 데다가, 그 교회를 육성시키고 지도하고 나아간 이는 바울 선생과 바나바 선생이었고, 예루살렘에 있는 사도들 가운데에는 아무도 거기에 와서 경영한 사람이 없었습니다. 다른 말로 하면 이 교회는 사도적인 전통이나 권위를 가지지 않은 것입니다. 예수 그리스도의 친제자라고 자랑할 만한 사람이 관여를 하지 않았던 자리라는 말씀입니다.

이 안디옥에서 새로운 선교 운동이 일어났습니다. 바울과 바나바가 거기의 목사로 있다가 그들이 내어 보냄으로써 아시아 전도를 하고 돌아왔습니다. 그러면 그 운동은 사도적인 전통이나 혹은 히브리적 전통에 의해서 시작한 운동이었는가 할 때, 히브리적 전통으로 시작한 운동이었으면 모세적인 사상을 요구하는 일로 시작했을 듯합니다. 그러나 결코 이방 사람에게 구약의 어떤 언약이나 어떠한 조건에 대해서 강조하지 않았습니다. '하나님께서 전에 경영하시고 계획하신 모든 것을 이 세대에 나타내셨는데 그 핵심이 예수 그리스도인 까닭에 예수 그리스도를 받고 믿으면 구원을 받는다' 해서 예수 그리스도에게서부터 시작한 것이 분명합니다. 그와 같이 예수 그리스도에게서 시작한 거룩한 복음 운동을 아시아로 다니면서 사람들에게 전파하게 된 까닭에 거기에는 히브리적 전통이나 히브리적 요소를 강조하거나 암시하는 것이 아예 없었다는 말씀입니다. 거기에는 사도의 전통도 없었습니다. 이 운동은 그리스도로부터 직접 출발한 것이고, 사도를 통하거나 사도에게서 나온 것이 아니라는 말씀입니다. 그런고로 안디옥 사람들은 전부터 있었던 유대적 전통에 대해서는 무관심하고 흥미가 없었습니다.

이와 같은 두 가지 요소가 예루살렘에 있는 유대인 기독교인들과 주로 이방인으로 구성된 안디옥 교회의 성격에 근본적인 큰 차이를 만들어 놓은 것이고, 그 두 가지가 언제고 한번은 서로 대질(對質)을 해서 문제가 발생했을 때 그 문제를 해결해야만 하게 되었던 것입니다. 그런데 예루살렘과 안디옥은 서로 원격(遠隔)해 있는 도시들인 까닭에 문제가 서로 맞부딪칠 까닭이 없었을 듯한데, 예루살렘에서 사람들이 예루살렘적 성격을 가지고 안디옥까지 와서 안디옥 사람들에게 신학적인 새로운 문제를 내놓았습니다. '당신네들이 모세의 법대로 할례를 받지 않으면 구원을 얻지는 못할 것입니다. 뭐, 할례를 받든지 안 받든지 하는 것은 자유이지만, 이것이 도리입니다' 하고 새로운 신학적인 제안을 했다는 말씀입니다. 그러니까 그 문제를 가지고 제자들이 많은 변론을 하고 바울과 바나바도 유대에서 온 그 유대인 선생들과 많은 변론을 하게 된 결과, '대체 저러한 사람들이 예루살렘에서 와서 이런 소리를 한다면, 지금 유대에 있는 교회의 정신적인 자세라든지 기독교에 대한 파악이라는 것은 어떠한 것인가?' 하고 바울 선생에게는 궁금증이 많이 났을 것입니다. 그래서 '차라리 내가 예루살렘에 가서 사도들과 의논하고 예루살렘 교회에서는 어떠한 생각을 가지고 있는지 알아볼 수밖에 없겠다' 하고 생각했습니다. 이것이 용이하고 쉬운 문제도 아닐뿐더러 간단히 방치할 문제가 아니라는 것을 느꼈던 것입니다. 예루살렘에 가서 예루살렘에 있는 사도들과 교우들과 의논을 하는 이유는 단순히 그들의 의견을 들을 뿐만이 아니라 그들의 생각이 어떠한가를 좀 알아보고 싶었던 것입니다. '이 사람들이 그들 속에서 나오지 않았는가? 그러면 그 사람들은 히브리적 전통을 그냥 고지(固持)하는 기독교, 말하자면 모세 더하기(plus) 그리스도의 복음이라는 그러한 기독교를 상상하고 있는가? 그렇다면 이것은 그냥 방치할 문제가 아니다' 하고 바울 선생은 예루살렘으로 쫓아간 것이라는 말씀입니다.

예루살렘에서 그리스도인이 된 유대인들, 즉 기독교는 히브리의 전통 하에서 발생했다고만 꼭 믿고 그렇게 생각하는 굳은 머리를 가진 이 사람들이 안디옥에 이르렀고 안디옥뿐 아니라 아마 그 부근의 여러 도시로 다니면서 헬라 사람들을 찾아다녔을 듯합니다. 이 헬라 사람들은 히브리적 전통에는 관계도 없고 흥미도 없는 사람들이고 오직 예수 그리스도로만 시작한 사람들인데, 그런 헬라 사람들을 찾아다니면서 이야기를 한 것입니다. 유대인 신자들이 헬라 신자들에게 말하기를 '당신네가 전 과정의 중간에 뛰어들어서 시작한다면 그것은 구원받을 수 없는 일이다. 왜 중간에 뛰어드는가? 저기 헤브라이즘의 시작에서부터 차례차례 올라와야 한다. 하나님의 운동은 거기서부터 시작했으니 당신네도 많이 받으려면 처음에 있는 것부터 받아서 쌓아 가야 참으로 근거가 있고 전통이 있고 알맹이가 있는 기독교가 되지, 이렇게 중간에서 받으면 당신네는 결국 무엇이 무엇인지 모르는 것이다. 그러니 저 처음부터 시작하라'고 했습니다. 모세적인 가르침부터 다 자세히 배워야 비로소 시작하게 된다는 것입니다. '그리스도만으로 시작하는 것은 충분치 않다. 헬라 사람들도 모두 그리스도교의 길을 예비하였던 과거의 모든 것에 함께 참여하고 함께 특권을 누리는 것이 좋지 않은가? 우리가 그것을 봉쇄하고 당신들은 하지 말라는 것이 아니다. 과거에는 유대 사람으로만 한정되었던 모세적인 제도가 우리에게 복을 주는 기관으로서 운동의 시작이 된 것같이, 당신네도 거기서부터 운동을 시작해야 한다. 그렇게 하지 않고 중간에 뛰어들어서 딴 다리를 붙들거나 새치기하면 안 된다' 하는 말입니다. 가서 처음부터 저 꼬리를 잡아야 하고 저 꼬리를 물어야 한다는 것입니다. 이와 같이 '헬라인 신자들도 모세의 법과 의식(儀式)에 순응해야 한다'고 이야기했습니다. 이렇게 해서 일어난 곤란은 참으로 막중한 곤란입니다. 앞으로 오고 올 세대들에 다시 그것이 반복되고 반복되고 반복될 문제인 까닭에 지극히 중대한 문제이고 곤란한 문제인 것입니다. 전에도 말씀드린 것같이, 이것은 말하자면 전에 이미 여러 세대를 통해서 혹은 과거 몇 십 년 동안 흘러왔던 소위 헤브라이즘과 헬레니즘의 충돌과 갈등에 박차를 가한 일이 되는 것입니다.

헤브라이즘과 헬레니즘을 아우르는 기독교의 위대한 본질

길리기아 다소 사람 사울이 어떤 특별한 목적을 위하여 주 예수 그리스도께 부르심을 받았을 때, 이 사울이라는 사람 속에는 헤브라이즘과 헬레니즘의 이상(理想)들이 서로 교착되어서 존재했고, 그리스도의 부르심을 받아 그리스도께서 그를 적발(摘發)해 내실 때까지는 그 두 가지가 바울 속에서 서로 충돌하고 갈등했었으리라는 것을 우리가 여러 가지 면으로 생각할 때 짐작할 수 있습니다. 바울 선생의 위대한 사상 세계를 우리가 볼 때에, 그 두 세계가 가지고 있는 이상이 환연(渙然)히 하나의 거대한 세계를 형성해서 하나님 나라라는 새로운 철학과 사상의 세계와 새로운 생명의 세계를 전개시켰다는 사실을 볼 수 있습니다. 그러면 그리스도적인 생명을 받아서 그러한 세계에 도달하기 전의 사울은 어떠했는가 할 때, 그러한 깊은 철학적인 함축이 있었던 만큼 두 세계의 이상이 별다른 방법하에서 서로 상치되어 각각의 이상에 도달하지 못하는 괴로움과 고민을 느끼고 살았을 것입니다. 바울의 사상적인 깊이가 그것을 증명합니다. 위대한 사상적 인물로 설 사람은 누구나 그러한 것입니다. 다시 말해서 자기 속에 거대한 사상적 깊이를 가지고 많은 갈등과 고뇌가 있을지라도 그것을 극복해 가면서 마침내 어떠한 투명하고 조직적이고 계통적인 해결에 도달하지 못한다면 그 사람은 사실상 투명하고 능력 있고 설복력 있고 가치 있는 사상의 세계에 도달하지 못하는 것입니다.

    그러나 바울 선생이 쓴 글들을 읽을 때 우리는 그가 얼마나 위대한 사상의 세계에 도달했는가 하는 것을 느끼는 것입니다. 하나님의 성신께서 그에게 새로운 세계를 보여 주셨던 것이고, 이 새로운 세계에서 헬레니즘이나 헤브라이즘의 모든 이상이 갈등이 없이 조화되어 혼연(渾然)히 목표에 도달하는 경지를 성신께서 구현하셨다는 사실을 그는 증거한 것입니다. 그것은 기독교를 단순히 안심입명(安心立命)하고 자기 혼자 예수 믿고 천당 간다는 형식으로만 생각하는 그러한 공리적이고 저회(低廻)한 위치가 아닙니다. 기독교의 가르침이 그에게 하나님 나라라는 위대한 사상을 가지기를 요구하고 그것을 건설하기를 요구한다는 사실을 발견했을 때, 그는 자기가 과거에 가지고 있던 인문주의적인 전통의 이상이 거기에서 다 구현되고도 남는다는 것을 발견한 것입니다. 헬레니즘의 구체적인 형태는 알렉산더 대왕(356-323 B.C.) 시기 이후로 동방의 여러 문물과 문화와 제도와 풍습이 들어가서 그것이 헬라적인 미와 진리를 추구하는 운동과 혼연히 합해서 하나의 거대한 사상 세계와 체계를 이룬 것인데, 이후에 로마에 와서 크게 꽃을 피웠고 로마의 제도와 번성과 영광에 결정적인 영향을 주었습니다. 그 후에 가톨릭적인 새로운 절대주의 체제 가운데에서 다시 찌부러지고 잠자는 듯했지만, 사실상 헬레니즘의 요소는 별다른 형태를 취해서 오히려 가톨릭 세계 가운데서 맥맥(脈脈)이 흘러오다가, 나중에 이태리의 플로렌스(Florence)를 위시한 지역에서 인문주의자들의 운동이 성하게 일어나고 자유 종합의 정신이 발랄하게 나타나서, 학문과 양심과 사색과 예술의 세계를 종교적인 권위와 전통과 억압 가운데 가두어 놓았던 것을 해방시켜서 자유롭게 자기를 주장하고 개인의 개성을 충분히 드러내게 하고 마음에 믿고 원하고 생각하는 바를 충만하게 드러냄으로써 생애의 만족을 추구했던 과거의 헬라적인 이상에 도달하기를 계획했습니다. 이러한 새로운 휴머니즘 운동과 르네상스의 운동이 그 후의 역사 위에 새로운 전기를 일으키는 동시에 가톨릭교회의 새로운 일군(一群)의 사상가들로 하여금 거대한 반발과 반동을 일으키게 해서, 이것이 일방(一方) 개혁 운동 혹은 개심 운동이라는 것으로 나타났습니다. 그것이 가장 강하고 능력 있는 체제를 취하고 나타난 것이 무엇인가 하면 라틴 족을 중심 삼아 위대한 교양의 전통과 인문주의적인 배경을 거름으로 충분히 흡수했던 개혁파의 지도자들의 손에서 맥맥이 면면히 흘러나온 운동입니다. 우리가 지금 헬레니즘이라는 한 조류의 흐름을 일별(一瞥)했습니다.

바울은 다소 사람인 까닭에 헬레니즘의 환경과 배경에서 자라난 사람이지만, 바리새인의 아들이요 본인도 바리새인이요 산헤드린의 의원이요 가말리엘의 제자로서 히브리인 중의 히브리인이요 히브레이스트 중의 히브레이스트였습니다. 그는 이 양방(兩方)의 갈등 가운데서 새로운 세계를 발견하기 위해서 처음에는 어느 한 방면에 치우쳐서 활동했습니다. 그 결과 극단적으로 기독교를 박해하면서까지 헤브라이즘의 전통을 고수하고 그것을 빛나게 하려고 노력했던 사람입니다. 그러나 그가 예수 그리스도의 부르심을 받고 그의 적발하심을 받자 그리스도의 거룩한 계시와 가르침 아래에서 차츰차츰 그 마음에 사상의 세계에 대한 눈이 떠졌습니다. 그래서 아라비아에서 얼마 동안 명상과 반성의 시간을 보내고 다시 다메섹과 다소로 돌아와 생활했을 때에는 기독교가 가지고 있는 위대한 본질을 확호하게 깨달았습니다. 즉 기독교는 헬레니스틱(Hellenistic)한 인간의 모든 추구와 이상이 목표에 도달한 큰 세계인 동시에 헤브라이즘이 구현하고자 하던 모든 이상적 견지가 환연히 구현되는 세계라는 것을 발견했기에, 그것이 그에게는 말할 수 없는 찬송으로 나타났고, '내가 지금까지 알던 모든 지식을 다 분토(糞土)로 여기며, 주 예수 그리스도와 그의 십자가에 못 박히신 것 외에는 아무것도 알지 아니하기로 작정한다'고 고백했습니다(참조. 빌 3:8; 고전 2:2).

여러분, 주 예수 그리스도와 그의 십자가에 못 박힌 사실은 바울 선생에게는 오늘날 우리가 말하는 식의 몇 가지 종교적인 교의(敎義, tenet)나 종교적인 강령을 가지고 떠드는 문제가 아니고, 전 사상의 세계이고 전 지식의 총화(總和)로 나타난 것입니다. 그것은 다른 어떤 지식보다도 종합적이고 총화적이고 충만하고 충일한 지식인 까닭에 '오직 내가 그것 하나를 잡으려고 한다'고 말했습니다(참조. 빌 3:12). 다른 모든 것은 거기에 비하면 밀 껍데기와 같은 것이고 왕겨와 같은 나락 껍데기나 조강(糟糠)에 불과한 까닭에 '이것 하나 이외에는 다른 것을 알지 않기로 작정했다'고 했습니다. 가장 위대한 보화를 찾은 어떤 장사와 같이, 그는 이 땅에서 귀한 보화를 발견했기 때문에 자기에게 있는 것을 죄다 팔아서 그것을 산 것이고(참조. 마 13:45-46), '나는 내게 있는 모든 지식과 과거의 모든 전통을 투척(投擲)해 버리고 이것 하나를 취하겠다'고 한 것입니다. 그것이 그렇게 위대한 가치가 있다는 것이 느껴지지 않을 때에는 모든 것을 버리고 그것을 취하려고 하지 않는 것입니다. 그는 예수 그리스도의 전도와 전달을 받아서 복음을 믿은 사람입니다. 예수 그리스도께서 거룩한 구원의 계시와 하나님 나라의 내용을 전달하실 때 부족이나 결핍이 있을 까닭이 없습니다. 그러한 까닭에 충만한 것을 전달받은 것입니다.

충만한 복음 대신에 율법주의가 횡행하는 현실

그러나 오늘날 하나님의 말씀을 전달할 때에 충만하게 전달하지 못하고 단편적으로 전달하고 부분적으로 전달하고 어느 때는 거의 형체를 이루지 못한 것을 전달하면서도 '나는 하나님의 말씀을 전했노라'고 생각하는 일들이 교회 안에 많은 까닭에, 많은 교우들은 '내가 예수 그리스도와 그의 십자가에 못 박히신 것 이외에는 아무것도 알지 않기로 작정했다'고 하는 마음의 확신 가운데 도달할 재료조차 없는 것입니다. 첫째는 재료가 없습니다. 그것이 자기가 공부하던 수많은 철학이나 혹은 수많은 예술의 종합이나 혹은 학문 연구나 혹은 자기의 수많은 과학적인 추구보다도 더 위대하고 값이 있고 가장 총괄적이면서도 충일하고 참된 지식과 사상이요 충족한 생의 재료가 되는 내용이라는 것을 느껴 보았느냐는 말입니다.

여기에 바울 선생이 느낀 기독교의 위대성이라는 것이 있습니다. 이 위대한 기독교를 느낀 바울 선생에게 예루살렘에서 온 어떤 유대의 선생들이 안디옥에서 하는 이야기는 너무나 단편적이고 부분적이고 편파적이고 되지못한 귀 떨어진 이야기였던 것입니다. '이것을 기독교라고 하면서 이것을 가지고 강요하고 돌아다닌다면 내가 그냥 방치할 수 없다. 이렇게 위대하고 풍요한 기독교를 왜 그렇게 조강(糟糠)과 같이 형체도 이루지 못한 부스러기로 여기는가? 금광에서 광석을 캐내서 그 속에 있는 아름다운 금을 빼내서 이것이다 하고 내주어야 할 텐데, 그렇게 하지 못하고 겨우 돌 부스러기나 숯 부스러기를 가지고 이것이 기독교요 구원의 도리요 이것이 보석이라고 갖다 주는가?' 하고 생각했다는 말입니다.

오늘날 이 문제는 세계의 교회에 다 있는 문제입니다. 참기독교의 가장 본질적이고 가장 중요한 내용을 파악하는 것이 목자 된 사람들에게 필요하고, 목자 된 사람 자신이 그 세계에 들어가서 큰 확신 가운데 도달하는 것이 필요한데, 그렇지 못한 사람이 너무나 많이 직업직인(professional) 교역자가 되는 까닭에, 조강과 같고 다 낡아 빠지고 물 빠진 칡뿌리 같은 것을 주면서 '이것이 기독교의 복음이다' 하는 것이고, 그러한 까닭에 복음을 받은 사람들도 그것이 과연 자기의 전 지식과 생 전체보다도 위대하고 풍요한 것이라는 사실을 느낄 재주가 없는 것입니다.

얼마 전에 여기에서 목사님들과 앉아 이야기할 때 제가 한 사람 한 사람씩 물어보기를 '목사님들의 교회를 살펴볼 때 교인들이 받은 복음이 충만한 복음이었는가? 예수님이 바울 선생에게 전한 것같이 충만한 것은 아닐지라도 바울 선생이 고린도 교회에게 전한 것만큼 충만한 복음이었는가?' 하고 질문해 보았습니다. 바울 선생은 고린도 교회에 복음을 전해 놓고 하는 말이 '내가 전에 너희에게 전한 복음을 다시 전한다. 이는 너희가 이미 받은 것이고 그 가운데 선 것이다. 그런데 너희가 내가 전한 그 말을 굳게 지키고 헛되이만 믿지 않았다면 그로 좇아 구원을 받아서 지금 서 있을 것이다' 하고 말했습니다(참조. 고전 15:1-2). 얼마만큼 튼튼하게 전했는가 할 때 '나는 너희들이 구원을 받기에 부족할 만큼 전하지 않았다. 문제는 너희가 그 말을 그대로 믿고 헛되이 믿지 않고 굳게 잡고 있는 것이고, 그렇게 했다면 틀림없이 구원을 받은 것이다' 하고 말했습니다. 제가 그런 말을 한 뒤에 '바울 선생이 전한 복음의 내용은 이렇게 귀 떨어진 것이나 부분적인 것이 아니었다. 그는 그것이 무엇인지 모르게 전한 것이 아니라 구원받기에 넉넉한 지식의 내용을 전했던 것이다' 하면서 목사님들에게 묻기를 '목사님의 교회의 교우들이 복음을 파악한 것이 대체로 부분적인가, 아니면 총괄적인가? 적어도 충분히 구원의 확신을 줄 만한 넉넉한 내용으로 충만하게 받았다고 보겠는가, 아니면 부분적으로 단편적으로 조금씩 귀 떨어지게 받았다고 보겠는가?' 할 때 하나도 예외 없이 대답하기를 '아무래도 자신 있게 우리 교우들이 충만한 복음을 받았다고 볼 수가 없습니다' 하고 말합니다. 이것은 기묘하고 놀랄 이야기입니다. 물론 그것은 그 목사님들이 거기에서는 마음을 터놓고 무엇이든지 다 솔직히 고백하니까 하는 이야기입니다. 하지만 그것이 그래도 과거에 신실하게 열심히 복음을 전했다는 목사님들의 고백입니다. 그러니 다른 것은 더 물어볼 것이 없습니다. 다른 교회에 가서 자꾸 더 물어보아야 별다른 이야기가 안 나올 것입니다. 그래서 '왜 그런가? 이유가 무엇이겠는가?' 하니까 어떤 목사님들이 '그 이유야 쉽지요' 합니다. '그 이유가 무엇인가?' 하고 물어보니까 '첫째, 우리 목사들이 복음을 그렇게 충만히 못 가지고 있으니까 그렇습니다' 하는 것입니다. 여기에 문제가 있습니다.

 유대의 선생들이 귀 떨어지게 안 것을 가지고 유대에서 안디옥까지 와서 '헤브라이즘이 곧 복음이다. 헤브라이즘적인 경과를 가져야만 복음이 성립한다' 하는 괴상한 사상을 도입하기 시작했습니다. '너희 헬라 사람들도 처음부터 예수 그리스도의 복음만 가지고 시작해서는 안 된다. 이 운동은 처음부터 시종일관한 하나의 운동으로서 우리의 선조인 아브라함에서부터 지금까지 대대로 계승해서 움직인 거룩한 도리인 까닭에 거기서부터 말씀하시고 가르치신 제도와 법칙의 내용을 너희도 차례차례 지커라. 이제는 너희에게도 그만한 특권을 다 주지 않았느냐? 그렇게 하지 않으면 구원을 못 받을 것이다' 하고 말한 것입니다. 오늘날도 마찬가지입니다. '너희가 아무리 복음, 복음 하더라도, 애를 쓰고 울며불며 기도하고 울며불며 매달리고 호소하고 야단 내지 않으면 천당에 못 간다. 이렇게 해 가지고 어떻게 천당 갈 생각을 하느냐? 천당 갈 생각을 하지도 말아라' 하고 천당으로 위협합니다. 이제는 그렇게 복음의 순서조차 다 뒤집어 놓아서, 지금은 구원의 서정(序程) 혹은 오르도 살루티스(ordo salutis)도 없어졌습니다. 그러나 복음의 순서가 그런 것입니까? 저기에 천당의 간판을 세워 놓고 누구든지 천당 갈 시험을 보아서 합격하면 들어가는 것이니까 열심히 노력하고 기도도 많이 하고 많이 울고 많이 뛰고 많이 애쓰고 돌아다니면 결국은 시험에 합격한다는 식인데, 그런 것이 복음입니까? 그러한 시험 문제를 낸 일이 없습니다.

복음이란 그런 소식이 아닙니다. 이런 소식으로 복음을 가르쳐 놓고서는 '기독교는 무엇이다' 라고 해 보아야 그것이 기독교일 턱이 없습니다. 그것은 아직 기독교의 형질을 이루지 못한 것입니다. 기독교의 형체도 이루지 못하면서 기독교라는 말을 하고 돌아다니는 것입니다. 항상 본질이라는 것이 있는데, 그 본질을 올바로 제시하지 않고 본질에 도달하는 방법 몇 가지만 자꾸 이야기하면서 '그것을 안 하면 안 된다' 고 하고, 결국 도달해야 할 데가 어딘지도 알지 못하게 만들면 그렇게 해서 무엇을 하겠다는 것입니까? 기도를 많이 하면 결국 어떻게 된다는 것입니까? 기도를 많이 하면 어떻게 된다는 것조차 구체적으로, 과학적으로 면밀하게 묘사하지 못할 것입니다. '내가 기도할 텐데 기도를 하면 무엇이 될 것인지나 알고 합시다. 석 달 열흘 동안 하루에 밥을 한 끼씩만 먹고 나머지는 물만 먹고 앉아서 기도하면 결국 무엇이 됩니까?' 하고 누가 물어본다면 무엇이라고 대답할 말이 있습니까? '아, 그러면 환상이 보입니다. 허깨비가 보입니다' 할 참입니까? 그것이 이런 식입니다.
　이러한 사람들은 제1세기의 초대 교회 때부터 언제든지 있었습니다. 괴상한 계율주의(nomism)를 들고 나와서 '이 계율주의 혹은 준법주의 대로 행하지 않으면 안 된다. 법을 지켜라' 하고 말했던 것입니다. 바울 선생은 그 문제에 대해서 '너희 율법 아래 있고자 하는 자들아, 율법 아래 있는 자는 저주 아래 있는 것을 알지 못하느냐?' 하고 갈라디아서에서 강한 어조로 힐난(詰難)했습니다(참조. 3:10). 그런 내용을 갈라디아서 2장에서부터 이야기하면서 '아무도 율법으로 말미암아 의롭게 되지 못한다. 율법 아래 있고 싶은 사람들은 저주 아래 있나니 무릇 율법에 기록한 대로 다 행치 아니하는 자는 저주 아래 있는 자라고 하였기 때문이다' 하고 말한 것입니다(참조. 2:16). '예수님이 우리를 대신해서 율법 아래 나시고 여인에게서 나셔서 우리의 저주를 대신 받으셨다. 나무에 달린 자마다 저주를 받은 자라 한 대로 저주를 받았다는 증거로서 나무에 달리신 것이다. 그러면 예수님이 저주를 받으신 것은 예수님 자신이 잘못해서 받으신 것인가 할 때 그것이 아니다. 너희가 받을 저주를 예수님이 대신 받으신 것인데, 너희는 아직도 율법 밑에서 너희의 저주를 그냥 끌어안고 다니려고 작정하느냐? 예수님이 죽으신 것이 너희에게 헛되게 될까 두렵다' (참조. 3:13; 4:4-5, 8-9) 하는 것입니다. 이것이 바울 선생이 가지고 있는 강력한 주장입니다. 이런 주장이 역사를 통해서 이때에 시작하여 예루살렘은 성신님의 인도하심을 받아서 현명하게 문제를 해결해서 만대에 올바른 지침을 세웠지만, 불행하게도 그 후의 기독교의 역사를 보면 교회의 회의 가운데 허다한 많은 경우에 이러한 계율주의나 율법주의라는 것이 또한 그대로 맥맥이 흘러 내려온 것입니다.
　그리고 그러한 율법주의는 언제든지 경건주의와 붙어 다닙니다. 율법을 강하게 지키면 경건한 것같이 생각하는 사람들이 얼마든지 있는 것입니다. 그렇게 해서 제도 아닌 제도를 자꾸 꾸며내는 것입니다. 오밤중에 일어나서 밤새도록 기도하지 않으면 참으로 제일가는 경건자가 못 되고 새벽에 일어나서 기도하지 않으면 2등 가는 경건자가 못 되는 식으로 생각하도록 이렇게 율법주의가 정신에 꽉 들어 박혀 있다는 말씀입니다. 은혜가 그를 지배한다는 사실과 그리스도 안에서 자유를 얻었다는 사실과 성신으로 말미암아 신령한 경지에 도달하여 그 성신으로 말미암아 그리스도의 법칙, 곧 하나님 나라의 법칙이 나를 주장한다는 새로운 세계의 법칙을 도무지 생각하지 못하는 것입니다. 그런 사람들은 아직도 멀리 바리새인이나 서기관의 의를 바라보고 사는 사람들입니다.

바울 선생은 이런 것에 대해서 힐난한 것입니다. 바울 선생이 보기에는 '유대에서 온 이 사람들의 일이라는 것은 참으로 고약한 일이다. 이것은 이대로 방치할 수가 없다. 예루살렘에 가서 사도들과 의논하자' 해서 예루살렘 회의가 열리게 된 것입니다. '나 혼자 여기 안디옥에서만 떠들 것이 아니다. 예루살렘 교회도 우리와 같이 참기독교라면, 그리고 이것이 그리스도께서 내게 보이신 진리이고 사도들도 진리를 받은 이상에는 서로 다를 리가 없다. 사도들이 같이 서서 이 일에 대해 변증해야겠다' 하는 맹렬한 태도가 그에게 있었을 것입니다. 그런고로 예루살렘 회의는 위대한 진리를 참으로 변증하기 위해서 예루살렘에 있는 사람들에게 재인식과 재천명을 요구했던 회의인 것입니다.

예루살렘 회의의 결정은 오늘의 교회에 무엇을 교훈하는가

바울은 사울이었을 때 헬레니즘의 훌륭한 사도였고 헤브라이즘의 훌륭한 추종자요 종도(宗徒)로 살았지만, 예수 그리스도 안에서 이 양방(兩方)이 가지고 있던 역사적인 거대한 이상이 실현될 수 있다는 희망을 본 것이 아니라 이미 실현된 경계(境界)를 본 것입니다. 그런고로 '예수를 믿으면 그런 경계에 도달할 수 있다는 것이 아니라, 예수를 참으로 믿었다는 것은 네가 그 경계를 소유했다는 사실을 뜻하는 것이다' 하고 가르쳤습니다. 오늘날 예수를 믿는다고 하면서 그 안에 하나님의 나라를 보유하지 않고서 '나는 예수 믿었다' 한다면 다른 사람이 곧이듣겠습니까? 극단적으로 말할 때, 중생(重生)의 사실을 우리 스스로가 달리는 보증하지 못하는 것입니다. 내 속에 있는 성신으로 말미암아 의와 평강과 기쁨의 하나님의 나라를 내 안에 보유한 것을 증시할 수 있을 때 비로소 나도 중생이라는 사실의 터가 거기에 있다는 것을 아는 것입니다(참조. 롬 14:17). 그것도 저것도 없고 마음에는 밤낮 불안과 괴로움과 암매가 가득하고 늘 계속해서 악을 생각하고 불의를 생각하고 계속적으로 죄악적인 생활 가운데 호흡하고 살면 '하나님께로서 난 자마다 죄를 범치 아니하는 것이다'(참조. 요일 3:9; 5:18) 하는 말씀을 알 길이 없습니다. '하나님께 속한 사람은 죄를 지속적으로 자꾸 범하는 것이 아니다. 가다가 불가부득 넘어진 그 사실이 죄가 되지만, 그러나 넘어져서 그대로 주저앉아 버리는 법은 없다' 하는 말입니다. "대저 의인은 일곱 번 넘어질지라도 다시 일어나려니와"(잠 24:16) 하는 말씀과 같이 또 일어나 서는 것입니다.

이와 같이 바울 선생은 헤브라이즘과 헬레니즘이 가지고 있던 이 위대한 사실들을 예수 그리스도에게서 발견하면서부터 예수 안에서 이 위대한 이상들이 다 실현된 것을 보았습니다. 즉 헤브라이즘이 가지고 있는 유유 맹종(唯唯盲從)과 같은 맹종이 아니라 즐거운 마음으로 자기 자신을 거룩한 산제사로 드리는 것을 발견한 것입니다(참조. 롬 12:1). 또 헤브라이즘이 가지고 있던 자기 부인이라는 것도 자기가 스스로 억제하면서 억지로 '안 된다, 안 된다' 하고 스스로 죽이는 것이 아니라, '예수 그리스도 안에서 십자가에 못 박혀 죽었다는 사실이 나에게서 홀연히 발생하는구나' 하는 것을 발견하는 것입니다. 또 헤브라이즘에서 발견하는 자기희생(self-sacrifice)이라는 것도 자기 스스로 억지로 희생하는 것이 아니라 '예수 그리스도께서 나를 대신하심으로써 나로 하여금 그리스도와 함께 하늘의 풍요를 소유하게 하시는 것이구나' 하는 것을 아는 터 위에서 즐거이 자신을 드리는 것임을 안 것입니다. 이렇게 함으로써 생의 충족이라는 헬레니즘의 이상에 도달했다는 것을 동시에 말하는 것입니다. 이 생의 충족이라는 것은 하나님 나라의 경계(境界)인 까닭에 자유라는 헬레니즘의 이상을 초월하는 것이고, 그런고로 하나님 나라의 자유라는 것은 무식과 맹목과 암매 가운데 방황하는 것이 아니라, 지금까지 암매의 노예가 되었던 내가 밝히 보고 밝히 깨달은 까닭에 높은 교양과 새로운 지혜 가운데에서 누리는 자유라는 것을 느낀 것입니다. 또한 진(眞)을 추구하고 미를 추구하는 헬레니즘의 이상이 하나님 나라를 소유한 데서 이루어진 것을 발견한 것입니다. '그런고로 이제는 헬레니즘이고 헤브라이즘이고 다 없고 오직 십자가에 못 박히신 예수 한 분뿐이구나. 그가 오직 유일의 방도이고, 이 방도를 떠나서는 이상(理想)의 경계에 도달하지 못한다. 그런고로 예수님은 길이다. 이것만이 바른 철학이다. 헤브라이즘이나 헬레니즘이 지금까지 말하던 여타의 것은 그림자를 보인 것에 불과하다. 그런고로 이것이야말로 그 진리요 그 도리이다. 예수님만이 진리요, 죽었던 그가 새로운 생명으로 새로 탄생했으니까 예수님만이 생명이다'해서 "내가 곧 길이요 진리요 생명이니"(요 14:6)라고 하신 예수님의 말씀이 거기에서 완성되고 실현되었다는 것을 발견한 것입니다.

그러므로 예루살렘 회의는 이러한 기독교의 본질을 올바로 천명하고 전범(典範)을 올바로 세워 주는 점에서 기독교 역사상 심히 중요한 의의를 가지고 있습니다. 역사상에 나타난 이 회의를 우리가 볼 때에 그런 중요한 의의는 오늘날 우리에게 무엇을 요구하는가 하는 것을 알고 있어야 합니다. 예루살렘 회의는 결코 헤브라이즘을 강요하지 못한다고 했습니다. 그러나 또한 아무 법이 없는 반법주의(反法主義, antinomianism)도 안 된다는 것을 가르쳤습니다. 왜냐하면 여기에서 편지한 결과가 무엇인가 할 때 "성신과 우리는 이 요긴한 것들 외에 아무 짐도 너희에게 지우지 아니하는 것이 가한 줄 알았노니 우상의 제물과 피와 목매어 죽인 것과 음행을 멀리할지니라. 이에 스스로 삼가면 잘되리라"(행 15:28-29)라고 했기 때문입니다. 이것이 하나님 나라의 거룩한 법입니다. 반법주의를 반대한 것이고 무법천지를 반대한 것입니다. 여기에 무슨 법이 있는가 할 때, 첫째로, '하나님의 자녀답게 따뜻하고 아름다운 본래의 온정을 표시하기 시작해서 살벌하고 피비린내 나는 비인도적이고 비신국적(非神國的)인 현실에서는 언제든지 유리(遊離)해 나가는 것이다' 하는 것이 여기에 나타난 큰 사상입니다. '하나님 나라에서는 하나님의 거룩한 대권 이외에 다른 것을 인정해서는 안 된다. 그런고로 우상의 문제나 목매어 죽인 문제나 피라는 문제가 있어서는 안 되고, 거기에는 살벌하게 남의 생명의 희생의 터 위에서 자기의 행복을 건설한다는 그런 태도가 없는 것이다' 하는 것입니다. 그런 것은 언제든지 약육강식(弱肉强食) 위에서 자연도태(自然淘汰)를 믿는 현대의 진화론적 철학 가운데서나 발견하는 문제이지, 하나님 나라에서는 그렇게 생각하는 것이 아닙니다. '남의 희생의 터 위에서 다른 사람의 피의 대가를 찬탈하여 자기의 행복을 건설하는 그러한 정신은 절대로 없다' 하는 것입니다. 그런 까닭에 "우상의 제물과 피와 목매어 죽인 것과 음행을 멀리할지라" 하고 말했습니다. '사회와 인생과 생명이 발전하면서 순결을 늘 유지해야지, 불순과 난폭과 추악으로 사회를 자꾸 물들여서 비극을 만들고 비극의 씨를 만들어 놓아서는 안 된다' 하는 것입니다. 그런고로 목매어 죽인 것과 생명을 상징하는 피를 흘리는 일을 멀리하라고 하여 사람의 생존의 존엄성을 가르치는 동시에, 또 사람의 사회가 확장되어 나아가는 과정(process)이 순결해야 할 것을 가르쳤습니다. 그래서 '음행을 피하라'고 한 것입니다.

우리가 요새 산상보훈을 배우면서 이런 점이 무엇을 강조하는 것인가를 배워 왔는데[5] 여기에도 분명히 그와 같은 내용이 나타나 있습니다. 즉 '거룩한 생명의 존재는 신성한 것인 까닭에 피를 흘리지 말아라' 하는 것이고, 둘째는 '생명은 순결하게 발전해서 거룩한 씨를 퍼뜨려야 하는 까닭에 불의나 불순과 추악으로 불행한 자녀를 만들고 불행한 사람들을 만들어 내서 그로 말미암아 원한과 괴로움과 슬픔이 생기도록 해서는 안 된다. 부정당한 부모를 가진 불쌍한 어린아이들이 발생하지 않도록 해야 한다' 하는 것입니다. 이런 것이 사회의 발전상 중요한 일입니다. 하나님 나라는 이처럼 현실적이고 사회적이면서도 순결을 보전해 가면서 나아간다는 것을 가르친 것입니다. '이 순결한 하나님의 나라를 여기에 건설한다. 그러기 위해서 생명의 존엄성을 늘 유지할 뿐 아니라 하나님께서 창조하신 피조물로서의 생명을 주의해야 한다. 이 나라에서는 하나님의 절대의 대권 이외에 다른 아무것도 승인해서는 안 된다. 우상의 제물도 먹지 말아라. 그런 것은 모양이라도 버려라' 하는 위대한 법칙이 거기에 서 있습니다. 이것은 위대한 원칙(principle)하에서 나온 법칙입니다. '모세의 법에 나오는 의식(儀式)의 하나하나를 번문욕례적(繁文縟禮的)으로 또 박또박 지키라는 것이 아니다. 할례를 받아야 한다든지 어디에 나가야 한다는 수많은 방도들을 지키라는 것이 아니라 큰 원칙을 지키라는 것이다. 이것이 하나님 나라이다. 하나님 나라에서는 이것만 지키면 된다. 다른 것은 걱정할 것이 없다. 하나님의 나라의 거룩한 내용을 너희가 보유했거든 하나님 나라의 거룩한 사실을 사회적으로 현시해라. 현시하려면 이러

---

[5] 참조. 김홍전, 『예수께서 가르치신 율법의 참뜻』(산상보훈 2), 성약출판사, 2002년.

한 법칙을 구체적으로 나타내라' 하는 것입니다. 이것이 위대한 기독교의 본질적인 것입니다.

이 말씀은 오늘날의 교회를 향해 꾸짖는 말이 됩니다. '왜 번문욕례적인 허다한 많은 방도를 강조하느냐? 그 사람이 기도를 밤새워 하든지 아침에 하든지 새벽에 하든지 왜 자꾸 상관을 하고 그것을 이야기하느냐? 너희는 도달해야 할 목적지를 가르쳐라. 즉 어디로 나아오라는 그것을 가르쳐라' 하는 것입니다. '우상의 제물을 먹지 마시오' 한다면 그것은 옳은 말입니다. 하나님 외에 다른 대권을 인정하지 말고 모든 일에 여호와를 인정하면 우리의 길을 형통하게 하시리라고 말씀하셨기 때문입니다. "너는 마음을 다하여 여호와를 의뢰하고 네 명철을 의지하지 말라. 너는 범사에 그를 인정하라. 그리하면 네 길을 지도하시리라"(잠 3:5-6) 하신 대로 모든 일에 여호와를 인정해야 합니다. 여호와 그가 친히 존재하시고 친히 주장(主掌)하시고 대권을 잡으셨다는 것을 인정하라는 것입니다. 즉 그는 권능의 왕국 혹은 레그눔 포텐티아에(regnum potentiae)의 왕으로서 통치자이심을 늘 승인하라는 말입니다. 그런 것은 안 가르치면서 밤낮 '요렇게 해라, 조렇게 해라' 하기만 하면 그다음에는 무엇을 어떻게 하겠다는 것입니까? 그렇게 원칙은 제시하지 않고 방도만 자꾸 이야기한다면 그것은 이상한 이야기입니다. 그러한 방도는 많은 경우에 어떤 의식(儀式) 가운데에서 나오는 것이고, 그러한 의식이란 결국 어떤 원칙을 제시하기 위해서 만들어 놓은 제도인 것입니다. 그리고 제도는 제도 자체를 위해서 있는 것이 아니고, 어떤 큰 목적에 도달하기 위한 일종의 다리요 방도로서 존재합니다. 그런데 목적은 없고 그냥 '너는 다리 위를 한없이 돌아다녀라. 그러면 결국 도달할 곳에 도달할 것이니라' 해서 한강 다리를 백날 돌아다닌다 한들 다리를 건너서 목적지에 가지 않는다면 그 사람은 여전히 한강에 있는 것입니다. 이것이 그때 교회에 가르친 중요한 도리입니다. 오늘날의 교회에도 이런 것이 중요합니다.

우리는 어떠한 경지에 도달했습니까? 예수 그리스도와 함께 십자가에 못 박혀서, 헤브라이즘이 도달하려고 하던 자기 부인이라는 그 경계에 참으로 도달했습니까? 오늘날 우리가 수없는 소와 양을 때려죽여서 다시 제물을 드린다고 그것으로써 하나님께서 만족하시는 것이 아닙니다. 오늘날 우리가 수많은 돈을 헌금으로 드린다고 해서 하나님께서 만족하시는 것도 아닙니다. 헌금을 드린다는 것은 무엇을 의미합니까? '정신이나 넋은 빠지고 시시한 물건만 몇 가지 갖다 놓으면 하나님께서 받으시느냐? 하나님께서 무엇이 없어서 칙살맞게 네 것을 달라고 하시는 줄 아느냐? 거기에 무엇이 필요하냐? 나는 돈을 요구하는 것이 아니라 너 자신을 요구한다' 하는 것입니다. '그런고로 너 자신을 바치되, 어떤 표시로든지 단돈 일전을 가지고라도 그것을 표시해라. 문제는 네 정신(spirit)이다' 하는 것입니다. '네가 무엇을 가지고 나왔느냐? 돈이 없으면 내지 말아라. 그러나 너 자신을 내놓아라. 나는 네 자신의 몸을 산제사로 드리는 것을 반가이 받는다. 그것을 네가 표상하기 위해 일전을 내놓든지 십원을 내놓든지 네 마음 가운데 우러나오는 대로 기쁨으로 드리면 받을 것이지만, 없는 것을 달라고 하지는 않는다. 그런데도 왜 자기의 신체에 지나친 일을 하면서까지 복을 받으려고 헌금을 하느냐? 그렇게 하는 것이 아니다' 하는 것입니다.

그러니까 원칙은 빠져 버리고 항상 남아 있는 것은 교묘한 방법뿐입니다. 종교 기업만 남아 있는 것입니다. 종교 기업을 형성해서 무엇을 하자는 것입니까? 이런 도리를 하나라도 가르쳐서 그 사람이 올바로 살면 그런 기업은 그날로 없어져도 괜찮고 그런 교회는 그날로 없어져도 아무 상관도 없습니다. 무엇 때문에 그런 교회를 꼭 유지해야 합니까? 그것이 밥통이라고 해서 붙들고 앉아 있어야 하고, 그것이 사교(社交) 구락부(俱樂

部, club)라고 붙들고 앉아 있어야 하는 것입니까? 교회는 잘못된 것을 고치기 위해서 있는 것이지, 잘못을 증거하려고 존재하는 것이 아닙니다. 그런데도 넋은 다 어디로 가고 형식만 남아 있는 그것을 위대한 것같이 여기는 것이 헤브라이즘의 타락입니다. 그 사람들이 그런 것을 강조할 때 바울 선생은 맹렬하게 배척했습니다. 하나님은 넉넉하신 분이고 "내가 가령 주려도 네게 이르지 않을 것은 세계와 거기 충만한 것이 내 것임이로다"(시 50:12) 하고 말씀하십니다. 교회는 하나님의 성전이고 하나님의 집입니다. 그런고로 '내가 주려도 너희에게 달라고 하지 않는다. 걱정하지 말아라. 내 일은 내가 알아서 하련다. 너는 내가 하라는 대로 순종해라. 순종이 제사보다 낫고 듣는 것이 수양의 기름보다 낫다(참조. 삼상 15:22). 순종만 해라. 내 말에 순종하여 정신을 가지라고 했지, 물건을 내놓으라고 하지 않았다. 정신은 어디로 가고 등신(等神)만 남아서 앉아 있으면 무슨 소용이냐?' 하시는 것입니다. 오늘날에는 정신이 있는 사람을 등신으로 만드는 설교도 합니다. 정신은 어디에 빼 놓으라고 하고 자꾸 등신만 내 놓으라고 하는 것입니다. 그렇게 하면 교회가 좋아지겠습니까? 그때 벌써 이런 그릇된 사상을 배태(胚胎)하고 있으니까 바울 선생이 '이래서는 안 된다' 하고 맹렬히 일어난 것입니다.

우리 교회는 '자연스럽게' 라는 표어(motto)를 늘 중요하게 썼습니다. 자기에게 있는 것 이상을 하지 말라는 말입니다. 내가 30도만큼 할 수 있으면 30도만큼만 할 것이지 그 이상으로 부풀려서 하지 말라는 것입니다. 하나님은 외모로 사람을 취하시지 않는다고 했습니다. 외모라는 것은 옷 모양을 말하는 것이 아닙니다. 그런고로 형식만을 취하는 것은 소용이 없습니다. 자기에게 있는 돈을 다 털어 내놓는다고 해서 하나님께서 '오, 그것 참 반갑고 기쁘다' 하시는 것이 아닙니다. 흔히 이런 예를 듭니다. 즉 과부가 자기의 연명할 것을 헌금으로 낸 것을 예수님이 칭찬하셨으니까 우리도 연명할 것을 내면 칭찬하실 것이라고 합니다. 미안한 말씀이지만, 예수님은 그가 자기의 연명할 것을 낸 것 때문에 칭찬하신 것이 아닙니다. 그것이 자기의 연명할 것이지만 주님을 더 사랑하는 까닭에, 첫째는 자기의 생명보다도 주를 더 사랑한다는 것을 표시하고, 둘째는 주님을 의지하면 주님은 주신다는 것을 믿는 까닭에 걱정하지 않고 내놓은 것입니다. 예수님은 그의 믿음에 대해서 칭찬하신 것이고 하나님을 사랑하고 의지하는 그의 태도를 칭찬하신 것이지, 있는 재산을 많이 내놓았다고 칭찬하신 것이 아닙니다.

하나님은 천지 만물을 친히 내시고 스스로 소유하시기 때문에 우리가 하나님 앞에 드릴 것은 사실상 하나도 없는 것입니다. 하나님의 돈을 가지고 '하나님, 내가 하나님께 바칩니다' 하고 거짓말하지 말라는 말씀입니다. 내 이 몸도 하나님의 것인데 내가 그것을 바칠 자격이 있습니까? 우리가 우리의 돈으로 친구에게 무엇을 사다 주어야 친구가 '아, 고맙네' 하고 말하는 것이지, 친구가 내게 준 돈을 가지고 사다 준다든지 친구에게 돈을 달라고 해서 사다 준다면 고마울 것이 있겠습니까? 그렇게 경우를 따지자면 사실 하나님의 것을 가지고 인심을 쓰면서 하나님께 바친다고 하고 무엇을 낸다고 하는 것은 말이 안 되는 것입니다. 다만 우리가 하나님의 자녀인 까닭에 하나님은 우리를 사랑하셔서 우리의 마음을 보시는 것뿐입니다. 우리의 자식들이 용돈을 달라고 해서 주었을 때, 그 용돈을 자기 혼자 흥청망청 다 써 버리지 않고 자기 아버지와 어머니를 생각해서 다만 얼마라도 내어 무엇 하나 기념할 것을 사 오면, 이것은 사실 소경이 제 닭 잡아먹는 경우와 마찬가지이겠지만, 그래도 그것을 귀하게 여겨서 '오냐' 하고 받으시는 것입니다. 무엇을 귀하게 여기는 것입니까? 사 온 물건이 귀합니까? 그것이 아니고, 그 뜻을 귀하게 여기는 것뿐입니다. 결국 그것은 내 돈을 가져다 쓴 것입니다.

그런고로 헌금이란 우리의 정신을 드리라는 것뿐입니다. 그뿐입니다. 그 이상 무엇이 더 있습니까? 그 이상의 것을 내가 드린다 한들 그것은 하나님의 것이 아닙니까? 내가 돈을 백 원을 드리든지 일전을 드리든지 그것은 모두 하나님의 것입니다. 우리가 사는 자체가 벌써 하나님께서 주셔서 사는 것입니다. 그런고로 하나님께 드리는 것이 자기 것인 줄 알고 자기가 드린다고 생각하는 그런 망상을 하지 말아야 합니다. 영어로 표현한다면 '나는 하나님께 드리는 것이 아니다. 나는 내놓는 것뿐이다' 하는 뜻으로 'I don't give to God. I present it.'이라고 하는 것입니다. 다 하나님의 것이니까 드리는(give) 것이 아니고, 나의 이 마음을 보시라고 마음의 표시로서 내놓는(present) 것뿐입니다. 우리가 하나님 앞에 드릴 것이 없습니다. 하나님 앞에 드릴 것이 있다면 추하고 더러운 것밖에 없어서 하나님의 그 아름답고 깨끗한 궁전에 용납할 데가 없습니다. 안방에 더럽고 썩은 가마니때기를 갖다 놓을 사람은 하나도 없는 것과 마찬가지로, 하나님의 궁전에 우리 같을 것을 용납할 데가 없는 것입니다. 그런데도 우리에게 바치라고 하실 때에는 자원해서 드리는 그 정신이 귀한 것인 까닭에 그것을 받으시려고 하시는 것입니다. 그런데 정신은 없고 등신만 남아 있으면 그것을 받으시겠습니까?

그때 유대에서 온 선생들의 가르침의 기저에 있는 동기가 그런 형해적(形骸的)인 것들입니다. 그것이 확대되어 나가면 결국 거기에 도달하고 말 것입니다. 그런 까닭에 큰 문제였습니다. 그래서 바울 선생은 처음부터 이렇게 맹렬하게 반대한 것입니다. 예루살렘의 회의는 이렇게 바른 결정을 분명하게 했습니다. 오늘날 그 글을 그렇게 자주 읽으면서도 그러한 것이 교회에 얼마든지 횡행(橫行)해도 그것을 바로잡으려고 하지 않는다면 성경은 무엇 때문에 보는 것입니까? 그러면서도 '성경은 하나님의 말씀이다' 하고 밤낮 떠들고 다니면 무슨 의미가 있는 것입니까? 그러니까 오늘날 우리 교회는 항상 하나님께서 기쁘게 흠향(歆饗)하시는 그러한 제사를 드리기를 원해서 예루살렘 회의의 중요성을 다시 한번 강조하는 것입니다.

기도

거룩하신 아버지여, 저희들이 주님께서 참으로 기쁘게 흠향하시는 제물로서 저희 자신을 주님 앞에 드리게 되기를 원하옵나이다. 저희로 하여금 참으로 주께서 원하시는 것이 무엇인가를 올바로 깨닫게 하시고, 혹여라도 종교의 형식 가운데 빠져 들어가거나 옛날 유대에서 간 선생들이 안디옥과 그 부근의 도시들에 다니면서 소란을 일으키던 율법주의적이고 형해적이고 잘못된 인간적인 생각 가운데 그릇되게 빠져 들어가서 참으로 거룩하고 복스러운 이 소식을 흐리게 하거나 왜곡하지 않게 하시고, 자기의 것을 하나님께 드리는 것같이 그릇되게 생각하는 일이 없도록 주의하게 하여 주옵소서.

성신님, 저희를 항상 일깨워 주시사 저희가 어떻게 하는 것이 그리스도의 것으로서, 하나님 나라의 산업으로서 바르게 행하는 것인가를 늘 깊이 깨닫게 하여 주시기를 기도하옵나이다. 이런 거룩한 도리를 배울 때마다 저희 마음 가운데 깊이 새겨서, 저희에게 요구하시고 기뻐하시는 것이 무엇인가를 잘 발견해서 그것을 드리게 하시고, 혹여라도 항상 나타나는 글의 표면에 있는 것만을 가지고 그릇된 형식을 취하지 않게 하시고, 주께서 우리에게 가르치시는 성신의 계시를 늘 받고 살아가게 합소서.

예수님 이름으로 기도하옵나이다. 아멘.

1966년 7월 13일 수요일

제7강

종교적 형식주의의 폐단

사도행전 15:1-35

¹어떤 사람들이 유대로부터 내려와서 형제들을 가르치되 너희가 모세의 법대로 할례를 받지 아니하면 능히 구원을 얻지 못하리라 하니 ²바울과 바나바와 저희 사이에 적지 아니한 다툼과 변론이 일어난지라. 형제들이 이 문제에 대하여 바울과 바나바와 및 그중에 몇 사람을 예루살렘에 있는 사도와 장로들에게 보내기로 작정하니 ³저희가 교회의 전송을 받고 베니게와 사마리아로 다녀가며 이방인들의 주께 돌아온 일을 말하여 형제들을 다 크게 기쁘게 하더라. ⁴예루살렘에 이르러 교회와 사도와 장로들에게 영접을 받고 하나님이 자기들과 함께 계셔 행하신 모든 일을 말하매 ⁵바리새파 중에 믿는 어떤 사람들이 일어나 말하되 이방인에게 할례 주고 모세의 율법을 지키라 명하는 것이 마땅하다 하니라. ⁶사도와 장로들이 이 일을 의논하러 모여 ⁷많은 변론이 있은 후에 베드로가 일어나 말하되 형제들아, 너희도 알거니와 하나님이 이방인들로 내 입에서 복음의 말씀을 들어 믿게 하시려고 오래 전부터 너희 가운데서 나를 택하시고 ⁸또 마음을 아시는 하나님이 우리에게와 같이 저희에게도 성신을 주어 증거하시고 ⁹믿음으로 저희 마음을 깨끗이 하사 저희나 우리나 분간치 아니하셨느니라. ¹⁰그런데 지금 너희가 어찌하여 하나님을 시험하여 우리 조상과 우리도 능히 메지 못하던 멍에를 제자들의 목에 두려느냐. ¹¹우리가 저희와 동일하게 주 예수의 은혜로 구원받는 줄을 믿노라 하니라. ¹²온 무리가 가만히 있어 바나바와 바울이 하나님이 자기들로 말미암아 이방인 중에서 행하신 표적(表蹟)과 기사(奇事) 고하는 것을 듣더니 ¹³말을 마치매 야고보가 대답하여 가로되 형제들아, 내 말을 들으라. ¹⁴하나님이 처음으로 이방인 중에서 자기 이름을 위할 백성을 취하시려고 저희를 권고(眷顧)하신 것을 시므온이 고하였으니 ¹⁵선지자들의 말씀이 이와 합하도다. 기록된 바 ¹⁶이후에 내가 돌아와서 다윗의 무너진 장막을 다시 지으며 또 그 퇴락(頹落)한 것을 다시 지어 일으키니 ¹⁷이는 그 남은 사람들과 내 이름으로 일컬음을 받는 모든 이방인들로 주를 찾게 하려 함이라 하셨으니 ¹⁸즉 예로부터 이것을 알게 하시는 주의 말씀이라 함과 같으니라. ¹⁹그러므로 내 의견에는 이방인 중에서 하나님께로 돌아오는 자들을 괴롭게 말고 ²⁰다만 우상의 더러운 것과 음행과 목매어 죽인 것과 피를 멀리하라고 편지하는 것이 가하니 ²¹이는 예로부터 각 성에서 모세를 전하는 자가 있어 안식일마다 회당에서 그 글을 읽음이니라 하더라. ²²이에 사도와 장로와 온 교회가 그중에서 사람을 택하여 바울과 바나바와 함께 안디옥으로 보내기를 가결하니 곧 형제 중에 인도자인 바사바라 하는 유다와 실라더라. (23절 이하 생략)

제7강

종교적 형식주의의 폐단

사도행전 15:1-35

히브리 민족주의자들의 입장

오늘도 사도행전 15장에 있는 예루살렘 회의에 대하여 상고하겠습니다. "어떤 사람들이 유대로부터 내려와서 형제들을 가르치되 너희가 모세의 법대로 할례를 받지 아니하면 능히 구원을 얻지 못하리라 하니"(1절). 이미 우리가 본 대로 '모세의 법대로 할례를 받아야 한다' 하는 이론이 유대 신자들 가운데서 나왔고, 예루살렘 회의에서 그것을 부인하고 부결했을지라도 그것이 그대로 다 없어진 것이 아니고, 역사를 보면 유대주의적 신자들은 그 후에도 조금 더 있었지만, 그 후에는 흐지부지되어 자취를 알 수 없게 되었습니다. 에비온 파(Ebionites)도 유대주의적인 그리스도인들로서 유대주의가 얼마나 그들에게 존귀한가를 늘 주장했던 사람들입니다.

'왜 모세의 법대로 할례를 받지 않으면 안 되는가' 하는 주장에 대해서 그동안 생각했습니다. 헤브라이즘적인 사상은 히브리 우월주의를 늘 유지하려는 사상인데, 이 헤브라이즘적인 우월주의는 단순히 자기네가 우수하다는 것만이 전부가 아니고 자기네 존재의 의의와 속성을 보존하기 위해서도 필요했던 것입니다. 헤브라이즘의 존재의 의의와 특성을 보존하려면 그것을 말살하려고 하는 어떠한 새로운 기운에 대해서 자연히 반항을 시도하는 것입니다. 사람에게는 어떻게든지 자기의 개성을 현저하고 뚜렷하게 드러내는 것이 중요한 일이고 자연적인 요구인데, 개인이 그렇다면 민족은 민족적인 특성을 드러내려고 하는 것이 또한 자연적인 요구입니다. 민족적인 특성이라고 할 때는 각 민족마다 어떤 독특한(unique) 것을 가지고 있다고 이야기할 수 있겠는데, 유대 사람들에게는 세상의 다른 어떠한 민족에게도 없는 히브리주의적 제도 혹은 모세적 제도와 규율을 준수해 나간다는 것이 단순히 그 법을 지켜서 자기네가 어떠한 경계(境界)에 도달한다는 데에만 의의가 있는 것이 아니라, 그 민족이 특성 있는 민족으로서 역사적 존재의 가치와 의의를 이루는 데에도 중요했습니다.

또한 그 역사적 존재의 가치와 의의는 하나님께서 특별히 선택하신 백성이라는 점에 있는 까닭에 하나님께서 선택하신 백성으로서의 특성은 자기네 선조 이래로 그들이 존귀하게 보존해야 할 고귀한 유산이 되었습니다. 그것을 간단하게 포기해서는 안 될 줄로 생각한 것은 그것이 세계에 비류(比類)가 없는, 여호와 하나님을 중심 삼은 종교적인 성격을 중심으로 해서 발전된 특성이기 때문입니다. 그것은 그릇된 풍속이나 제도에 불과한 것이 아니고, 사회적으로 자연적인 요청에 의해서 발생하거나 지역적인 특수성에 의해서 발생한 민족적인 특성이 아닙니다. 지역적인 요구 혹은 지리적인 요구나 기후의 요구에 의해서 발달하는 민족의 특성으로 인해서 생활의 양식이 형성됩니다. 더운 나라에 사는 사람은 대체로 집을 허술하게 짓고, 또 더운 나라인 만큼 식물이나 동물의 침해를 받을 우려가 많을 때는 집을 높이 지어서 아래에 바람이 통하게 하고 마루 위로도 바람이 올라오게 합니다. 이러한 집을 짓고 사는 것이 필연적으로 그 사람들에게 어떠한 생활양식을 가져다주는가 할 때 은폐하거나 밀폐

하고 살지 못하다 보니까 사람들이 자꾸자꾸 개방적이 됩니다. 그런 것이 수백 년이고 천 년이고 계속되면 하나의 민족적인 기능적 독특성을 이루어 나가는 것입니다. 추운 나라에서 긴 겨울을 보내는 사람들은 오랜 세월 동안 구름 낀 날이나 음울하고 추운 공기 가운데 자연히 방안에 폐쇄되어 살게 되어 있어서 그로 인해 사람들의 마음에 무엇을 은폐하는 폐쇄적인 습성이 생깁니다. 북유럽 사람들, 즉 스칸디나비아 사람들이나 러시아 사람들의 특성에는 기후나 지리적인 조건 같은 자연적인 조건과 생활의 여건이 크게 관계되어 있습니다.

물론 이스라엘 백성도 이렇게 해서 만들어진 민족적인 여러 특성이 없는 것은 아니지만, 이스라엘 백성의 특성을 구성한 것은 생활양식이나 생활의 필요 같은 것이 일차적인 요인이 아닙니다. 오히려 그 사람들은 그러한 생활의 태도를 어디에서 얻었는가 할 때 민족을 형성하고 모세가 법전을 준 거기에서부터 형성하게 된 것입니다. 그리고 그것은 아무 목표가 없는 것이 아니었고 단순한 민족의 이상으로서만 존재하는 것이 아니었습니다. 거기에는 결국 천하에 비류가 없는 메시야 왕국을 희망하는 사상과 또한 그 왕국을 위해 선택한 백성이라는 특이한 사상과 또 선택받은 백성으로서 자체의 특성을 현시하기 위해서는 자기들이 무엇 무엇을 해야 한다는 것들이 있었던 것입니다. 이러한 소위 민족적인 특성(national identity)의 표준이 있었고, 모세의 법전에 의한 할례가 그 입문이 되었습니다. 이방 사람이 하나님의 선택을 받은 이스라엘 사회에 들어오려면 그와 같이 할례를 행해야 비로소 들어올 수 있었습니다. 할례를 행함으로써 이방인들이 히브리의 이코노미(economy) 가운데 가담하는 것입니다. 이스라엘 사람들은 이와 같은 민족적인 특성 가운데 살아오되 그것은 하나님께서 주신 고귀한 전통이요 고귀한 특성(characteristics)으로서 결국 이런 특성들을 하나님께서 아름다운 목적을 위해서 세우신 것인 까닭에 그것을 버린다든지 없앤다든지 하는 것은 꿈에도 생각해서는 안 될 문제였습니다.

그런데 여기에 문제가 하나 생겼는데 그것은 예수께서 오셔서 '예수님을 믿는 것이 곧 그리스도 또는 메시야를 믿는 것이다' 하는 것을 그 사람들이 배운 것입니다. 물론 유대 사람으로서 그것을 맹렬히 반대한 사람도 있지만, 문제는 그렇게 전부 다 반대한 사람들로 인해 일어난 것이 아니고, 예수를 그리스도 또는 메시야로 믿은 사람, 즉 '나사렛 예수, 그가 곧 메시야이시다' 하는 사상을 받은 사람들로 인해 일어났습니다. 그들은 종래에 가지고 있던 이스라엘의 전통적 메시야관에서는 이탈한 것이지만, 어찌 되었든 그 사람들에게 복음이 역사해서 나사렛 목수 예수가 십자가에 달려서 돌아가셨다가 부활하셨다고 믿게 되었고 그를 메시야로 믿게끔 되었습니다. 그것은 그 사람들이 종래에 가지고 있던 전통적인 메시야 사상으로 볼 때는 아주 큰 혁명적 사실이었는데, 그들은 자기네 민족이 역사적으로 희망하고 바라고 있던 거대한 소망이 이루어진다는 사실을 거기서 발견하려고 했고 기대하고 있었습니다. 그것이 히브리 사람으로서 예수를 믿는 사람들의 필연적인 생각이었습니다.

그런데 거기에 다시 문제가 생긴 것은 많은 헬라 사람과 이방 사람들이 교회 안에 들어올 때 그 사람들이 특별히 히브리적인 특색도 없이, 즉 하나님의 거룩한 이코노미로 들어오는 아무런 특성적인 표준이나 조건도 없이, 그저 마음으로 예수의 복음만을 믿고, 즉 예수님이 자기 죄를 대신해서 돌아가셨다가 다시 살아나셨다는 것을 믿는다는 그것만으로 하나의 공동체(community) 가운데 들어오게 되었다는 것이고, 그 결과 전통적인 하나님의 메시야 왕국을 건설하기 위해 선택하신 재료라는 분명한 표적(identity)을 가진 자기네와 그들을 같은 평면에 놓고 평가하는 새로운 사실이 발생한 것입니다. 그것이 안디옥 교회입니다. 그것이 좌우간 교회의 일입니다. 예루살렘에서는 모두 히브리 교인들이니까 그것을 문제 삼을 이유가 없었지만, 이제 이방 사람들이 믿고 들어온 데서 문제가 생긴 것입니다.

그러면 이방 사람들이 믿고 들어온 데서 이런 문제가 생겼을 때에 어떻게 해야겠는가 할 때 만일 그것을 그대로 용인한다면 히브리 사람으로서는 '이제는 우리 자녀들까지도 할례 받을 필요가 없다. 모세의 법을 그대로 지킬 것이 없다. 그런 것은 다 포기하고 이제는 헬라 사람이 믿는 것과 똑같은 조건만 가지면 메시야 왕국의 새로운 이코노미 가운데 들어갈 수 있다' 라고 해야 할 것이고, 그렇게 되면 히브리 사람으로서의 특성이나 민족적인 특성은 완전히 없어져 버리는 것입니다. '그렇다면 우리가 역사적으로 적어도 1,500년 이상 보존하고 나아왔던 그 위대한 희망과 모든 정신적 요소들이 우리에게 의미가 없게 되지 않는가?' 하는 문제가 생기고 '그러면 우리가 헛살았는가? 과거의 역사는 다 의미가 없는 것인가?' 하는 문제가 생기는 것입니다. '그러면 히브리 민족으로서 하나님 앞에 아무것도 특수한 가치를 가진 것이 없구나' 하는 결론에 도달하는 것입니다.

이것은 중대한 문제입니다. '너희 민족이 과거에 가지고 있던, 여호와 하나님 앞의 특권적인 위치와 특권적인 신념이라는 것은 별 의미 없는 것이다. 다 포기해라' 하는 것은 좀처럼 쉬운 이야기가 아닙니다. 만일 '너희들은 아무것도 아니다. 세상의 어떤 이방 민족, 즉 잡신을 섬기던 이방 민족과 비교하더라도 도무지 자격상 나을 것이 없는 백성이다' 라고 한다면 그것은 굉장한 문제일 것입니다. '아니, 지금까지 우리가 지내 온 모든 과거를 다 무시하고, 이 세상의 로마 사람이나 헬라 사람같이 주피터나 제우스나 잡신을 섬기고 지내던 다신교도들이나 우상 숭배자들과 똑같은 계열에서 비로소 우리도 무엇을 받는다는 말이냐? 그렇다면 우리가 알고 있는 여호와 하나님은 기독교의 하나님과는 다른 분이 아니냐? 적어도 동일한 하나님이시라면 일찍이 그 하나님을 알고 하나님의 선택을 받았다는 명문(明文)의 계시가 있는 우리 이스라엘 백성에게 아무런 특권적인 자격이나 그로 말미암은 사회적 특권이 없다는 말이냐? 혹은 그런 특권을 없애야 한단 말이냐?' 하는 아주 중대한 문제에 불가피하게 맞닥뜨리게 된 것입니다.

그런 까닭에 '아, 이거 큰일 났구나. 어떻게 하면 좋으냐? 이제 안디옥 교회 같은 교회는 할례를 받았든지 안 받았든지, 모세의 법을 지켰든지 안 지켰든지, 히브리적인 요소가 있든지 없든지 아무 상관없이 똑같은 평면에서 예수를 믿는 복음으로 구원을 받는다고 하니, 그렇다면 히브리적 요소라는 것은 하나님 앞에서 특권적인 것도 아니고 계시의 특성도 없어지는 것이고 지금까지 1,500년이나 내려왔던 그 계시에 의한 제도도 다 의미가 없는 것으로 끝나고 말지 않겠느냐?' 하는 중대한 문제가 그들에게 생긴 것입니다. 그러니까 '이것은 큰일이다. 그래서는 안 되겠다' 하고 생각하고서 '아니, 결국 하나님께서 세우신 단일한 운동 혹은 하나의 거룩한 이코노미에 들어오는 이런 일을 과거에는 하나님께서 이방 사람들에게 허락지 않으셨지만, 이제는 예수를 믿는다는 새로운 사실로 인해 그들에게 허락하셨다면, 순서로 볼 때 그들도 하나님께서 이미 이루어 놓으시고 운전하시는 거룩한 히브리적 오이코노미아(οἰκονομία)로 들어오게 하는 것이지, 그것을 무시해 버리고 그냥 중간에 뛰어들거나 다른 데서 뛰어들어서 다른 조건하에서 새로운 이코노미를 조직한다는 것은 우리로서는 상상할 수 없는 일이다' 하고 생각한 것입니다. 이런 문제가 그들에게 생긴 것이고 이것을 그렇게 해석하기 시작했다는 말씀입니다.

원래는 이방 사람으로서 우상 숭배를 하고 다신교를 가지고 있던 사람이 히브리의 거룩한 이코노미로 들어오려면 무엇을 해야 하는가 할 때 할례를 받아야 비로소 히브리적 이코노미에 가담할 수 있었고 메시야의 왕국이라는 경륜 가운데 가담할 수 있었습니다. 그래서 '지금 바울 선생이나 여타의 사람들이 다 복음을 전해서 헬라 사람들이 다수 이리로 들어왔으니, 들어온 것을 우리가 무효라고 할 수는 없으니까 이미 들어온 너희들을 우리가 반가이 받되, 받는 조건은 우리와 같이 할례를 받으라는 것이다. 우리와 같이 너희가 히브리적 이코노미에 완전히 들어오는 예식을 행해서 확증을 하자. 이것이 필요하다. 그러지 않고서는 하나님께서 시작하신 구원의 거룩한 경륜 안에 너희들이 어떻게 들어오겠느냐? 너희들이 지금 들어와 있는 것은 임시로나 가외적으로 머물고 있는 것이지, 완전히 들어와 있는 것이 아니다. 우리는 이제 문호를 개방해서 누구든지 주 예수의 이름을 부르고 그 메시야를 임금으로 모시고 나가는 사람은 다 자유롭게 여기에 들어올 수 있다고 인정한다. 그러니까 순서는 바뀌었지만 상관없다. 그러니 이제는 모세의 법대로 할례를 받아라. 받는 것이 가하지 않으냐?' 하는 신학적인 이론을 만들어서 제안하고 안디옥에 가서 가르친 것입니다. 여기에 그런 문제가 생겼습니다.

  그렇게 되니까 바울과 바나바는 거기에 대해서 맹렬히 변론을 했습니다. 바울과 바나바가 맹렬히 변론한 것은 '만일 히브리 사람들의 이론을 명확하게 따져 가면 히브리적 특권을 승인하는 것이냐, 부인하는 것이냐?' 하는 문제였습니다. 히브리 사람들의 생각으로는 바울 식으로 해석한다면 '히브리인이 아무리 1,500년의 전통과 계시와 하나님께서 부르신 특별한 은혜 가운데 있었을지라도 그런 것은 다신교를 가지고 있는 로마 사람이나 헬라 사람들에 비해서 하나도 우월점이 없다' 하는 이론이 되는 것입니다. 만일 그렇게 바울 식으로 한다면 '히브리인이 하나도 나을 것이 없다. 그런 전통이야 있든지 없든지 그만이고 조그마한 효과라도 발생시키지 않는다' 하는 이론이 된다는 말입니다. 바울은 '누가 되었든지 아주 제일 처음의 백지에서부터 시작하되 예수 그리스도를 구주로 받고 그로 말미암아서 이 새로운 이코노미로 들어오면 똑같은 은혜와 영광과 권리를 향유하는 것이다' 하고 믿었습니다. 그러니까 바울의 이론은 참 무서운 이론입니다. 말하자면 헤브라이즘을 파괴하는 이론이 되는 것이고, 히브리적인 특권을 전부 무시해 버리는 이론이 되는 것입니다.

히브리 민족주의자의 눈으로 볼 때, 히브리 민족주의(Hebrew nationalism)는 단순한 민족주의가 아니고 쇼비니즘(chauvinism)이 아닙니다. 헤브라이즘은 '이것이야말로 하나님께서 선택하시고 특별히 부르신 특권적인 위치이다' 하는 것을 강조하는 것이고 일종의 '계시주의'입니다. 그런고로 이 히브리의 민족주의자의 눈으로 보면 바울은 히브리 민족주의를 철저하게 파괴하고 말살하는 운동자입니다. 그러니까 바울을 쫓아다니면서 죽이려고 할 수밖에 없는 것입니다. 그래야 히브리 민족주의가 살 수 있을 것이기 때문입니다. 민족에 대한 열렬한 사랑을 가진 히브리 민족주의자들은 '우리 민족이 건실하게 민족적인 특성을 보유하고 민족적인 영광을 더 나타내 가면서 민족적인 목적을 향해서 전진해 나가는 데 방해가 되고 우리에 대해 파괴적인 괴악한 말을 하고 다니는 자는 도말(塗抹)해서 없애야겠다' 하고 생각할 만했던 것입니다.

그 결과, '이런 문제가 생겼는데 여기에 대해서 예루살렘의 교회는 어떻게 생각하며 어떻게 해석하는지 알아보자' 해서 바울과 바나바가 예루살렘으로 간 것입니다. '예루살렘 교회가 우리에게 무엇이라고 명령하는가' 하는 것을 물으러 가려는 것이 아니라, '어디 예루살렘의 교우들은 이 일에 대해서 어떻게 생각하는가' 하는 것을 알아보러 가려는 것입니다. 왜냐하면 예루살렘 교회의 교우들이야말로 모두 할례를 받은 교우들이기 때문입니다. '그들은 이미 과거에 할례를 받았던 사람들이니까 그 사람들이 어떻게 생각하는지 좀 알아보자' 해서 바울과 바나바를 그리로 보낸 것입니다.

종교적 형식주의의 예들: 할례, 헌금, 교회, 기도

히브리 사람들은 역사적으로 차츰차츰 할례를 어떻게 해석해 왔으며 결국 이 당시에는 할례의 의미를 어떠한 식으로 파악했는가 하는 것을 우리가 여기에서 한마디로 본다면, 원래 주께서 히브리 사람들에게 할례를 주신 본래의 목적과 의의는 사람이 자기의 의를 가지고 무엇을 하려고 해서는 안 된다는 것과 그렇게 하면 병폐를 일으킨다는 것과 인간이 스스로 세우는 의는 아무것도 이루지 못한다는 것을 알려주고, 인간의 의로 말미암아 어찌할 수 없이 이지러지고 병든 것을 고쳐 주고 치료해 주기 위하여 내신 거룩한 표상입니다. 할례란 곧 '이 백성은 하나님을 위한 백성이요 그런고로 하나님을 위하여 너희를 구별하셨다' 하는 표징이고, '그런고로 너희들은 오직 하나님만 의지하고 하나님의 능력 아래에서 살아야 할 것이고, 이 세상에서 하나님의 능력을 증시하기 위해서 살아야 할 것이고, 너희는 하나님의 거룩한 정부의 대권 아래에서 통치를 받고 살아가는 백성이다' 하는 것을 분명히 표상하고 표증하기 위해서 만드신 것이 할례 제도입니다. 그러니까 '너희의 의와 너희 민족의 이상과 너희의 주장을 위해서 할례를 준 것이 아니다. 그런 것은 없는 것이다. 오직 하나님의 의와 하나님의 영광과 하나님의 목적을 위해서 너희가 존재한다는 것을 명확하게 증표로 보이기 위해서 만들어 놓은 것이 할례이다' 하는 말입니다.

그런데 히브리 사람은 역사상 이 큰 할례의 대의(大義)를 잃어버렸습니다. 이 참된 할례의 대의를 위하여 싸워야 할 그들이 그것을 도말해 나가고 파괴해 나갔던 것입니다. 그리고 지금은 할례가 그 사람들에게 무엇인가 할 때 자기의 의를 과시하고 표시하는 도구가 되었습니다. '너, 할례를 받았느냐?' 해서 '받았다' 하면 '아, 그러면 너는 의롭다. 그리고 특수하다' 하는 것입니다. 어떤 의미로 특수한가 할 때, 하나님의 통치 가운데 들어 있다는 의미에서 특수하다기보다는 '그는 이제 하나님 앞에서 특권적 위치에 있어서 어떠한 제도와 법을 누리는 사람이다' 하고 자기 의를 자랑하기 위한 도구가 되고 말았습니다. 자기 의를 파괴하기 위하여 내신 표상이 거꾸로 이제는 자기의 의를 두드러지게 드러내기 위하여 존재하게 된 것입니다. 이처럼 모든 종교에서 정신이 빠지면 형식이라는 것이 무서운 반대의 결과를 일으키는 것입니다.

예를 하나 들면, 헌금이라는 형식은 첫째로, '나는 아무것도 아니고 아무것도 소유하지 않았다. 그러므로 나는 하나님 앞에 아무것도 내놓을 것이 없다. 하나님께서 나를 불쌍히 여기시고 이런 물질을 주시지 않았다면 나는 존재할 수 없을 뻔했다' 하는 그 정신(spirit)을 먼저 깨달으라는 것입니다. 그런고로 첫째는 '하나님, 하나님께서 주셔서 제가 살지 않았습니까?' 하는 것을 표상으로 내놓는 것입니다. '하나님, 제 것을 하나님께 드립니다' 하는 것이 아닙니다. 거꾸로 생각해야 합니다. '하나님께서 주시지 않았다면 저는 살 수 없을 뻔했습니다. 저의 생명 호흡과 제 생활의 모든 능력과 생활의 필요품을 다 주셨고, 오늘날까지 저의 존재를 유지해 주셨고, 생활에 필요한 주위 환경의 이 많은 조화를 하나님께서 저에게 주셨기에 제가 길을 가다가 차에 치어 죽지도 않았고, 물가에 가다 물에 빠져 죽지도 않았고, 또 부지불식간에 깜깜한 밤중에 날아온 총알에 맞아 죽지도 않았고, 환난 가운데서 저를 크신 손과 펴신 팔로 건지심으로 제가 지금까지 존재합니다. 그러므로 하나님의 보호와 하나님의 지지와 하나님의 공급이 아니었다면 절대로 제 존재가 있을 수 없을 뻔했습니다' 하는 것을 헌금은 첫째로 표상해야 합니다. 그런데 이것이 어떻게 되었습니까? 거꾸로 되었습니다. '하나님, 제게 많이 주셔서 제게 풍성히 있으니까 제 것을 가지고 하나님을 기쁘시게 하겠습니다' 하고 이제는 하나님께서 나에게 주셨다는 것을 표상하기보다 자기가 하나님께 무엇을 드리는 것을 표상하는 것같이 되었다는 말입니다. 이것이 거꾸로 된 것이고 그럴 때 위험이 생깁니다.

　헌금의 둘째의 요체(要諦)는 '그러므로 제게 있는 그 무엇도 하나님의 것이 아닌 것이 없는 까닭에 제가 소유자가 되어서 하나님 앞에 무엇을 드릴 수 있는 자격을 가지지 않았습니다' 하는 것을 표상하는 것이지, '하나님, 제게 많이 주셔서 이것이 제 것이니까 제 것을 하나님께 드립니다' 하는 것은 거꾸로 된 생각입니다. 우리가 무엇을 하나님 앞에 드리면 우리 것을 가지고 드린 것입니까? 실컷 해야 하나님의 것을 가지고 하나님 앞에 드리는 것뿐입니다. 그러니까 전에도 말씀드린 대로, 우리가 하나님 앞에 제시할(present) 수는 있지만, 드리지는(give) 못하는 것입니다. 하나님 앞에는 마치 소유자가 다른 사람에게 무엇을 전달하듯이 그렇게 할 수 없는 것입니다. 그저 제시하는 것뿐입니다. '자, 여기 있습니다. 하나님께서 저에게 이것을 주시지 않았습니까?' 하는 것입니다. 사랑하는 친구가 나에게 무엇을 하나 사 주었으면 그것을 쓱 꺼내서 '이것 봐. 나에게 좋은 것 있잖아' 하고 말할 수가 있습니다. 그것은 그 친구가 준 것이지만, 그렇게 말함으로써 그 친구가 준 것에 대해 내가 감사하는 표시를 할 수 있는 것입니다. 헌금은 이러한 식이 되어야 합니다. 그렇지 않고 자기의 물건을 친구에게 주려는 것같이 그 물건을 가지고 '자, 이것 너 가져라' 해서는 안 되는 것입니다. 헌금은 그런 식이 아닙니다. 그런 정신부터 두들겨 고쳐야 합니다.

　하나님께 제시할 때는 '그런고로 제 것은 없습니다. 다 하나님의 것이 아닙니까? 하나님, 보시옵소서' 하고 하나님 앞에 제시하는 것뿐입니다. 이것을 드리면 하나님께서 그것을 가져가십니까? 하나님께서 그것을 가져다가 어디에 쓰시겠습니까? 결국은 사람들이 갖다가 도로 쓰는 것입니다. 현상적으로 하나님께서 그것을 흔적 없이 없애시는 것이 아니고 다 그대로 있습니다. 헌금하면서 '주님, 주님께 드렸습니다' 하고 암만 이야기해도 물건은 거기에 그대로 있는 것입니다. 그런데도 마치 자기가 하나님께 드린 것같이 생각하면 스스로 속이는 일입니다. 분명히 거기에는 실제의 거래(transaction)로서 드리는 일은 발생하지 않습니다. 내가 하나님 앞에 드렸다는 것은 어디까지든지 상징적인 용어에 불과한 것이지, 하나님 앞에서 실제로 거래가 발생해서 내가 드렸으니 그분이 가져가서 소유하시는 것입니까? 어디에 가져가는 것이 있습니까? 돈은 그대로 다 거기에 있습니다. 그런데도 마치 하나님께서 그것을 가지신 것같이 해석한다면 그것은 현상의 세계에 대한 해석이나 상징(symbol)과 영적인(spiritual) 세계에 대한 해석을 막 뒤섞어서 생각하는 혼동일 뿐입니다. 그런 꿈 같은 생각을 해서는 안 되는 것입니다. 문제는 '어떤 데에 의미가 있는가?' 하는 것을 찾는 것입니다.

다음으로 셋째의 중요한 문제는 '그런고로 저는 하나님의 것인 까닭에 아무것도 제 스스로 할 것이 없습니다. 하나님께서 원하시는 대로 언제든지 어디서든지 저를 쓰시옵소서' 하는 것입니다. 그것이 그다음에 와야 할 중요한 생각(idea)입니다. 그렇게 하지 않고 '하나님, 제가 이것을 내놓았으니 이것은 하나님의 것이지만, 다른 것은 손대지(touch) 마십시오' 하는 식의 태도를 가지면 안 됩니다. 자기가 부분을 드렸다는 생각을 할 때는 그렇게 하는 것입니다. 돈을 백 원 드리면서 '이것을 제가 하나님께 드렸습니다. 정성껏 드렸으니까 이것은 하나님께서 가지시고 마음대로 하십시오. 하지만 나머지는 제 소유입니다' 하는 논리가 되는 것입니다. 그것을 드렸다고 하면 나머지는 아직 안 드렸다는 말밖에 안 되는 것입니다. 그것은 벌써 자기의 소유권을 인정하는 것입니다. '이것은 하나님 앞에 내놓은 것이다' 하고 자신의 소유를 부분적으로 하나님께 드리고, 나머지에 대해서는 자신의 소유권을 인정하는 그런 논리와 정신 가운데 빠져 들어가는 것이라는 말입니다. 생각을 그렇게 하니까 그렇게 되는 것인데, 이런 것이 무서운 역(逆)의 결과를 내는 것입니다.

아나니아와 삽비라가 벌을 받은 이야기를 이미 다 생각하고 배웠습니다.[6] 아나니아와 삽비라에게 무슨 나쁜 동기가 있었습니까? 아나니아와 삽비라를 아주 굉장히 나쁜 사람으로 해석할 다른 아무 조건이 없습니다. 다만 문제는 여기에 있는 것입니다. "땅이 그대로 있을 때에는 네 땅이 아니며 판 후에도 네 임의로 할 수가 없더냐? 어찌하여 이 일을 네 마음에 두었느냐? 사람에게 거짓말한 것이 아니요 하나님께로다"(행 5:4). '그것을 네가 가지고 있을 때는 네 것이 아니냐? 만일 네가 네 것이라고 주장한다면 어째서 네 마음대로 못하느냐?' 하는 것입니다. '문제는 하나님께서 네가 어떻게 해석하고 어떤 태도를 취하는가를 보시는 것이지, 물건의 다과(多寡)를 가지고 이야기하시느냐? 네가 다 가지고 하나도 안 내놓은들 네 것이 아니며 팔았어도 네 것이 아니냐? 그런데 어찌하여 네가 하나님을 속이느냐?' 하고 말한 것입니다. 마음이 그렇다는 말입니다. 그 동기 가운데는 그것으로 말미암아 더 많은 이윤 내려고 하는 것이 없었습니다. 그때 그들은 요새 헌금을 드리는 사람같이 하나님을 상대로 십일조를 얼마 드려 놓고는 더 많이 따 내려는 엉뚱한 변리(邊利) 놀음을 하려고 하는 그런 생각조차 없었습니다. 그 사람들이 한 것은 단순히 전부 드리지 않고서도 전부 드렸다는 말을 듣고 싶었던 것뿐입니다. 그런데 전부 드리지 않고서도 전부 드렸다는 말 하나 듣고 싶어 했다고 해서 하나님께서 그들을 죽이셨다면 그것이 죽일 근거가 되는 것입니까? 너무 가혹한

---

[6] 참조. 김홍전, 『순결하고 능력 있는 교회』(사도행전 강해 2), 제7-8강, '아나니아와 삽비라의 죄 (1),(2)', 성약출판사, 2005년.

것같이 생각될 것입니다. 중요한 문제는 헌금의 원칙(principle)이 역도(逆倒)되어 있으니까 하나님께서 그런 것을 받지 않으셨을 뿐 아니라 진노하셨다는 것입니다. 전체의 원칙이 역도되었다고 하는 것은 그런 생각을 조금 했든지 많이 했든지 간에 처음부터 오른쪽으로 가야 할 텐데 왼쪽으로 가기 시작했다는 것을 말합니다. 생각하는 방식이 그러니까 안 된다는 것입니다. 그릇되었다는 확증이 반드시 길게 나타나야만 하는 것은 아닙니다. 심중(心中)의 비밀이 다 있는 것이고, 그런 사실을 우리가 끝까지 밝혀낼 수가 없는 까닭에, 또한 베드로와 같이 성신 충만해서 일일이 책망하는 사람이 없는 까닭에 우리가 그런 일들을 얼마든지 범할 수 있는 것입니다. 이와 같이 참된 의와 정신(spirit)이 빠질 때에는 종교의 어떤 형식이라는 것이 무서운 반대의 결과를 나타내는 것입니다.

또 한 가지 예를 들어 보겠습니다. 교회가 존재하는 이유는 무엇입니까? 교회는 사람이 가지고 있는 인간적인 것과 교만과 자기주장과 자기의 의지가 발생할 때 '아, 이래서는 안 되겠다' 하고 자책하고 없애 버리고 그 대신 거기에 하나님 나라의 거룩한 품성과 덕이 나타나게 하기 위해서 존재하는 것입니다. 그런데 거꾸로 교회가 사용될 때는 어떻게 되는가 하면, 세상에 나가면 훨씬 우수한 사람이 많고 격렬한 경쟁이 있는 사회인 까닭에 자기의 두각을 나타내지 못하는 사람들이 비교적 미미한 교회에 와서는 '아, 여기야말로 내가 한번 두각을 나타낼 곳이구나' 하고 어떤 교만이 생기고 뽐내는 일이 생기고 어떤 자랑이 생기는 것입니다. 다른 데 가서야 자기가 자랑할 만한 사람이 못 되고 나타낼 만한 큰 기능도 없는 사람이니까 감히 자랑하지 못하다가 교회에 들어오면 가소롭게도 다들 '여기에서는 내가 그렇게 할 수가 있겠다' 하는 생각이 나고 '어떻게 하면 저 사람들 앞에서 내가 인기를 얻어 볼까, 어떻게 하면 내가 한번 내 자신을 나타내 볼까, 어떻게 하면 영광스럽게 한번 서 볼까' 하는,

다른 사람이 보아서는 도무지 알 수 없는 그런 내심의 정욕과 욕망이 사람 속에서 자라나서 거룩한 이름과 아름다운 이름을 둘러씌운 채로 맹렬하게 발전하는 것입니다. 그래서 세상의 정계에 나가서는 정치를 할 만한 능력이 없지만 교회에 들어와서는 교회를 장중(掌中)에 넣고 정치적으로 이리저리 요리하려고 하고, 정치 사회에 나가서 발판을 얻을 수 없는 사람이 교회라는 사회에 있으니까 비로소 정치적으로 두각을 나타내고 커 보려고 하는 것입니다. 이것이 무서운 역(逆)의 결과 혹은 역도(逆倒)된 결과를 내는 단계가 되는 것입니다.

이런 것들을 여기에서 봅니다. 이 이스라엘 사람들에게서도 할례나 기타 의식(儀式)이 지금은 하나님의 참목적을 달성하기 위하여 행해지고 있는 것이 아니라 하나님의 참목적에서 도피하고 회피하기 위하여 사용되고 있었습니다. 그것들이 의에 대한 인생의 간절하고 처절한 부르짖음을 마비시켜서 중독시켜 버리는 아편으로 사용되고 있었다는 말입니다. 종교의 중간 상태라는 것은 의미가 없다는 것을 그전에 때때로 말씀드렸습니다. 예수님의 비유에 더러운 귀신이 어떤 사람에게서 내쫓기니까 그 귀신이 물 없는 땅, 아주 메마른 땅, 아주 처참한 땅으로 두루두루 돌아다니다가 어디 거할 곳이 없으니까 '내가 어찌할꼬? 내가 나온 집으로 다시 들어가야겠다' 하고서 가 보니까 그 집이 잘 소제되고 수리되고 비어 있었습니다. 그래서 저보다 더 악한 귀신 일곱을 데리고 그 집에 들어가서 주저앉았다고 했습니다. 그 사람의 후환(後患)이 전보다 더 심하게 되었다는 것입니다(참조. 마 12:43-45; 눅 11:24-26). 이것이 무엇인가 하면 '신앙이나 종교에서 중간 상태라는 것은 무서운 것이다' 하는 것입니다. 중간 상태라는 것은 자기의 양심에 면역성을 일으키게 됩니다. 충분치 못한 힘이 작용해서 체력이 능히 반항할 수 있게 면역성이 생기면 나중에 그 사람이 병에 안 걸리는 것과 마찬가지입니다. 하나님의 복음이 충만히 들어가지 않고 기독교가 충분히 들어가지 않고서 그저 어떠한 형해적(形骸的)인 것을 조금 접종시켜 놓으면 면역성이 생겨서 나중에는 진리가 그 속에 들어가지 않고 '아, 으레 그렇겠구나' 하고 마는 것입니다. 이것이 중독시키는 것이고 면역성을 일으키는 것입니다.

할례나 모세의 법을 준수했다는 사실이 저들에게 심오한 그 본래의 의의를 생각할 여유가 없게 만들었습니다. '나는 할례를 받았으니 되었다' 하고 안심해 버리는 것입니다. 어떤 정도만큼의 양심의 치료라는 것은 무서운 면역성을 발생시키는 것입니다. '주일마다 교회에 전연 안 갈 수는 없고, 너무 깊이 들어가기는 그렇고, 나의 잘못이 많이 있는데 그것이 잘못이 아니라고 그냥 내버려두고 나간다는 것은 너무 무례한 일 같고, 그렇다고 또 완전히 그것을 포기하고 철저히 회개한다면 너무 많은 희생과 손해가 있겠으니까, 적당히 가서 적당히 울고 회개하고 적당히 책망 듣고, 그만한 정도로 대가를 지불했으니까 이제는 가서 그대로 지내야겠다' 하는 이런 태도가 중간 상태의 종교입니다. 이것이 무서운 일입니다. 이렇게 희생을 무릅쓰고 대가를 지불하는 것은 너무 과람(過濫)하니까 다 지불하지 않고, 어떤 부분만 조금 지불하고서 그것으로 무마해 버리고 적당히 지나가려는 면역성을 일으키는 상태, 이것이 모세의 여러 제도와 할례와 의식들을 지키는 준법의 생활 가운데 대부분 터득했던 일입니다. 교회의 의식주의(儀式主義)는 이러한 데에 있습니다. 의식주의라는 말은 단순히 어떤 형식만을 취한다기보다는 어떤 방식을 취한다는 이야기입니다. 성경의 내용으로 어떤 방도를 취하면서 스스로 된 줄로 알 때는 참된 진의와 본질을 파악하지 못하게 되는 무서운 결과에 도달하는 것입니다.

예를 들면 기도한다는 것이 종교의 방도입니다. 기도한다는 것은 결코 그 자체가 신앙은 아닙니다. 기도하는 것으로써 그 사람의 신앙이 많다고 하거나 적다고 할 수 있는 것이 아닙니다. 그런데 그 사람이 기도를 많이 하고 열심히 하는 것으로써 신령한 생활을 하는 척도(barometer)를 삼는다면 그 사람은 이제 그 이상 다른 것으로는 신령한 생활을 할 필요도 안 느끼게 될 것이고 달리는 신령한 생활이 무엇인지 찾아볼 것도 없게 됩니다. 기도를 열심히 하고 늘 엎드려 있으면 신령한 생활을 하는 것으로 생각합니다. 이렇게 해서 신령한 생활이 아닌 것을 신령한 생활인 것처럼 생각하고 그것으로 다 그냥 치료해 버리고 맙니다. '이젠 다 되었다. 이젠 그것만 해야겠다' 하고 그것만을 붙들고 나가는 것입니다. 이런 무서운 사실이 발생합니다. 모든 방도(means)나 방법이나 목적지에 도달하기 위한 수단 자체가 목적지가 되어 버리면 그 다음에는 진정한 목적지에 도달하지 못하게 되는 것입니다. 그전에도 늘 제가 그런 예를 들었지만, 우리가 다리를 건너서 다리 건너편 저쪽에 있는 목적지에 가야 할 텐데 다리를 건넌다는 그것이 목적이 되어 버리면 다리만 건너면 그만인 것입니다. 혹은 가다가 다리에 주저앉아서 '나는 다리 위에 있으니까 되었다' 하고 다리가 목적지가 되고 마는 것입니다.

이와 같이 기도하는 내용이 나에게 임하거나 왔다는 것은 당면의 목적일 뿐이지 최후의 목적은 아닙니다. 이 당면의 목표에 도달하는 것은 최후의 목적에 도달하기 위한 하나의 전진을 일으키는 것뿐입니다. 그런데도 당면의 목표조차도 생각지 않고 기도의 내용이 무엇이든 잡다하게 간절히 비는 것이 많은데다 기도를 한다는 그것 자체로 종교 생활의 내용을 형성하는 것같이 생각할 때 이런 것이 무서운 형식이 되는 것입니다. 이와 같이 지존하신 하나님의 가르침이 외형이나 의식 준수의 예속하에 들어가서 그것으로써 본의를 만족시킨 것처럼 생각하는 것이 히브리 사람들이 그 당시에 해석하거나 가지고 있던 할례나 기타의 의식에 대한 생각이었습니다.

바울 선생은 여기에서 큰 위험을 보았습니다. 의식주의를 그리스도교에 접붙이려고 하는 위험을 보았다는 말씀입니다. 의식이나 형식을 신령한 생활이나 신령한 교통의 가장 요소적인 자리에 대치(代置)해 넣으려고 하는 것을 보았던 것입니다. 그래서 그는 열을 내서 그와 더불어 싸웠습니다. 그 때문에 얼마 있다가 시몬 베드로가 안디옥에 왔을 때 베드로가 비록 사랑하고 존경할 만한 선배였지만 그를 면책한 것입니다. 진리를 위해서는 양보할 수가 없었기 때문입니다.

바울을 이방인의 사도로 인정함

다시 본래의 이야기로 돌아가서 생각하겠습니다. 이에 바울과 바나바를 선택해서 보내니까 저들이 보냄을 받아 예루살렘으로 갔습니다. 갈라디아서 2장에 기록된 사건의 연대에 대해서는 이야기하는 사람마다 조금 다르지만 대개 주후 48년-50년경에 발전한 사실인데, 여기에 그때의 이야기를 자세히 서술해 놓았습니다. "십사 년 후에 내가 바나바와 함께 디도를 데리고 다시 예루살렘에 올라갔노니"(1절). 바울 선생이 바나바와 동반해서 갔는데 디도와 동반해서 가지 않고 데리고 갔습니다. 이것이 지금 예루살렘 회의에 참석하러 올라갈 때의 이야기입니다. 여러 학자들이 나중에 연대를 측정하고 연구한 결과는 결국 이것이 예루살렘 회의 때의 이야기이지만, 여러분이 손쉽게 보는 무슨 핸드북 같은 데에는 그렇게 쓰여 있지 않습니다. 그런고로 핸드북이 그렇게 말한다고 해서 '아, 그렇구나' 하고 핸드북을 권위적으로 생각할 것이 아닙니다. 치밀하게 대비하고 연구해 본 결과 결국은 이것이 그때의 일입니다.

앞에서 언급한 대로 바나바와는 동반해서 다 같이 대표로 예루살렘에 올라갔지만 또한 중요한 이유가 있어서 헬라 사람 디도를 데리고 올라갔습니다. 안디옥 교회는 이방 사람이 압도적으로 많은 교회이고, 할례 같은 의식과는 상관없는 사람들이 있는 곳입니다. 그래서 아마 그러한 안디옥 교회의 여러 교우 가운데 한 대표자를 데리고 올라갔었나 봅니다. 그리고 그때는 디도만 데리고 간 것이 아니라 형제들과 같이 갔습니다. "바울과 바나바와 및 그중에 몇 사람을 예루살렘에 있는 사도와 장로들에게 보내기로 작정하니"(행 15:2하)라고 했는데, '그중에 몇 사람' 가운데 하나가 디도입니다. '몇 사람'이라고 했으니까 그 외에도 아마 두어 사람이 더 있었을 것입니다. "계시를 인하여 올라가"(갈 2:2상), 계시를 인하여 올라갔다고 했습니다. 사도행전 15장을 보면 안디옥 교회의 대표가 되어서 안디옥 교회가 보내니까 올라간 것이지만, 여기를 보면 자신이 계시를 인하여 올라갔다고 했습니다. 그러니까 바울 선생이 예루살렘에 올라간 것은 자기 자신이 예수께로부터 계시를 받아서 거기에 갈 필요를 느껴서 가려고 한 것입니다. 그와 동시에 또한 안디옥 교회에 문제가 있어서 안디옥 교회에서 대표로 파송하니까 올라간 것입니다.

요컨대 하나님께서 하시는 일의 현상이 하나님께서 그의 내부에 계시하시는 결과와 늘 부합해서 움직이는 경우가 많이 있습니다. 예를 들면 시몬 베드로에게 계시로 고넬료의 집이나 혹은 이방 사람의 집에 차별 없이 가야 할 것을 가르쳐 주시고 동시에 계시로 고넬료를 부르셔서 피장(皮匠) 시몬의 집에 가서 시몬 베드로를 청하도록 하심으로써 자기에게 임하는 환경의 상태와 하나님께서 그 마음 가운데에서 내시(內示)하신 사실이 서로 부합하게 하신 것입니다(참조. 사도행전 10장). 우리가 하나님께서 인도하시는 방도에 대해서 알려고 할 때는 항상 이 점을 주의해야 한다고 그전에 말씀드렸습니다. 하나님께서 나에게 내시를 하시고, 내시하심과 동시에 은사에 대한 확신을 주시고, 마지막의 중요한 문제는 항상 한 걸음씩 인도하시는 환경의 거룩한 조화가 반드시 내시와 더불어 나타나야 한다는 것을 말씀드렸는데 여기에서도 그렇게 되었다는 말씀입니다. 바울 선생에게는 계시가 있어서 올라가야 했는데 마침 안디옥 교회에서도 그를 천거해서 보냄으로써 올라간 것입니다.

이렇게 해서 예루살렘으로 올라갔는데 그다음을 보면 "저희가 교회의 전송을 받고 베니게와 사마리아로 다녀가며 이방인들의 주께 돌아온 일을 말하여 형제들을 다 크게 기쁘게 하더라"(행 15:3) 했습니다. 그래서 예루살렘에 와서 어떻게 되었는가 하면 "예루살렘에 이르러 교회와 사도와 장로들에게 영접을 받고", 아주 환영을 잘해 주었습니다. "하나님이 자기들과 함께 계셔 행하신 모든 일을 말하매"(행 15:4). 무슨 보고를 했는가 하면 그동안 전도하면서 하나님께서 어떻게 같이하셔서 능력을 나타내시고 승리하게 하셨는가를 말했습니다. 이것은 전도한 경과에 대한 보고였습니다. "바리새파 중에 믿는 어떤 사람들이 일어나 말하되 이방인에게 할례 주고 모세의 율법을 지키라 명하는 것이 마땅하다 하니라"(행 15:5). '거룩한 히브리의 이코노미 가운데 들어왔으면 그대로 따라가는 것이 옳겠다' 하고 말한 것입니다.

"사도와 장로들이 이 일을 의논하러 모여 많은 변론이 있은 후에"(행 15:6-7상). 이 변론을 어떻게 했는가 하는 것을 사도행전에서는 기록하지 않았습니다. 그러나 갈라디아서에 들어가 보면 "계시를 인하여 올라가 내가 이방 가운데서 전파하는 복음을 저희에게 제출하되 유명한 자들에게 사사로이 한 것은 내가 달음질하는 것이나 달음질한 것이 헛되지 않게 하려 함이라"(2:2) 하고 말했습니다. 먼저 거기에 있는 유명한 분들에게 사사로이 했다고 했습니다. 전에는 그들이 왔다고 하니까 예루살렘 교회에서 회의를 소집해서 환영했는데 거기에서는 무엇을 이야기했느냐 하면 그동안에 전도한 경과를 보고해서 하나님께서 어떻게 함께하시고 승리하게 하셨는가를 일단 보고한 것입니다. 그다음에는 이렇게 회집(會集)하는 것을 일단 중단하고 사사롭게 장로들과 유명한 이들과만 따로 모여 개별적으로 앉아서 이야기했다는 말입니다.

그러면 예루살렘에 있는 장로들과 개인적으로 회담을 할 때는 무엇을 말했는가 할 때 '내가 이방 가운데서 전파하는 복음을 저희에게 제출하되 유명한 자들에게 사사로이 했다'고 했습니다. 그동안의 전도의 경과보고를 다시 그들에게 한 것이 아니고 '이방 사람에게 내가 무엇을 전했는가 하면 이것을 전했습니다'하고 전도한 내용인 복음을 이야기했다는 말씀입니다. 모세의 법대로 할례를 받으라는 말을 하지 않았을뿐더러 오직 하나의 조건만으로 구원받는다는 것을 강조한 그리스도의 복음을 이야기했다는 말씀입니다. 거기에서 그렇게 장로들에게 복음을 말했습니다. 그렇게 복음을 말했을 때에 그들이 어떻게 했는가 하면 갈라디아서 2:9을 보면 "또 내게 주신 은혜를 알므로 기둥같이 여기는 야고보와 게바와 요한도 나와 바나바에게 교제의 악수를 하였으니 이는 우리는 이방인에게로, 저희는 할례자에게로 가게 하려 함이라" 했습니다. 여기 이 9절의 말씀에서 베드로와 요한과 예수님의 동생이 되는 장로 야고보(이 사람은 요한의 형제 야고보가 아닙니다. 그 야고보는 벌써 죽었습니다), 즉 교회의 기둥같이 여기는 예루살렘의 가장 고위의 지도자들이 다 같이 교제의 악수를 했다는 것은 '아, 그러면 우리가 같은 자리에서 복음을 전합시다. 하나님께서 우리를 할례 받은 자들에게 보낸 것같이 형님들은 할례 받지 않은 자들에게 사도로 보냈다는 사실을 우리가 승인합니다' 하는 말입니다. 다른 말로 하면 베드로나 요한이나 야고보가 바울이 가지고 있는 사도의 권(權)을 인정하고, 그가 전파하는 복음이 그것으로서 족하다는 것을 승인했다는 말입니다. '거기에는 부족한 것이 있으니 이것을 채우시오' 하지 않았다는 말씀입니다. 여기에 있는 예루살렘 교회의 지도자들이 먼저 개인적인 회담 끝에 '아, 옳습니다. 그대로 전하는 것이 옳겠습니다' 하는 식으로 승인한 것입니다.

물론 바울 선생은 이렇게 이방인의 사도로서 예루살렘의 장로들에게 승인을 받기 전에 그동안 많은 세월을 자꾸자꾸 장성해 왔습니다. 바울 선생이 다메섹 노상에서 예수님의 부르심을 받자마자 당장에 완전한 사도로서 충만한 자격과 충만한 능력을 다 발휘한 것은 아닙니다. 그는 다메섹에 가 있었고, 그 후에 아라비아에서 공부를 하면서 자기를 재정리하고, 그다음에는 자기의 고향인 다소에 가서 처음에는 견습적으로 자꾸 전도를 하다가 나중에는 바나바가 불러서 같이 수리아 안디옥에 와서 보조 목사처럼 일을 해 가면서 훈련을 했습니다. 그런 다음에 선교사로 파송을 받아서 아시아 일대에서 제1차 전도 여행을 하고 나서 예루살렘에 온 것입니다. 이렇게 그가 14년이라는 많은 세월을 보낸 후에 사도들이 그를 만나 보았을 때 그가 충분히 성숙하고 장성한 하나님의 사도로서 모든 영광과 권위를 가진 것을 발견하고 교제의 악수를 하고 그를 승인했다는 말씀입니다. 그의 말을 듣고 나서 절대로 '내가 종주권자이다. 너는 내 아래에 있어라' 하고 말하지 않았습니다. 그가 흥하고 일어나는 것을 볼 때에 승인하고 같이 손을 잡았다는 말씀입니다.

바울 선생의 장성을 생각할 때 처음에는 바나바의 조수요 바나바를 돕는 사람으로 왔지, 바나바의 지도자요 스승으로 온 것은 아닙니다. 그러나 일단 제2차 여행을 할 때 보면 바나바와 갈렸습니다. 그냥 갈리지 않고 심히 다투고 갈렸습니다. 다투고 갈린 데에는 거기에 그럴 만한 심리적인 이유가 있었고, 거기에는 또 바울 선생의 장성 때문에 생긴 문제도 있습니다. 더 이상 바나바와 함께 옛날의 관계를 유지할 수 없다는 큰 역사적 사실이 필연적으로 그와 대립할 수밖에 없게 만들어 준 것입니다. 이것이 필연 그렇게 다투는 형식으로 나타나고 만 것입니다.

그것은 그것이고, 문제는 바울 선생이 여기에서 이방 사람에게 가는 사도로서의 충분한 자격과 하나님의 확증이 있다는 것을 먼저 된 사도들이 보고 승인하고 교제의 악수를 했다는 것입니다. 바울 선생이 개인적으로 그들과 접촉하면서 그들에게 '내가 무슨 말을 했는가 하면 이것을 말했습니다. 이 말에 대해서 어떻게 생각하십니까?' 할 때 '아, 그것은 성신께서 그렇게 역사하신 일이고 하나님께서 충분히 실증하시는 일이니까 그러면 우리 같이 손을 잡고 일합시다' 하고 말한 것입니다. 이와 같이 예루살렘 회의의 배경에는 아름다운 전원 일치(unanimity)가 발생할 통일성이 있었습니다. 누가 지배했기 때문에 그렇게 되었는가 할 때 성신님이 지배하신 까닭에 그런 일치성이 발생할 통일성이 있었던 것입니다. 거기에는 소위 연고권(緣故權)이나 종주권(宗主權)이나 혹은 선배권이나 무슨 권, 무슨 권 같은 것이 없었습니다. 목사로서 선배 된 사람이 후계자가 와서 좀 잘하려고 할 때 그를 자꾸 누르는 관습은 세상 어디든지 다 있는 일이고, 특히 한국 사람들은 자기보다 나으면 싫어하는 경향이 있습니다. 그런 것은 사람의 정욕적인 형태이지만, 여기에서는 성신님이 온전히 지배한 아름다운 그리스도적인 품성의 조화가 있어서 하나의 통일적인 마음(spirit)을 가지고 움직인 까닭에 전원 일치라는 결론이 나중에 나타난 것입니다.

이렇게 한 다음에 다시 어떻게 했는가 하면 교회가 다시 모였습니다. 다시 모여서 무엇을 했는가 하면 세 사람이 세 가지의 연설을 한 것을 우리가 보았습니다. 첫째는 베드로가 일어나서 연설을 했습니다. 이것은 교회 회의로 다시 모였을 때입니다. 다시 한번 순서를 말씀드리면, 바울 선생 일행이 예루살렘에 갔더니 교회가 그들을 맞아들여서 다 같이 모이니까 교회 앞에서 그동안 지낸 경력을 이야기하고 하나님께서 같이하셨던 승리의 역사를 죽 이야기했습니다. 그런 다음에는 일단 공동 회의를 휴회하고, 유명한 이들을 개인적으로 접촉해 가면서 무슨 이야기를 했는가 하면 이번에는 승리의 경력 이야기가 아니고 자기가 무슨 복음을 전했는가를 말했습니다. '이런 복음을 전했다' 하고 자기가 전했던 복음을 다시 한번 변증했다는 말씀입니다. 그럴 때에 사도 베드로나 요한이나 장로 야고보는 그것을 아주 달갑게 승인하고 교제의 악수를 하고 바울 선생을 세워 주었습니다. 그렇게 하고 교회가 다시 개회를 해서 전원 회의를 했을 때에 무슨 일이 있었는가 하면 세 개의 중요한 연설이 나타나는데, 첫째는 제일 먼저 베드로가 일어나서 연설했고, 둘째는 바울의 일행 가운데 누가 연설을 했는데 바울이 했는지 바나바가 했는지 알 수 없습니다. 어찌되었든 바울과 바나바가 그다음에 연설을 한 것입니다. 즉 "사도와 장로들이 이 일을 의논하러 모여 많은 변론이 있은 후에 베드로가 일어나 말하되"(행 15:6-7상)라고 해서 베드로의 이야기가 먼저 나오고, 베드로의 이야기가 다 지나간 다음에 "온 무리가 가만히 있어 바나바와 바울이 하나님이 자기들로 말미암아 이방인 중에서 행하신 표적(表蹟)과 기사(奇事) 고하는 것을 듣더니 말을 마치매 야고보가 대답하여 가로되"(15:12-13)라고 했습니다. 그러니까 세 개의 중요한 연설 가운데 첫째는 베드로의 연설이고, 둘째는 바나바와 바울이 일어나서 한 이야기이고, 셋째는 마지막에 야고보가 일어나서 한 것입니다. 이렇게 세 개의 연설이 있습니다. 그러면 베드로의 연설의 내용은 무엇인가 하는 것과 그다음에 바울과 바나바 가운데 누가 이야기했는지 알 수 없으나 그들은 대개 무엇을 이야기했는가 하는 것은 우리가 성경에서 보는 대로입니다. 마지막에 야고보는 어떻게 말했는가 하는 것이 그다음에 오는 문제입니다.

    예루살렘 회의에 대해서 한번은 성경의 사화(史話)를 그대로 따라가면서 이야기해야겠기에 이야기를 시작했는데 이미 시간이 너무 많이 갔으니 오늘은 그만 하십시다. 다음 시간에는 베드로 선생이 연설한 것부터 살펴보겠습니다. 어떠한 기조를 가지고 무슨 연설을 했는가, 그의 연설이란 대체 어떤 식인가 하는 것을 보려고 합니다. 때때로 우리가 베드로의 연설을 보지 않습니까? 그의 연설이 어떤 스타일인가를 또 한번 보자는 말씀입니다. 연설하는 스타일을 보면 베드로가 또 어떤 사람인가를 대개 짐작할 수 있는 것입니다. 그다음에 바울과 바나바는 무엇을 제시했으며 왜 그때 그런 말을 했는가를 살펴보고, 마지막에는 야고보의 이야기를 생각해 보겠습니다.

기도

거룩하신 아버지시여, 아버님께서 저희에게 은혜를 주셔서 무엇이 참된 것이며 무엇이 참으로 그리스도 안에 있는 자유이며 그러나 또한 무슨 표준하에서 살아야 할 것을 가르치시지만, 저희는 성경도 하나님의 권능도 알지 못하므로 그것을 오해하고 오도(誤導)되며 그릇 행하여서 하나님께서 저희에게 은혜로 주신 것들을 도리어 저희를 속박하는 상전으로 만들기도 쉽고, 그로 인하여 전연 정반대의 결과에 빠져 들면서도 그것을 알지 못하고 그것이 하나님의 참된 가르치심이요 은혜인 것같이 생각하여 아닌 것을 긴 것같이 자랑하기도 하고 그대로 유지하고 사는 일이 너무나 많이 있사오니, 이런 속에서 저희들을 늘 건져 주시고, 무엇이 참된 것이며 무엇이 가장 근사하고 그럴듯하나 실은 무서운 적이 되는 것인가를 늘 주의하게 하시며, 또한 저희가 무엇을 반대한다고 치우쳐서 스스로 또 다른 반대의 위치에 떨어져서 결국은 하나님의 거룩하신 일을 이루지 못하는 일 또한 많이 있사오니, 사랑하시는 주님께서 저희에게 올바로 가르쳐 주시고 깊이 가르쳐 주심으로 저희가 늘 깊이 깨닫고 깊이 배우고 올바로 생각하고 올바로 생활하게 하여 주시기를 기도하옵나이다. 주님께서 이 예루살렘 회의 때 일어난 여러 가지 일로 저희에게 가르쳐 주시는 바가 많이 있사오니 저희의 우둔한 머리를 깨우치시사 이 거룩한 도리를 올바로 잘 깨달아 알게 하옵시고 더욱 거룩한 은혜 가운데 깊이 들어가게 하시옵소서.

예수님 이름으로 기도하옵나이다. 아멘.

1966년 7월 20일 수요일

제8강

베드로의 연설:
너희가 어찌하여 하나님을 시험하느냐

사도행전 15:1-35

¹어떤 사람들이 유대로부터 내려와서 형제들을 가르치되 너희가 모세의 법대로 할례를 받지 아니하면 능히 구원을 얻지 못하리라 하니 ²바울과 바나바와 저희 사이에 적지 아니한 다툼과 변론이 일어난지라. 형제들이 이 문제에 대하여 바울과 바나바와 및 그중에 몇 사람을 예루살렘에 있는 사도와 장로들에게 보내기로 작정하니 ³저희가 교회의 전송을 받고 베니게와 사마리아로 다녀가며 이방인들의 주께 돌아온 일을 말하여 형제들을 다 크게 기쁘게 하더라. ⁴예루살렘에 이르러 교회와 사도와 장로들에게 영접을 받고 하나님이 자기들과 함께 계셔 행하신 모든 일을 말하매 ⁵바리새파 중에 믿는 어떤 사람들이 일어나 말하되 이방인에게 할례 주고 모세의 율법을 지키라 명하는 것이 마땅하다 하니라. ⁶사도와 장로들이 이 일을 의논하러 모여 ⁷많은 변론이 있은 후에 베드로가 일어나 말하되 형제들아, 너희도 알거니와 하나님이 이방인들로 내 입에서 복음의 말씀을 들어 믿게 하시려고 오래 전부터 너희 가운데서 나를 택하시고 ⁸또 마음을 아시는 하나님이 우리에게와 같이 저희에게도 성신을 주어 증거하시고 ⁹믿음으로 저희 마음을 깨끗이 하사 저희나 우리나 분간치 아니하셨느니라. ¹⁰그런데 지금 너희가 어찌하여 하나님을 시험하여 우리 조상과 우리도 능히 메지 못하던 멍에를 제자들의 목에 두려느냐. ¹¹우리가 저희와 동일하게 주 예수의 은혜로 구원받는 줄을 믿노라 하니라. ¹²온 무리가 가만히 있어 바나바와 바울이 하나님이 자기들로 말미암아 이방인 중에서 행하신 표적(表蹟)과 기사(奇事) 고하는 것을 듣더니 ¹³말을 마치매 야고보가 대답하여 가로되 형제들아, 내 말을 들으라. ¹⁴하나님이 처음으로 이방인 중에서 자기 이름을 위할 백성을 취하시려고 저희를 권고(眷顧)하신 것을 시므온이 고하였으니 ¹⁵선지자들의 말씀이 이와 합하도다. 기록된 바 ¹⁶이후에 내가 돌아와서 다윗의 무너진 장막을 다시 지으며 또 그 퇴락(頹落)한 것을 다시 지어 일으키니 ¹⁷이는 그 남은 사람들과 내 이름으로 일컬음을 받는 모든 이방인들로 주를 찾게 하려 함이라 하셨으니 ¹⁸즉 예로부터 이것을 알게 하시는 주의 말씀이라 함과 같으니라. ¹⁹그러므로 내 의견에는 이방인 중에서 하나님께로 돌아오는 자들을 괴롭게 말고 ²⁰다만 우상의 더러운 것과 음행과 목매어 죽인 것과 피를 멀리하라고 편지하는 것이 가하니 ²¹이는 예로부터 각 성에서 모세를 전하는 자가 있어 안식일마다 회당에서 그 글을 읽음이니라 하더라. ²²이에 사도와 장로와 온 교회가 그중에서 사람을 택하여 바울과 바나바와 함께 안디옥으로 보내기를 가결하니 곧 형제 중에 인도자인 바사바라 하는 유다와 실라더라. (23절 이하 생략)

제8강

베드로의 연설:
너희가 어찌하여 하나님을 시험하느냐

사도행전 15:1-35

사도행전 15장의 예루살렘 회의에 대한 공부를 계속하겠습니다. 왜 예루살렘 회의로 모였는지는 우리가 이미 다 상고한 까닭에 더 이상 이야기하지 않고, 이제 예루살렘 회의 때의 정황을 생각해 보겠습니다. 바울과 바나바가 수리아 안디옥 교회의 대표로서 수리아 안디옥에 일어난 중요한 문제를 예루살렘에 있는 교우들과 서로 상의도 하고 그들의 의견을 들어보기 위해서, 즉 예루살렘 교회가 권위적으로 결정지어 주기를 바란 것이 아니고 그들의 의견을 들어보기 위해서 예루살렘에 도착하니까 거기의 형제들이 모두 환영을 해서 바울과 바나바를 반가이 맞아들였습니다. "교회와 사도와 장로들에게 영접을 받고 하나님이 자기들과 함께 계셔 행하신 모든 일을 말하매"(행 15:4). 이렇게 바울과 바나바가 하나님께서 자기들과 같이 계셔서 여러 가지 일을 하신 것을 보고한 것이 첫째로 이 회의의 중요한 내용입니다.

이야기대로 보면 일단 그렇게 한 다음에 모임을 중단하고, 갈라디아서 2:2 이후에 있는 말씀을 보면 예루살렘에 있는 장로들과 거기에 있는 유명한 사람들과 함께 개인적으로 회담을 했는데, 이렇게 개인적으로 회담을 할 때 바울 선생이 어떠한 복음을 전했는가를 말했습니다. '내가 어디에 가서 어떻게 하나님의 능력을 나타냈다' 하든지 '하나님의 크신 역사(役事)가 일어나는 것을 내가 보았다' 하는 보고가 아니고 자기가 무슨 복음을 전했는가를 말한 것입니다. 자기가 전한 복음에 대해 '자, 내가 지금까지 이방의 여러 도(道)에 다니면서 전한 것은 이런 도리이다' 하고 말했습니다. 또한 "계시를 인하여 올라가"라고 해서 계시로 말미암아 자기가 예루살렘에 올라갔다는 바울 선생의 말이 있는데, 바울 선생이 예루살렘으로 올라가 예루살렘 회의가 소집된 것은 계시로 말미암아 올라간 것인 동시에 수리아 안디옥 교회의 결정이 함께 발생해서 안디옥 교회의 대표로서 올라간 것입니다. 그렇게 가서 결국 베드로나 요한이나 야고보와 같은 이들이 바울 혹은 바나바가 전한 복음을 듣고 거기에 충분히 동의해서 다 승인을 했습니다.

그다음에 예루살렘 교회가 대회를 가졌습니다. 교회가 그전에 보고를 들었는데 이번에 다시 모여서 중대한 회의를 또 한번 하게 된 것입니다. "사도와 장로들이 이 일을 의논하러 모여 많은 변론이 있은 후에", 여러 가지로 이야기가 있은 후에 "베드로가 일어나서 말하되"(행 15:6-7상)라고 해서 이 이야기를 계속해서 보면 개회해서 많은 변론이 있은 후에 먼저 베드로의 연설이 있었고, 두 번째로는 바울과 바나바 혹은 그중에 누가 되었든지 그의 연설이 있었고, 셋째로는 야고보의 연설이 있었던 것으로 기록되어 있습니다.

베드로의 연설

그러면 먼저 베드로의 연설로 들어가서 잠깐 상고해 보겠습니다. "베드로가 일어나 말하되 형제들아, 너희도 알거니와 하나님이 이방인들로 내 입에서 복음의 말씀을 들어 믿게 하시려고 오래전부터 너희 가운데서 나를 택하시고 또 마음을 아시는 하나님이 우리에게와 같이 저희에게도 성신을 주어 증거하시고 믿음으로 저희 마음을 깨끗이 하사 저희나 우리나 분간치 아니하셨느니라. 그런데 지금 너희가 어찌하여 하나님을 시험하여 우리 조상과 우리도 능히 메지 못하던 멍에를 제자들의 목에 두려느냐. 우리가 저희와 동일하게 주 예수의 은혜로 구원받은 줄을 믿노라 하니라"(행 15:7-11). 이것이 베드로의 연설입니다. 다음에 "온 무리가 가만히 있어 바나바와 바울이 하나님이 자기들로 말미암아 이방인 중에서 행하신 표적(表蹟)과 기사(奇事) 고하는 것을 듣더니"(행 15:12), 이것이 바울과 바나바의 이야기입니다. "말을 마치매 야고보가 대답하여 기로되"(행 15:13상) 해서 그다음에는 야고보의 이야기입니다.

먼저 베드로의 연설을 읽었는데 베드로의 연설은 신학론이 아닙니다. 즉 체계를 세워서 어떤 이론을 진술해 나가는 것이 아니고 자기의 생활 경험에 의한 사실 하나를 제시한 것입니다. 그렇게 사실을 제시한 뒤에 '그러면 우리는 그 사실로 말미암아 무엇을 이행할 것인가' 하는 것을 말했습니다. '그 사실이 여기에 있다. 그러니까 이렇다' 하고서 그다음에 결론을 내린 것입니다. 하나의 사실과 그로 말미암은 추론을 이야기했습니다. 이 정도의 이야기를 가지고는 원래 의식(儀式)에 대한 토론이 안 되는 것입니다. 다만 자기가 경험하여 이미 발생했던 바 누구에게든지 증명할 수 있는 중요한 사실 하나를 여기서 이야기했습니다. 이렇게 베드로는 항상 직접적이고 아주 단순 솔직하고 강경하게 직행을 합니다. '자, 여기에 사실이 있다. 이것이 사실이냐, 아니냐? 그러면 이것이 무슨 사실이냐? 이 사실은 무엇을 의미하느냐?' 하고 사실 하나를 제시했습니다. 그러면 그 사실이라는 것이 무엇인가 하면 한마디로 '하나님께서는 이방인이나 유대 사람을 할례가 있다든지 없다든지 모세의 율법을 지켰다든지 안 지켰다든지 하는 것을 하나의 척도로 삼아서 구별하거나 차별하신 일이 없다. 고넬료의 집에 일어난 사실을 볼 때 거기에 어디 모세의 율법을 지켰다든지 안 지켰다든지 하는 것이 조금이라도 도입되었으며, 그것이 무슨 판단 기준(criterion)이 되어서 구별하신 일이 있느냐? 우리가 받은 모든 은혜와 우리를 건지신 하나님의 모든 확증이 그들에게도 분명히 그대로 나타나지 않았느냐?' 하는 것입니다.

'그런고로 이런 사실 앞에서 우리는 하나님을 시험해서는 안 된다' 하는 것입니다. 결론은 무엇인가 하면 첫째는 하나님을 시험해서는 안 된다는 것입니다. '너희가 어찌하여 하나님을 시험하여 우리 조상과 현재의 우리도 능히 메지 못하는 멍에를 다른 제자들의 목에 두려고 하느냐' (행 15:10) 하고 말했습니다. 이렇게 아주 명쾌하고 간결하게 그러나 훨씬 신랄하고 인상 깊게 논했습니다. 고넬료의 집에 어떻게 성신께서 역사하시고 어떻게 이방 사람을 아무 차별이 없이 예수 그리스도의 새로운 경륜 하에서 건져 내셨는가 하는 사실에 대해서는 여러분이 이미 잘 아실 것입니다. 그들을 건져 내실 때에 다른 조건이 없고 하나님 말씀을 선포하고 가르칠 때에 복음을 믿는 믿음 아래에서 성신께서 친히 인(印) 치시고 그들을 거룩한 은혜로 충만케 하셨다는 것을 이미 보이신 것입니다. '그런고로 그런 사실 앞에서 너희는 하나님을 시험하지 말아라' 하고 말한 것입니다.

하나님을 시험하는 일들

그러면 하나님을 시험한다는 문제가 있는데, 하나님을 시험하는 고사(古事)가 옛날 구약 시대에 있었습니다. 또 고린도 교회에서도 하나님을 시험하는 일이 있어서는 안 되겠기에 바울 선생은 그 후에 고린도 교회에서 '이렇게 하나님을 시험하지 말아라' 하고 가르쳤습니다. 먼저 그 옛날 구약 역사 중에 나타나는 바 하나님을 시험한 중요한 실례가 있는데, 그것은 민수기 21:4-9을 보면 이스라엘 백성이 하나님을 시험하고 옳지 못한 태도를 취하고 또 하나님께서 저들에게 베푸신 은혜에 대해서 그 사실을 제대로 인정하지 않고 항상 하나님에 대해 그릇되고 부정당한 태도와 불만을 품고 나아가니까 그만 하나님께서 저들에게 불뱀을 보내셔서 사람들을 물게 하신 것입니다. 그 이야기를 읽어 보겠습니다. "백성이 호르 산에서 진행하여 홍해 길로 좇아 에돔 땅을 둘러 행하려 하였다가 길로 인하여 백성의 마음이 상하니라. 백성이 하나님과 모세를 향하여 원망하되 어찌하여 우리를 애굽에서 인도하여 올려서 이 광야에서 죽게 하는고. 이곳에는 식물(食物)도 없고 물도 없도다. 우리 마음이 이 박(薄)한 식물을 싫어하노라 하매 여호와께서 불뱀들을 백성 중에 보내어 백성을 물게 하시므로 이스라엘 백성 중에 죽은 자가 많은지라. 백성이 모세에게 이르러 가로되 우리가 여호와와 당신을 향하여 원망하므로 범죄하였사오니 여호와께 기도하여 이 뱀들을 우리에게서 떠나게 하소서. 모세가 백성을 위하여 기도하매 여호와께서 모세에게 이르시되 불뱀을 만들어 장대 위에 달라. 물린 자마다 그것을 보면 살리라. 모세가 놋뱀을 만들어 장대 위에 다니 뱀에게 물린 자마다 놋뱀을 쳐다본즉 살더라"(민 21:4-9). 여기에서는 시험이라는 말을 안 썼지만 이것이 결국 하나님을 시험한 고사입니다. 고린도전서 10:9에서는 "저희 중에 어떤 이들이 주를 시험하다가 뱀에게 멸망하였나니 우리는 저희와 같이 시험하지 말자"라고 해서 분명히 하나님을 시험한 것이라고 말했습니다. 구약의 내용을 보면 하나님을 원망한 이야기입니다. 그렇지만 신약에 와서 그것을 설명할 때는 하나님을 시험한 것이라고 했습니다. 그런고로 이런 것이 하나님을 시험하는 것입니다.

또 우리가 잘 아는 대로 마귀가 예수님을 시험할 때에 첫째 시험은 돌로 떡을 만들어 먹으라는 것이었지만, 그다음에 온 시험은 성전 꼭대기에서 뛰어내리라는 것이었습니다. 마태복음과 누가복음은 두 번째 시험과 세 번째 시험의 순서를 서로 바꾸어 기록했는데, 어찌되었든 예수님을 성전 꼭대기에 올려놓고서 '여기에서 뛰어내려라. 하나님께서 그 사자를 네게 보내서 사자로 하여금 네 발이 돌에 부딪히지 않게 하실 것이다' 할 때, 예수님의 대답은 '주 하나님을 시험하지 말라' 하는 것이었습니다. 이런 것이 또한 하나님을 시험하는 것입니다. 이것이 마태복음 4:5-7에 있는 말씀인데 특별히 7절에서 시험한다는 말을 명확히 썼습니다. 결론적으로 하나님을 시험한다는 말은 무엇인가 하면, 하나님께서 인도하시고 지시하시는 것을 거절하지 말고 그리로 따라가야 하는데, 하나님께서 계획하시고 인도하시는 그 방면으로 가지 않거나 그분이 지시하시는 방도대로 하지 않고 자기 자신이 앞질러 뛰어 들어가서 자기 생각대로 해 놓고는 '하나님께서 과연 이러한 환경에서 나를 건져 내시는 능력을 나타내시는지 보자' 하는 것이 하나님을 시험하는 것입니다. 결론적으로 한마디로 하면 그렇게 됩니다.

예수님을 시험한 경우도 '당신이 하나님의 아들이거든 자, 이 성전에서 뛰어내리시오. 뛰어내려도 하나님께서는 당신을 보호할 것입니다. 사자를 명해서 발이 돌에 부딪히지 않게 할 것입니다' 라고 했습니다. 예수님께서 뛰어내려서 발이 돌에 부딪힌다는 문제를 논의하기 전에 예수님에게 뛰어내릴 권세나 능력이 없는 것은 아닙니다. 그렇지만 문제는 '그것이 하나님께서 원하시는 방도인가?' 하는 것입니다. '그것이 하나님께서 원하시는 목적인가?' 하는 것뿐 아니라 '그것이 하나님께서 원하시는 방법인가? 하나님께서 그렇게 하라고 하셨는가?' 하는 것이 중요합니다. 하나님께서 원하시는 방도도 아닌데 자기가 앞질러서 해 놓고 '하나님, 이제는 하나님께서 인도하실 때가 되었습니다. 자, 이제 어떻게 합니까?

우리는 어쩔 수 없으니 하나님께서 하십시오'라고 한다든지, 하나님의 뜻이나 원하시는 방법이 아닌데도 사람이 스스로 저질러 놓고 나서 '하나님께서 이런 고난과 이런 환경에서 건지시는지 안 건지시는지 보자'라고 할 때 그것이 하나님의 능력을 시험하는 일이 되는 것입니다. 그런 것은 하나님의 능력을 현시하기 위한 순종이나 그 능력을 증거하고 실현하고 실증하기 위한 정당한 태도가 아니라, 하나님으로 하여금 불가부득하게 그 능력을 나타내서 자신을 건져 내실 수밖에 없게 하겠다는 그런 태도입니다. 그럴 때 하나님께서 '네가 그렇게 하니까 내가 할 수 없구나. 자식인데 할 수 있느냐? 내가 너를 건져 내야겠다' 하고 반드시 그를 건져 내시느냐 하면 그것은 아닙니다. '네가 그와 같이 했으면 너는 너대로 거기에서 네가 심은 씨를 거두어라' 해서 하나님의 일반적인 원칙 가운데서 그를 징계하시는 때가 많이 있는 것입니다.

  예를 하나 들면, 출애굽 이후에 모세가 광야에서 뱀을 달아 놓고 그것을 쳐다보면 살리라고 한 그 이야기를 보면, 이스라엘 백성들은 '하나님의 능력이 과연 우리를 잘 인도하느냐, 하지 않느냐?' 해서 원망을 하고 광야 길로 인하여 마음이 실망하고 원망을 품어서 '하나님께서 우리에게 약속한 그것이 어디 이루어지겠느냐?' 하고 하나님의 약속에 대해서 불신했습니다. 그렇게 불신하는 동시에 저희 멋대로 자행자지(自行自止)하고 나가면서 하나님께서 지금까지 펴신 팔과 손으로 인도하신 모든 실증을 바라보지 않고 끝없이 새 것, 새 것 하고 새 것을 요구하면서 하나님을 앞질러서 자기의 정욕과 자기의 계획으로 행할 때, 하나님은 뱀이 나와서 그들을 물게 하셨습니다. 이스라엘의 고사는 그런 것입니다. 무엇이든지 사람이 하나님을 앞질러서 행할 때는 하나님을 시험하는 것입니다.

  그런데 하나님을 시험한다는 문제는 하나님을 안 믿는다는 문제와는 조금 달라서 하나님의 뜻을 열심히 따르는 사람들이 빠지기 쉬운 죄가 됩니다. 어떤 사람이 목회자가 되고 교회의 목사가 되어서 젊은 목사로서 성공할 수 있습니다. 그럴 때 '예배당이 낡았으니까 그것을 잘 뜯어고쳐서 다른 교회만큼 번드르르하면 다른 사람들 앞에서 좋겠다' 하는 생각이 납니다. 거기에 반대 측이나 혹은 서로 적대하고 있는 교회 측의 예배당들이 모두 있으니까 '나도 예배당 한번 잘 지어야겠다. 저 예배당보다 종각이 낮아서는 안 되겠으니까 한 치라도 높여야겠고, 저 예배당보다도 껍데기가 너절해서는 안 되겠으니까 속은 어떠할망정 좌우간 껍데기는 잘 꾸며야겠다' 하고 계획을 단단히 합니다. 그것은 자기 계획입니다. 그렇게 해서 예배당을 지으려고 하지만, 교회는 도저히 그 집을 지을 기능도 없을 뿐 아니라 사실상 집을 새로 지어야 할 이유가 없습니다. 집이 지금 금방 못쓰게 된 것도 아니고 초라한 것도 아니고 모이기에 부족한 자리도 아닙니다. 그런데도 자기의 공명(功名)과 경쟁의식에서 예배당을 헐고 다시 짓기로 하고 갑자기 연보(捐補)를 거두기로 했는데 연보를 암만 해 보아도 예배당 지을 돈의 십분지 이 정도밖에 안 나옵니다. '그래도 그 일은 해야겠다. 나머지는 하나님께서 주실 테니까 믿음으로 한다' 하고 하나님께 나오는 것은 믿음이 아닌 것입니다. 그런데도 믿음으로 한다고 하면서 '하나님은 넉넉하시고 전능하시니까 무엇이든지 하실 것입니다. 자, 우리가 믿음으로 시작하면 됩니다' 하고, 하나님께서 경영하시고 계획하시는 뜻에 대해 아무 확신도 없으면서 그냥 해 버리는 것입니다. 그렇게 일을 저질러 놓은 다음에 그 일에만 매달립니다. '일은 저질러 놓고 보아야 한다' 하는 말들이 한국 교회에 많이 돌아다니던 이야기이고, 저도 그 말을 많이 들었습니다. 하나님께서 원하시지 않는데 자기 마음대로 일을 저지르겠다는 이야기입니다. '일을 저지르면 하나님께서 수습해 주시지 않겠느냐? 하나님께서 포기하시겠느냐? 포기하시지 않을 테니까 저질러 놓자' 해서 예배당을 지었던 것입니다.

그렇게 지었는데 성공적으로 지은 것이 아니고 빚을 져서 구걸해 가면서 지었습니다. 팔도(八道)를 돌아다니면서 구걸했습니다. 그래서 조금 여유 있는 사람이면 다 찾아가고 예배당을 짓겠다고 편지를 보내고 쫓아다니면서 구걸을 해서 예배당을 지어 놓은 것입니다. 그것이 믿음의 증거입니까? 구걸해서 지어 놓은 그것은 하나님께서 응해 주셔서 믿음에 대한 보증을 주신 것이 아닙니다. 그렇게 지어 놓은 예배당은 하나님을 시험한 결과로서 '우리가 하나님을 시험한 증거가 여기에 있다' 하고 말할 수 있을지언정, '하나님께서 우리에게 은혜를 주셨다' 하는 증거라고 할 수 없는 것입니다. 그런데도 그렇게 하나님의 은혜와 하나님을 시험하는 사실을 혼동하면서 모든 것이 다 하나님 은혜라고 합니다. 하나님의 은혜가 그렇게 동냥아치같이 구걸하는 것입니까? 나중에는 그것 때문에 교인들의 마음들이 해이해지고 마음이 교회에서 떠나게 되고 교회가 신산스럽게 되고 분열하게 되는데, 이런 식으로 하나님께서 은혜를 주시는 법은 없는 것입니다. 집 짓는 것이 중요한 것이 아니라 예배당을 지을 만한 큰 은혜가 있다면 그것으로 말미암아 교회가 더 튼튼하고 능력 있게 되어서 그 안에서 교회의 속성이 드러나야 그것이 외부에 있는 건물과 서로 합치하는 것입니다. 사람이 좋은 옷을 입으면 그것이 좋은 옷을 입을 만한 인격이 있다는 표시가 되어야 합니다. 그래야 옷이 가치가 있는 것이지, 옷은 화려한데 속은 너절하고 나쁠 것 같으면 그 옷은 그 사람에게 해당치 않는 것입니다. 그 사람이 그 사람 속의 인격과 속에 들어 있는 것에 해당할 만큼 옷을 입었으면 그것은 정당하다고 다들 인정하지만, 그렇지 않은 사람이 그런 모양이면 시시하게 보이기 쉽습니다. 이와 같이 예배당이라는 것은 옷에 불과하고, 교회가 그만큼 자라 온 것이 중요한 일입니다. 그런데도 하나님을 시험해서 이런 짓을 만들어 나가는 일이 많이 있습니다.

이스라엘 백성들이 가지고 있는 죄악과 결핍은 이렇게 형식을 꾸미려는 것으로 나타났습니다. 하나님을 시험하던 이스라엘 백성이 불뱀에게 물려서 사람들이 많이 쓰러지고 야단이 나니까 장대에 뱀을 달아 놓았습니다. 그때 '뱀을 쳐다본다고 어떻게 낫겠느냐?' 하고 쳐다보지 않은 사람은 망했을 것입니다. 왜냐하면 성경의 기록대로 보면 "뱀에게 물린 자마다 놋뱀을 쳐다본즉 살더라"(민 21:9) 해서 모든 사람이 다 살았다는 것이 아니라 쳐다본 사람만 살았다는 것입니다. 그러면 쳐다보지 않았으면 죽었다는 말입니다. 쳐다보지 않고 죽은 사람도 많이 있었을 것입니다. 하나님을 시험한다는 것은 요컨대 '하나님께서 제정하신 거룩한 방도가 나 보기에는 어리석은 것 같아도 그것이 하나님의 방도이면 내가 좇아간다' 하는 것이 정당한 태도인데, 그렇게 하지 않을 때는 그것이 하나님을 시험하는 것입니다. 하나님의 방도를 불순종하든지 하나님의 방도가 미처 나타나기 전에 내가 앞질러서 내 계획을 가지고 하나님의 은혜나 능력을 강요해서 추출하려는 이런 것이 하나님을 시험하는 일입니다. 민수기에 나타난 이스라엘의 불뱀의 시험의 더 강한 면은 뱀에 물린 사람들이 어떻게 했는가 하는 것입니다. 하나님께서 내신 방도가 대단히 어리석은 것 같고 아무것도 아닌 것 같아서 '뭐 뱀에 물렸으면 거기다 약을 바르든지 하다못해 와서 그 부위를 만지면서 기도라도 해야 할 텐데 장대에 구리뱀을 달아 놓고 그것을 쳐다보면 산다니 말이 되느냐?' 하고서는 자기 지혜가 하나님의 거룩한 방도보다도 앞서는 것처럼 생각하는 것이 하나님을 시험하는 것입니다.

요컨대 하나님을 시험하는 일은 하나님의 거룩하신 은혜의 방도에 대한 참된 믿음과 참된 깨달음이 없고 믿음에 정당한 지적 요소가 결핍되어 있을 때 일어납니다. 믿음이라고 해서 '덮어놓고 우리가 무엇이든지 하나님께 구하면 된다' 하는 생각이 대단히 좋은 말 같으나 실은 대단히 거친 생각인 것입니다. '하면 된다'는 식으로 '덮어놓고 무엇이든지 구하면,

그리고 일을 저질러 놓으면 하나님께서 인도하신다' 하는 생각은 그릇된 것입니다. 무엇이든지 하면 되는 것이 아니라 하나님께서 경영하시는 것만 되는 것입니다. 또한 '하나님께서 하시려고 하는 것만 하나님 뜻대로 되는 것이고, 나머지는 사람이 자기의 힘이나 자기 의사나 자기 세력이나 혹은 인간의 물질의 힘으로, 즉 하나님의 능력이 아닌 다른 것을 동원해 가지고 한다' 하는 것도 올바른 생각이 아닙니다. 하나님께서 첫째의 원인(cause)도 되셔야 하고 둘째의 원인도 되셔야 합니다. '하나님께서 첫째의 원인이 되시는 것은 원칙이지만, 하나님께서 둘째의 원인이 되시지 않았더라도 하나님께서 분명히 첫째의 원인이시니까 그 나머지의 일을 다 마련하셔야 한다' 고 할 수는 없는 것입니다.

이 말은 무슨 뜻인가 하면 내가 돈을 가지고 집을 짓는다든지 사람들이 나타나서 사람의 세력을 동원해서 집을 짓더라도 하나님께서 원인이 되셔서 친히 하실 때는 문제가 없습니다. 그것은 정당한 것입니다. 그럴 때 '하나님께서 이것을 하실 것이다' 하고 믿을 수 있습니다. 전체의 큰 사업에 대한 목적이 하나님의 거룩하신 경영의 테두리 가운데 있기 때문입니다. 예를 들면 교회를 세운다든지 전도한다든지 하는 것은 한마디로 말하면 하나님의 크신 경영 가운데서 나온 것입니다. 그러나 '그런고로 전도하는 것은 어떻게 하든지 다 좋다. 교회를 세우는 것은 어떻게 하든지 괜찮은 것이다. 예배당을 짓는 것은 어떻게 하든지 괜찮은 것이다' 하는 이론은 성립하지 않습니다. 우리는 전도할 때에도 이런 사실을 주의해야 합니다. '하나님께서는 우리가 전도하기를 원하시는 까닭에 나는 누구에게든지 어느 때든지 덮어놓고 돌아다니면서 전도한다' 하는 태도를 가지기가 쉽습니다. 그러나 하나님께서는 우리가 전도할 때에도 하나님께서 원하시는 방식대로 하기를 원하시는 것이고, 하나님께서 하시고자 하시는 사람에게 전도하기를 원하시는 것입니다. 다만 우리가 그것을 충분히 알 수 없을 때는 우리가 아는 신앙의 지적 요소 안에서만 행동하는 것입니다. 그러한 까닭에 우리는 사람을 꼭 선택해서 '저 사람에게는 전도하고 이 사람에게는 해서는 안 되겠다'고 할 수 없습니다. 그것은 단순히 우리가 가지고 있는 신앙의 지적 요소라는 것이 거기밖에 차지 않았으니까 그런 것뿐입니다. 그러나 만일 우리가 말하지 않아야 할 경우에 말한다면 그것이 아무리 전도하는 것이라도 하나님의 뜻을 어기는 것입니다. 빌립을 부르셔서 사마리아에서부터 가사로 가는 길까지 갈 때 그는 가는 도중에 전도하지 않았습니다. 하나님께서 그냥 그를 붙들고 가셨습니다. 또 거기서부터 그를 아소도로 보낼 때에도 홀연히 이끌고 가셨습니다. 하나님께서 지시하신 곳으로 가는 길에서 수많은 사람을 만났을 테지만 하나님께서 분명한 목적을 보여 주셨을 때에는 다른 것을 다 배제하고 보이신 뜻에만 순종하는 것입니다(참조. 행 8:26, 40). 하나님께 순종하는 것이 시키신 전체를 드리는 것보다 낫습니다. 순종이 제사보다 나은 것입니다(삼상 15:22). 순종이 전도보다 나을 뿐 아니라 직접 하나님께 예배드리는 형식을 취하는 제사보다도 더 중요한 것입니다.

　이러한 까닭에 하나님을 시험한다는 것은 요컨대 자기가 먼저 주도권(initiative)을 쥐고 하나님께서 제정하신 길 외에 다른 어떤 길로 뛰어들어가는 것이고, 그렇게 들어가 놓고 일이 안 되니까 나중에 '하나님의 능력대로 하시옵소서. 하나님은 능력이 많지 않습니까? 그 능력을 나타내 주옵소서' 하는 것입니다. 또한 하나님께서 내신 방법을 불신하고 회의하고 그것을 무시해 버리고 나가는 것은 자기의 지혜가 더 낫다는 태도로서 그것도 다 하나님을 시험하는 것입니다. '내 방법대로 하는 것이 하나님 나라를 위해서 유익하다' 하고 생각하는 것이 하나님을 시험하는 것이라는 말입니다. 교회가 무슨 법이나 무슨 도리를 제정하고서 '이것이 하나님의 뜻대로 하나님의 교회를 위해서 하나님의 영광을 위해서 우리가 발견할 수 있는 최선의 방법인 줄 압니다' 하고 작정했으면 거기에 순종해서 나가야 할 것 아닙니까? 그런데 거기에 대한 확실한 해석도 없고 그 작정을 번복하거나 개정하기 위해 별다른 마련을 한 것도 없이 그때그때의 정치적 목적과 필요에 의해서 임시로 그런 법을 무시해 버리고 편법을 쓰는 일이 많이 있습니다. 엄격히 말하면 그런 것도 다 하나님을 시험하는 사람의 태도 속에서 나오는 것입니다.

여러분은 치리회(治理會)를 할 때나 노회나 총회를 할 때 그런 태도를 허다히 볼 수 있을 것입니다. 치리회를 하자고 하면 충분히 변법(辨法)이 있으니까 법이 잘못되었으면 고치든지, 그렇지 않으면 '그 법은 필요에 따라서 시행하고 수시로 변경될 수 있다' 든지 하는 무슨 단서를 만들어 놓고 그때의 임시변통으로 써야 할 텐데 그것도 없고, '절대로 그렇게 순종해야 한다' 하고 절차법까지 헌법에 박아 놓고서 그 절차를 무시하고 해 버리는 것입니다. 간단한 일 한 가지라도 그렇습니다. 가령 무슨 대회를 할 때 임원을 선거하는 것을 보더라도 회장이나 부회장은 반드시 투표로 선출해야 한다고 해 놓고서는 투표도 하지 않고 한 사람을 명색으로 추천해 놓고는 '그냥 거수가결(擧手可決)합시다' 하든지 '임시로 이렇게 합시다' 하든지 혹은 '전통대로 합시다' 하는 식으로 한다는 말입니다. 그렇게 하면 결국 사람이 생각하는 지혜가 하나님께서 거룩하게 제정하신 방법보다 낫다고 생각하는 이론적 결과에 도달하게 되는 것입니다. 왜냐하면 그 사람들이 처음에 그 법을 냈을 때는 '이것은 사람의 꾀로 내는 것이다' 하고 생각하지 않고 '하나님의 뜻대로 이렇게 하는 것이 가장 신중하고 정당한 방법인 줄 압니다' 하고 기도하고 그것을 하나님 앞에 내놓았을 것이기 때문입니다. 그렇게 해 놓고서는 자기들이 스스로 그것을 유린해 버리는 것입니다. 이런 예는 물론 간단한 문제입니다. 아주 평이한 절차법 하나에 불과합니다. 그러나 교단에 있는 정치가들은 벌써 자기네 편의와 목적과 수단을 위해서는 하나님의 거룩한 신성도 유린할 수 있는 사람들이라는 것을 생각하게 하는 예입니다. 성경을 해명한 것도 법인 것이지, 성경에 꼭 명문(明文)으로 쓰여 있어야만 법인 것은 아닙니다. 마찬가지로 성경에 있는 모든 뜻을 해명하면 그렇게 해명된 것도 또한 진리인 것이지, 해명된 진리는 진리가 아닌 것이 아닙니다. 자기가 지금까지 진리가 아닌 것을 벗하고 있었으면 뜯어고쳐야 합니다. 그렇지 않으면 자기 스스로 모순 가운데 빠져 들어가는 태도입니다. 이런 것이 미미한 이야기지만 하나님을 시험하는 사람들의 태도인 것입니다.

너희가 어찌하여 하나님을 시험하느냐

'너희들이 어찌하여 하나님을 시험하려 하느냐?' 하고 베드로가 예루살렘 교회에 일갈(一喝)을 했습니다. '어찌하여 너희들이 하나님을 시험해서 우리 조상도 지지 못하고 우리도 지지 못하는 짐을 제자들, 곧 우리 형제들에게 지우려고 하느냐?' 하고 말한 것입니다. 유대인의 조상들이 일찍이 기독교적인 이상과 목표를 세워 놓고 법을 준행한 것은 아닙니다. 유대법적 사회 안에서와 유대법적인 이상하에서 법을 준행한 것뿐입니다. 그러나 그들이 요구하는 것은 그것이 아닙니다. 유대법을 준수해서 기독교적인 법을 이루어야겠다는 것이니까 짐이 가중되었습니다. 그것은 조상도 지지 못했고 자기네 제자들이나 현재 사도들도 생각지 못하던 짐입니다. 베드로는 '그렇게 율법도 행해야 하고 기독교적인 모든 도덕도 행해야 한다면 우리가 이중으로 가중되게 굉장한 짐을 지게 되는 것이 아니냐? 그것은 우리 조상도 지지 않고 우리도 지지 않는 짐이 아니냐? 그것을 왜 제자들에게 지우려고 하느냐? 안 된다' 하고 말한 것입니다.

이렇게 하나님을 시험한다는 것은 무서운 사실입니다. 이것이 벌써 예루살렘 교회를 파고 들어갔다는 것을 생각해야 합니다. 어째서 파고 들어갔느냐 하면 예루살렘 교회에 있는 히브레이스트 때문에 들어간 것입니다. 즉 히브리적인 전통과 그 위대하던 과거를 전승했다는 자기네 종교에 충실하고자 하는 그 충성이 어디까지 끌고 갔는가 하면 하나님을 시험하는 그러한 상태 가운데 끌고 들어간 것입니다. 사람이 과거나 전통이나 혹은 자기가 지금까지 귀한 유산이요 위대한 해결책으로 여겨 간직해 온 것을 잘 조직해 나가면 그 사람은 언제든지 충실하고 위대한 사람인가 하면 그것이 아닙니다. 마귀는 또 그런 사람을 시험하는 것이고 하나님을 시험하게 만드는 것입니다.

여기의 히브레이스트 신자들, 즉 그리스도교 신자이면서도 헤브라이즘을 고지(固持)하는 이들은 헤브라이즘을 고지하면서도 기독교를 다른 보통 사람들보다 좀 더 심오하게 해석하려고 하는 사람들입니다. 그런고로 이들은 지적 분자(知的分子)들이고, 또 여기를 보면 바리새인이었던 사람들이고, 적어도 과거에는 유대주의를 가장 경건하게 지키다가 그리스도의 사실 또는 메시야의 사실이 진실이요 진리라는 것을 알고 받아들인 까닭에 기독교인이 된 사람들입니다. 그런고로 이 사람들은 완고하던 다른 일반적인 바리새인과는 아주 유(類)가 다른 사람들입니다. 그러나 동시에 자기네가 가지고 있던 과거의 전통은 위대하고 훌륭한 것이니 그것을 유지해야겠다는 것입니다. 그런 것이 언제든지 견지할 가장 중용적이고 건실한 기독교인의 태도라고 보기 쉽습니다. 즉 무엇이든지 과거부터 가지고 있던 것을 함부로 파괴하지 않고 고귀한 유산을 늘 잘 유지해 가면서 새로운 것을 받아들이겠다는 것이 어떻게 보면 가장 온건한 태도인 것입니다. 과거의 것을 막 한꺼번에 뚜들겨 부수지 않겠다는 태도입니다. 그런 사람들에게 하나님을 시험하는 무서운 사실이 발생한 것입니다. 그러면 그 사람들이 가지고 있는 온건한 태도 때문에 그런 사실이 발생한 것인가 하면 그것은 아닙니다. 그들은 진리를 충분히 해명하지 않고, 과거의 전통적 유산과 과거에 계시라는 이름으로 받은 것의 의미를 자기가 받은 새로운 진리 위에서 올바로 해석하는 태도를 취하지 않고, '과거로부터 내려온 것은 당연히 받아야 하고 그대로 기정사실로 인정해야 한다' 하는 신학적 태도를 견지한 것입니다. 이것이 무서운 사실이 되어 내려온 것입니다.

가령 '정통 신학'이라고 하고 '복음주의 신학'이라고 밤낮 떠들어도 '복음주의이니까 그것 자체를 유지한다'고 하는 것이 올바른 태도가 아니고, '그것이 진리이니까 유지해야겠다'고 해야 하는 것입니다. 그럼 '어째서 진리이니까 유지해야 하는가?' 할 때 '내가 그 모든 연원에 대해서와 그 모든 진실에 대해서 충분히 검토하고, 오늘날 우리가 받은 구원의 사실에 비추어 볼 때 그것이 정당한 까닭에 인정해야겠다' 하는 것이 정당한 태도이지, '이것은 우리 교회의 수십 년에 걸친 역사적인 전통이니까 유지해야겠다' 한다면, 이런 사람들 속에서 예루살렘 교회에 있었던 히브레이스트의 정신이 그냥 솟아나는 것이고, 이런 사람들 속에서 하나님을 시험하는 일이 발생하는 것입니다. 베드로가 일갈하고 대결한 사람은 이런 사람들입니다. '너희들이 어찌하여 하나님을 시험해서 우리 조상도 지지 못하고 우리도 지지 못하는 이 짐을 제자들에게 메우려고 하느냐?' 하고 일갈했습니다. 이와 같은 무서운 사상이 예루살렘 교회로 퍼져 들어갔는데, 마치 옛날 이스라엘의 교회 혹은 택하신 백성인 이스라엘의 이코노미 가운데 뱀에 물린 사람들이 부지불식간에 자꾸 발생하듯이 이런 일이 발생한 것입니다. 교회 안에서는 이런 것들을 엄격하게 주의해야 합니다. 교회 안에는 허다한 빈틈이 있는데 어떤 빈틈이든지 그대로 허용할 때는 시험에 떨어집니다. 그 교회의 지도자들이나 하나님의 사명을 맡은 사람들이 그것을 그대로 용인하고 나가는 날에 교회는 자꾸 깊은 시험에 빠져 들어가는 것입니다.

사도들의 예지(叡智)와 그들이 가지고 있는 정당한 태도에도 불구하고 여기서 우리가 또한 간취(看取)할 것은 이러한 쟁론이 일어났을 때 일어나서 일갈을 하고 대결을 할 수 있던 베드로가 어디 갔다가 이제 온 것이 아니라는 사실입니다. 베드로는 전부터 거기에 있었고 또 이 일을 충분히 잘 결론지었던 야고보도 교회의 기둥같이 거기에 다 있었고 요한도 있었습니다. 그렇게 다 있었는데도 예루살렘 교회에 들어와 있던 하나님을 시험하는 이 사람들의 요소가 그때까지는 제거되지 않았다는 것을 알 수 있습니다. 이것은 그 교회가 신령하지 않아서 그런 것만은 아닙니다. 신령하다고 할지라도 어떤 기회가 충분히 여물어서 그것이 표면화하여 그것을 검토할 수 있는 계기가 마련되기까지는 문제를 모르고 있는 때가 많이 있는 것입니다. 교회 안에 하나님을 시험하는 무서운 사실이 벌써 자라나가고 있었는데도 그것을 충분히 조절하고 감독하고 삼제(芟除)할 만한 아무런 마련이 없었습니다. 이 마련은 베드로가 만들어 낸 것도 아니고 요한이나 야고보나 예루살렘에 있는 아무도 만들어 내지 못했습니다. 문제가 수리아 안디옥으로 비화(飛火)하니까 안디옥에 있던 바울이나 바나바가 그리스도교의 가장 기본적인 진리와 교회의 가장 기본적인 속성에 비추어 볼 때 부정당한 것을 발견했습니다. 그래서 '이 문제에 대해 예루살렘에 있는 교우들은 어떻게 생각하는지'가 보아야겠다' 하고 생각했고, 계시로 인하여 바울 선생이 이끌림을 받아서 예루살렘에 간 것입니다. 가서 예루살렘의 권위를 얻으려고 한 것도 아니고, 하나님께서 '예루살렘에 가서 거기서 결정한 대로 따라가라' 해서 보내신 것도 아니고, '예루살렘의 의견은 중요하니까 일단 한번 통고를 하거라' 해서 간 것도 아닙니다. 우리가 여기서 간취할 수 있는 중요한 사실은 하나님께서 바울 선생을 시켜서 예루살렘에 가서 계시를 말해서 하나님을 시험하는 그 신자들을 깨우치기 시작하게 하신 것입니다. 바울 선생이 예루살렘에 간 일의 하나님 나라적인 중요한 의미는 거기에 있습니다. 바울 선생 자신은 그런 목적의식을 가지고 가지 않았을 것이고, 그는 단순히 교우 된 형제와 함께 문제를 의논하기 위해서, 즉 예루살렘에서 불똥이 튀어 왔으니까 거기에 가서 문제의 그 비화점(飛火點)에 대한 형제들의 의견을 알아보아야겠다고 생각해서 자기 사정에 의해서 간 것뿐이었겠고, 또한 계시에 의해서 하나님께서 '가거라' 하신 까닭에 간 것이지만, 하나님께서 바울 선생에게 가르쳐 주시지 않았을지라도 '예루살렘에 가거라' 하신 하나님의 거룩한 경영 가운데에서 바울 선생이 간 결과, 예루살렘 교회가 지금까지 자기네 속에 있는 사실을 알지 못했던 그 쓴 뿌리, 독한 뿌리, 하나님을 시험하는 요소라는 뿌리가 자기 교회 안에 있다는 것을 발견했고 또 그것을 제거할 중요한 계기가 생긴 것입니다.

예루살렘 교회가 그것을 완전히 제거해 버렸는가 하면 생각건대 물론 사도들이 지도할 그때는 예루살렘 교회 안에서 그것이 제거되었겠지만 그 뿌리들이 그냥 없어진 것은 아닙니다. 그 후에 1세기에 에비온 파(Ebionites)가 그냥 뻗어 나가서 여전히 히브리적인 요소를 그대로 가미한 채 사방에 다니면서 전파를 하여 사람들을 괴롭게 한 일이 기독교 역사상에 나타납니다. 그럴지라도 그것이 교회의 주류가 되지는 않았습니다. 그러한 까닭에 그런 것을 완전히 박멸하지는 못했을지라도 그런 것이 교회에 와서 교회의 주류가 되거나 교회의 중요한 세력이 되어서 흘러 나가지 않도록 노력해야 하는 것입니다. 이런 것들이 여기서 특별히 볼 수 있는 문제들입니다.

베드로 선생이 일어나서 이렇게 강경하게 하나님을 시험하는 큰 사실을 논하게 된 것은 그가 하나님을 시험하는 사실을 깊이깊이 연구하고 보아서가 아니라 바울 선생이 와서 문제의 쟁점을 제시하니까 그 쟁점에 의해서 하나님의 성신의 감동을 받아 그의 기질대로 일어나서 신학론을 하거나 다른 것을 이야기하지 않고 자기가 경험했던 것과 예루살렘의 교회가 이미 잘 지실(知悉)하고 있는 고넬료의 집 사건을 가지고 이야기한 것입니다. '하나님께서 이렇게 실증하신 이상에는 왜 우리가 성신을 앞질러서 우리 마음대로 한단 말이냐?' 하는 말입니다. '하나님께서 이렇게 하셨다면 거기서 무엇을 보아야 할 것인가 할 때, 하나님의 뜻이 그렇고 하나님의 계획이 그렇고 하나님의 방법이 그런 줄 알아야 할 것이다. 즉 하나님의 방법과 계획과 뜻이 이방 사람이나 유대 사람이나 구별 없이 다만 믿음으로 말미암아 구원하시고 같은 은혜를 차별 없이 내리신다는 것이다. 그런데 왜 그것을 무시하고 하나님께서 마련하신 그 방도가 부족이나 한 것처럼 다시 이방 사람 앞에 모세의 법을 가져다 놓고 그 법을 지켜야 하나님께서 비로소 구원을 주신다고 말하느냐? 너희가 하나님께서 하시는 경영과 하나님의 대권의 계획을 함부로 용훼(容喙)하고 침해하려고 하느냐?' 이렇게 베드로가 확연히 고넬료의 이야기를 하고 나니까 그 문제가 필연적으로 끌고 들어가는 결론은 '그러니까 너희가 이렇게 하는 것은 결국 하나님을 시험하는 것이다. 하나님께서 그렇게 하시지 않았는데 왜 너희가 앞질러서 하나님께서 하시지 않은 방법을 가져다 놓느냐?' 하는 것입니다. '하나님께서 내신 방법은 그렇게 간단한데 왜 간단한 그 방법이 부족한 것같이 생각하느냐? 마치 저 미디안 광야에서 뱀을 달아 놓고 그 뱀 쳐다보면 살리라 하신 그 방법이 심히 간단하니까 너무 간단해서 못 믿겠다고 한 것같이, 너희는 예수 그리스도를 믿는 믿음 하나만 가지고 구원의 모든 은혜를 받게 된다는 사실을 너무나 간단한 것같이 생각하고, 하나님께서 내신 단순하고 가장 은혜로운 방법을 무시하고, 복잡하고 어려운 것을 가져다 놓아서 비로소 구원에 도달하려고 하느냐? 그래서 문제가 된 것이다' 하는 말입니다.

하나님을 시험하는 문제와 관련해서 예배당을 짓는 일을 앞에서 말씀드렸는데 그것은 일반적인 이야기이고, 우리의 생활 가운데 흔히 빠지기 쉬운 또 하나의 예가 있습니다. 우리가 하나님의 은혜를 받으려 할 때 하나님께서 주신 간단하고 명료하고 가장 은혜로운 방법이 우리에게 있습니다. 그런데도 우리는 그 방법으로는 부족한 줄 알고, 항상 산에 들어가서 깊이 오랫동안 기도하지 않으면 거룩하지 못한 것같이 생각하고, 밥을 굶고 야단 내지 않으면 안 되는 것같이 생각하는 괴상한 계율주의적인 생각을 합니다. 즉 은혜를 그냥 은혜로 받아들이는 단순 솔직한 신앙의 태도가 없이, 은혜 위에 자기의 인공적인 종교적 노력이나 정력을 갖다 붙이지 않으면 안 되겠다고 생각해서 사람의 공로나 노력을 강요하는 괴상한 생각을 하는 것입니다. 이런 것이 마치 '너희가 다 모세의 법대로 할례를 받지 않고 모세의 법을 준용하지 않으면·능히 구원을 받지 못할 것이다. 간단하게 예수 하나만 믿어 가지고 어떻게 되겠느냐? 하나님께서 내신 그 방법이라는 것은 너무 간단하고 소홀해서 믿을 수 없다. 그러니 이것을 해라' 하는 식입니다.

오늘날 많은 사람들이 하나님께서 우리에게 은혜를 주시고 성신의 충만함을 주시고 성신께서 나를 인도하신다는 방식이 너무나 간단해서 못 믿습니다. 너무나 단순하니까 안 믿고, 괴상하게 주문을 외우고 괴상하게 야단을 내는 이교도와 같이 밤낮 엎드려서 기도하고 밤낮 울고 매달리고 밤낮 외치고 며칠씩 밥을 굶고 야단을 내야만 비로소 성신이 충만할 듯 말 듯한 것같이 생각하는 이런 괴상한 생각을 하는 까닭에 결과적으로 하나님을 시험하는 일을 하는 것입니다. 이런 짓을 하고 있습니다. 하나님께서 우리에게 간단하게 주셨으면 '주신 은혜가 참으로 감사합니다. 이렇게 간단하고 단순하게 될 수 있는 것들을 저희가 너무 어렵고 길게 인식하고 빙빙 돌아다니는 것이 옳지 않습니다' 하고 하나님께서 주시는 단순하고 간단한 은혜의 길을 딱 취하는 것이 하나님의 자녀가 해야 할 일입니다. 그것을 떠나서 자기의 종교적 정열이나 종교적인 구상이나 그릇된 영향을 허다히 받은 종교적인 여러 사려가 붙어서 그런 것들이 얼마만큼 만족되어야만 그것이 하나님께서 주신 은혜라고 생각하는 괴상하고 그릇된 인식론이 없어져야 합니다. 과거 예루살렘 교회의 그 사람들은 그릇된 헤브라이즘이 머리에서 안 빠진 까닭에 그렇게 했습니다. 헤브라이즘이 목적한 바와 계획한 바와 하나님께서 자기들을 내신 거룩하신 뜻이 무엇인지를 모르는 까닭에 그렇게 한 것입니다. 그런데 오늘날에도 하나님께서 기도를 내시고 성경 공부를 하게 하시고 교회에 나오게 하시고 금식을 하게 하시는 원래의 목적이 무엇인지도 모르고 앉아서 금식만 하고 기도하고 엎드러 있으면 성신 충만한 것같이 생각합니다. 하나님께서 무엇을 내셨을 때 그 목적이 무엇이며 그 의의는 어디까지이며 그것은 어떻게 완성되는 것인가에 대해서 하나님의 말씀과 진리를 올바로 깨달아 알면 괜찮지만, 그러지 못할 동안에는 이렇게 문제가 생기는 것입니다.

여기 예루살렘 교회에는 바울 선생과 같은, 참으로 거룩한 계시에 충만한 교사가 있었어야 했습니다. 생각건대 베드로 선생이나 요한 선생이나 야고보 선생 같은 분들이 안 가르친 것은 아니겠지만, 문제는 교회의 핵심적인 문제에 대해서 수리아 안디옥에서 가지고 있었던 그러한 참되고 보편적인 교회의 큰 사상이 예루살렘 교회에는 아직 충분히 있지 않았던 것입니다. 즉 하나님의 말씀을 깊이 있게 알아서 교회의 본질과 교회가 가지고 있는 거룩한 사명에 대해서 충분히 깨달을 만큼 예루살렘 교회는 아직 성숙하지 못했다는 말씀입니다. 왜 그렇게 되었는가 할 때 성숙하지 못한 중요한 이유가 있습니다. 그릇된 전통과 그릇된 선입관에 젖어 있는 동안에는 그런 것이 없는 사람보다 훨씬 성숙이 늦는 것입니다. 수리아 안디옥에 있는 교인들 가운데에는 물론 유대인도 있지만 대다수가 이방인들입니다. 많은 이방 사람들과 헬라 사람들이 들어와서 교회를 구성했습니다. 그 사람들에게는 헤브라이즘의 번문욕례(繁文縟禮)가 없고 까다로운 예문(禮文)들이 없습니다. 단순히 가르친 그대로 받아들여서 그대로 했더니 과연 그대로 되었고 그로 말미암아 교회의 보편성(catholicity)이라는 교회의 거룩한 성격이 거기에서는 그대로 성립했습니다. 그런데 예루살렘 교회에는 전통적인 것이 많이 남아 있는 까닭에 헬라 사람들이 받아들이듯이 단순하게 못 받아들이고 항상 머리에 전통이라는 것이 붙어 다니는 것입니다. 교회에서 그릇되게 자라난 사람은 그릇되게 배워 놓은 사실 때문에 차라리 순진하고 단순한 백지와 같은 사람보다 훨씬 교정하기도 어렵고 가르치기도 어렵다는 것을 우리가 다 느끼는 것입니다. 하나님의 말씀을 처음부터 올바로 가르치고 그것을 단순하고 솔직하게 받아서 올바로 먹고 크는 사람들은 좋지만, 여기저기 다니면서 그릇된 것을 많이 먹고 나아가면 중독된 그것을 뽑아야 하니까 그것 때문에 시간도 참 많이 걸리고 곤란한 것입니다. 여기의 예루살렘 교회가 그런 유(類)입니다. 그 교회의 많은 유대 사람들이 가지고 있는 히브리적 전통 때문에 사실상 교회의 보편성과 교회가 가지고 있는 하나님의 새로운 경륜의 내용을 단순하게 직접적으로 곧 받아들이지 못하고, 그런 구(舊) 전통하에서 지쳐서 '어떻게 할까?' 하고 갈팡질팡하고, 아직 거기에 대해서 확연한 태도를 취하지 못하고 있는데, 일부 바리새인으로서 기독교인이 된 사람들이 일어나서 구 전통을 들이밀고 나왔습니다. 이런 까닭에 그 교회가 그만큼 피해를 본 것입니다.

 교회가 하나님 앞에서 순수하고 거룩하게 자라나기 위해서는 항상 구 전통에 대해서 올바른 태도를 취해야 합니다. 구 전통이라는 의의 때문에 그것을 붙들고 있는 것은 좋지 않습니다. 그것이 진리이기 때문에 붙든다는 것은 좋지만, '이것이 70년 전통이니까 붙들어야 하겠다' 하는 것은 의미가 없습니다. 70년 전통 가운데에는 허다한 그릇된 것과 잘못된 것이 붙어 다니는 것입니다. 그런 것들을 한꺼번에 다 틀어넣을 필요가 없습니다. 일단 보류해 놓고서는 '무엇이 하나님의 말씀이고 무엇이 진리인가?' 하는 것을 생각해서 그것을 처음부터 차곡차곡 받아들이면 그만인 것입니다. 그런데 저급한 교우들에게나 그릇된 교사들에게 잘못 배운 사람들은 그것을 빼기까지 참 많은 시간이 걸립니다. 두들겨 빼고 나서 세우려니까 더 힘든 것입니다. 차라리 안 믿는 사람이 예수를 믿고 나와서 처음부터 단순하게 올바로 배우기 시작하면 시작 때부터 아름답게 커나가는 것입니다. 이러한 것들이 예루살렘 교회와 안디옥 교회의 태도입니다.

오늘날의 교회도 역시 그렇습니다. 우리가 '과거의 무엇이 귀하다. 무엇이 귀하다' 해도 다른 아무것도 귀한 것이 없는 것이고 진리 하나만이 귀한 것입니다. 진리에 비추어서 그것이 부정당할 때는 내가 어제까지 존중했던 것도 감연히 포기하고 감연히 진리 편에 서야 합니다. 이러한 각오가 늘 있을 때 비로소 전통에서 벗어나기가 쉽습니다. 그렇게 전통에서 벗어난다고 해서 자유주의가 되는 것도 아니고 신신학(新神學)이 되는 것도 아닙니다. 전통에서 벗어난다고 해서 반드시 자유주의적이 되는 것입니까? 그릇된 전통의 때에서 벗어나서 무엇이 바른 것인가를 생각해야 합니다. 전통 가운데 바른 것은 정통이니까 받는 것이 아니고 그것이 진리에 속해 있으니까 받는 것입니다. 여러분, 우리 교회가 개혁교회의 원칙이나 개혁교회의 신조를 받아들였다고 할 때 그것이 개혁교회의 것이니까 우리가 받겠다는 것이 아닙니다. 이것이 하나님께서 역사적으로 우리에게 전승해 주신 진리이니까 받겠다는 것이지, 이것은 개혁교회의 것이니까, 우리가 개혁파 교회이니까, 우리가 장로교이니까 이것을 받겠다는 것이 아니라는 말씀입니다. 문제는 장로교가 되었든지 무엇이 되었든지 간에 이것이 하나님께서 역사 위에서 창조하시고 실험하셔서 실증하신 거룩한 진리인 까닭에 우리가 이것을 받겠다는 것입니다.

이러므로 여기 이 하나님을 시험한다는 문제에 대해서 예루살렘 교회가 그때 비로소 깨달았습니다. 하나님을 시험한다는 것은 참으로 하나님 앞에 크게 노여운 일입니다. 바울 선생이 온 것이 계기가 되어서 그것을 깨달았고 거기에 의해서 베드로도 비로소 자기가 가지고 있는 경험과 자기의 믿는 바에 비추어 볼 때 '이거 큰일 났다'고 생각한 것입니다. 그래서 '너희가 왜 하나님을 시험하느냐? 그래서 되겠느냐?' 하는 것이 베드로의 연설의 대지(大旨)입니다. 만일 베드로의 적극적인 권고가 있었다면 그것은 '하나님 따르는 일을 너희가 두려워하지 말아라' 하는 것이었을 것입니다. 사도행전에 가서 보면 "그런데 지금 너희가 어찌하여 하나님을 시험하여 우리 조상과 우리도 능히 메지 못하던 멍에를 제자들의 목에 두려느냐. 우리가 저희와 동일하게 주 예수의 은혜로 구원받는 줄을 믿노라 하니라"(15:10-11) 하고 말해서 은혜 하나만을 강조했습니다. 그러니까 이 말은 결국 현실을 엄하게 책망한 말이지만, '그러면 어떻게 해야 할 것인가?' 하고 은유(隱喩)한 바를 우리가 거기서 좀 더 적극적으로 추출해 보면 '하나님께서 이방 사람을 차별 없이, 아무런 형식이나 교리나 구약적인 제도를 지키는 것이 없이 모두 은혜로 구원하셨다. 그러니까 하나님을 따르는 일에 우리 교회는 두려워할 것이 없다. 그것이 하나님의 방식이 아니냐? 우리가 그대로 따라가자. 거기에 앞질러서 다른 것을 하지 말고 거기에 군더더기를 붙이지 말아라. 하나님을 따르는 일을 두려워하지 말아라. 비록 주께서 우리의 심정에 오랜 세월 동안 귀하게 간직하게 했던 것을 무시하시고 새로운 방식으로 침투하시더라도 하나님의 인도를 거절하는 것은 하나님을 시험하는 것이다. 지금까지 귀한 전통이라고 가슴에 귀하게 품고 있던 일이라도 하나님께서 그것을 무시하시고 하나님 자신의 방식으로 새로 시작하셨다면 그 방법으로 따라가거라. 다른 아무

것도 취할 것 없는 것이다' 하는 말입니다. 이것이 위대한 기독교적인 개혁입니다. 이러한 위대한 개혁들이 있어서 '진리 때문이라면 무엇이든지 다 포기할 수 있다' 하는 태도를 가져야 개혁교회라는 이름에 해당할 것입니다. 그래야 언제든지 개혁을 하는 것입니다.

바울 일행의 보고의 요지

이런 것이 베드로의 연설인데, 그다음에 바울의 일행이 일어나서 이야기한 것이 기록되어 있습니다. "온 무리가 가만히 있어 바나바와 바울이 하나님이 자기들로 말미암아 이방인 중에서 행하신 표적(表蹟)과 기사(奇事) 고히는 것을 듣더니"(행 15:12). 여기 이 말씀에서는 바울의 일행이 와서 보고하는 것을 들었다고 했는데, 바나바와 바울 가운데 누가 일어나서 말했는지는 기록되지 않았습니다. 바나바가 일어났는지 바울이 일어나서 대표로 이야기했는지 알 수 없지만, 요컨대 이들이 말한 것은 무엇인가 할 때 하나님께서 자기들로 말미암아 이방인 중에서 행하신 표적과 기사를 이야기했습니다. 하나님께서 그들로 말미암아 이방에 표적과 기사를 행하신 바울과 바나바는 어떤 사람들이며 어떠한 사상과 어떠한 태도를 취한 사람들인가 할 때, 이방 사람에게 전도한 복음을 그대로 믿는 사람들이었습니다. 다른 말로 하면 이방에 유대적인 제도나 의문(儀文)이나 의식(儀式)을 강요하지 않고 단순하게 하나님께서 헬라 사람들에게 은혜를 주신다는 복음을 전했습니다. 즉 예수 그리스도의 은혜 하나만을 전한 그 사람들을 통해서 하나님께서 권능과 기사를 다 나타내셨다는 것입니다. 하나님께서 권능과 기사를 나타내셨다는 것은 하나님께서 신임장(信任狀, credential)을 보이신 것입니다. '그렇다. 내가 너와 같이한다. 그것을 내가 승인했다. 그것이야말로 내가 너를 보낸 증거이다. 자, 이렇게 신임한다' 하고 마치 대사(大使)가 외국에 갈 때 신임장을 주듯이 하나님의 신임장이 현실적인 능력으로 나타났다는 말씀입니다. 이런 신임장을 그들이 이야기했습니다. '자, 하나님은 이것을 증거하시지 않았느냐' 하는 이야기입니다.

요컨대 이 말은 무엇인가 하면 '시몬 베드로께서 지금 말씀하신 이 사실은 고넬료의 집에서만 일어난 것이 아니다. 우리도 시몬 베드로와 똑같은 복음, 곧 그 이외에 다른 어떤 조건도 안 붙은 바른 복음을 두루 돌아다니면서 저 구브로 섬에서 이야기했고, 그다음에는 비시디아 안디옥에서 이야기했고, 루스드라와 이고니온과 더베에서 다 이야기했다. 우리가 이 아시아 도(道)에 있는 여러 도시에서 이야기했는데, 마치 고넬료의 집에서 하나님께서 일으키신 것과 같은 일을 똑같이 다 일으키셨다. 상대가 유대 사람이든지 아시아 사람이든지 헬라 사람이든지 상관없이 똑같이 일으키셨다. 요컨대 베드로 선생이 금방 한 말을 충분히 증거할 만한 많은 실례(實例)를 나는 가지고 있다. 그 실례란 이것이 아니냐' 하는 말입니다. 마치 '베드로 선생이 고넬료의 집에 대한 이야기를 사실(fact)로 제시한 것에 부연(敷衍)해서 우리도 이렇게 많은 사실을 제시합니다' 하듯이 사실을 제시했다는 말씀입니다. '베드로 선생이 복음을 전한 결과로 고넬료의 집에서 일어났던 일이 우리를 통해서 우리 안에서 우리와 함께 우리가 가는 곳마다 도처에서 다 일어났습니다' 하고 말한 것입니다. 얼마나 훌륭한 사실인지 모릅니다. 사실을 가지고 지금 실증하자는 것입니다. 거기에 다른 의문(儀文)이나 다른 이론이 필요 없다는 말입니다. 항상 사실이 앞서는 것이니까 그 이야기를 한 것입니다. 요점은 '하나님께서 의식(儀式)과 의문(儀文) 없이 모든 은혜를 수다한 이방 사람에게 베푸셨다' 하는 이야기입니다. 그다음에 야고보가 일어나서 결론적인 이야기를 했는데, 야고보의 강설의 내용은 다음 시간에 생각하겠습니다.

기도

　거룩하신 아버지시여, 교회가 아버님의 은혜를 받아 성신의 충만함으로 발족해서 많은 사람들을 구원하여 주 앞으로 이끌어 왔을지라도, 교회가 항상 기본적인 교리에서만 뱅뱅 돌지 아니하고 심오한 하나님 나라의 진행의 깊은 도리를 가지고 더욱더욱 빨리 장성해야만 그중의 허점을 찌르는 시험이 비교적 쉽게 적발되고 방어될 것인데, 생각건대 예루살렘 교회가 항상 구원의 기본 도리에서는 명확하게 든든히 서 있었을지라도 교회가 무엇인가 하는 문제에 대해서는 일반적으로 깊이 주지(周知)되지 아니한 까닭에, 사람들이 교회를 논하고 구원의 거룩한 사실을 논할 때 교회가 가지고 있는 침되고 위대한 보편성과 하나님 나라의 거룩하고 심오한 은혜의 경영을 잘 알지 못해서, 자기네가 귀하게 간직하고 내려왔던 구시대적인 히브리적 전통을 거기에 가미해야만, 즉 인간의 노력과 정열과 인간의 고초와 여러 가지 자기 부인과 진실한 봉사 같은 것들이 다 붙어야만 하나님께서 하나님의 일을 하실 것 같은 그릇된 생각 가운데 빠져 들어갔고, 이것이 후대에는 그릇된 신학으로 발전한 일도 있사온데, 이런 것으로 말미암아 교회가 부지불식간에 하나님을 시험하는 무서운 쓴 뿌리를 가지기 시작했을 때에, 아버님께서는 그냥 버려두시지 않고 멀리 북방 수리아 땅에 있는 안디옥에서 주의 말씀을 가르치고 있던 바울과 바나바 일행을 예루살렘으로 이끄셔서 거기에서 이 문제를 찾아내어 척결하게 하시되, 마침내 문제를 깨닫게 하시고 그로 인하여 아버지께서 은혜 주신 사도들과 함께 문제를 시정할 수 있게 하시며, 거룩하신 사실 앞에서 그릇된 허구의 이론이 붕괴하고 파쇄될 수 있게 하신 이 큰 은혜를 오늘 보았사옵나이다.

　하나님의 거룩하신 계획과 경영이 있어서 저희들이 그것을 따라 나가야 할 것인데도, 혹여라도 하나님께서 내신 거룩한 방식이 너무나도 단순하고 간단해서 믿을 수 없는 것같이 생각하고, 허다한 잡념과 망상과 그릇된 영향하에 만들어진 종교학을 동원해서 자기의 노력과 종교적 경건을 보태야 일을 이루실 것같이 생각해서, 하나님께서 내신 참된 은혜를 종교적인 무한한 고난의 길로 뒤바꾸려고 하는 잘못된 인식과 잘못된 해석으로 말미암아 하나님을 시험하는 일이 많이 있사오며, 또한 무모한 신앙과 그릇된 지적 요소를 가지고 하나님의 거룩한 나라의 진행의 방식과 계시의 내용이 무엇인지도 알지 못하고, 그런 것을 말하면 덮어놓고 그런 것은 이론으로만 말하는 신앙이라고 하면서 무모하게 일을 저질러 놓고 하나님께서 건져 주시지 않으면 안 되겠다고 하여서, 허다한 교회에서 하나님의 이름을 나타내기보다 오히려 하나님 나라의 백성이라는 사람들의 무력(無力)을 너무나도 명료하게 실증하는 그릇된 일로 인하여 하나님 나라에 누를 끼치는 일들이 이 세대에 많이 있사옵는데, 이와 같은 그릇된 데서 저희를 항상 지켜 주시고 건실하고 건강하게 자라 나가게 하시고, 저희들은 하나님의 능력을 나타내는 사람이 될지언정 하나님의 이름을 팔아서 하나님을 욕되게 하며 하나님께서 마치 무능한 하나님인 것같이 다른 돈의 세력과 사회 세력과 남의 동정이나 구하고 다니는 그릇된 일 가운데 빠져 들어가지 않게 하시고, 저희의 심정은 항상 하나님을 우러러 하나님의 거룩하신 뜻을 간절히 고대하며 기다리는 신앙을 가지게 하시고, 하나님께서 저희에게 거룩한 방식을 주시려고 할 때 그 방식을 기대하고 그 방식대로 나가는 것이 옳은데도, 그렇게 하면 너무 늦어서 큰일나는 것같이 생각하고 자기가 앞질러서 뛰어 들어가는 그런 그릇되고 주제넘은 일을 하지 않게 하시고, 또한 하나님께서 내신 방법이 너무나 단순해서 믿지 못하는 것같이 교만하고 교오(驕傲)하며 자기 지식에 의한 생활 태도를 취하지 않게 하시고, 아버님의 거룩하신 말씀을 의지하며 순순히 신뢰하고 아버님이 주시는 은혜를 기대하고 고요한 가운데 잠잠히 참고 나아가는 확실한 신앙의 태도가 늘 있게 하시며, 거룩한 길을 보이셨을 때 주저하거나 준순(逡巡)하지 않고 그것이 복잡하지 않다고 해서 무시하거나 싫어하는 그릇된 태도를 버리게 하시고, 아버님께서 주시는 은혜를 만 번이나 감사하면서 사는 사람들이 되게 하시옵소서. 이리하여 아버님을 단순히 의지하고 살아가는, 성신님께서 하시고자 하는 이 일을 저희들이 확실히 체득하고 체험하게 하시옵소서. 이리하여 하나님을 시험하는 것이 아니라 하나님의 능력을 참으로 증거하는 능력의 도구들이 되게 하여 주시기를 기도하옵나이다.

주 예수 이름으로 기도하였사옵나이다. 아멘.

1966년 7월 27일 수요일

제9강

예루살렘 회의의 결정

사도행전 15:6-11

⁶사도와 장로들이 이 일을 의논하러 모여 ⁷많은 변론이 있은 후에 베드로가 일어나 말하되 형제들아, 너희도 알거니와 하나님이 이방인들로 내 입에서 복음의 말씀을 들어 믿게 하시려고 오래전부터 너희 가운데서 나를 택하시고 ⁸또 마음을 아시는 하나님이 우리에게와 같이 저희에게도 성신을 주어 증거하시고 ⁹믿음으로 저희 마음을 깨끗이 하사 저희나 우리나 분간치 아니하셨느니라. ¹⁰그런데 지금 너희가 어찌하여 하나님을 시험하여 우리 조상과 우리도 능히 메지 못하던 멍에를 제자들의 목에 두려느냐. ¹¹우리가 저희와 동일하게 주 예수의 은혜로 구원받는 줄을 믿노라 하니라.

제9강

예루살렘 회의의 결정

사도행전 15:6-11

　우리가 이제까지 살펴본 대로, 예루살렘에서 온 어떤 유대인들이 할례를 지나치게 문제 삼는 까닭에 사람들이 그 문제로 많이 변론한 끝에 교우 가운데 바울과 바나바를 선택해서 예루살렘으로 보내서 예루살렘 교회와 더불어 같이 의논하게 하려고 했습니다. 그래서 바울과 바나바가 예루살렘을 향해서 내려갔는데, 바울이 예루살렘을 향해 내려간 것은 단순히 교회가 자기를 선택해서 보냈기 때문만이 아니라 또한 자기가 하나님 앞에서 직접 받은 거룩한 계시에 의해서 내려간 것입니다. 그래서 교회의 기둥과 같은 베드로나 요한이나 야고보의 승인을 받았고, 또 몇 사람에게 사사로이 자기네가 전한 그 복음을 말했습니다. 그런 후에는 이제 교회가 다시 모여서 마지막으로 예루살렘 교회의 태도를 결정하는 장면입니다.

　교회가 다시 모여서 예루살렘 교회의 태도를 결정할 때 맨 먼저 "사도와 장로들이 이 일을 의논하러 모여 많은 변론이 있은 후에 베드로가 일어나 말하되"(행 15:6-7상), 베드로가 직접적으로 자기가 고넬료의 집에서 경험한 것을 이야기하고 그 증험(證驗)이 의미하는 바가 무엇인지를 아주 단도직입적으로 명확하게 이야기했습니다. 그렇게 하고서 하는 말이 "하나님이 우리에게와 같이 저희에게도 성신을 주어 증거하시고 믿음으로 저희 마음을 깨끗이 하사 저희나 우리나", 즉 이방 사람들이나 유대 사람이나 "분간치 아니하셨느니라. 그런데 지금 너희가 어찌하여 하나님을 시험하여 우리 조상과 우리도 능히 메지 못하던 멍에를 제자들의 목에 두려느냐. 우리가 저희와 동일하게 주 예수의 은혜로 구원받는 줄을 믿노라"(행 15:8-11). 이것이 베드로 선생의 단도직입적이고 실증적인 변론입니다. 그는 신학을 논하지 않고 자기의 생활 경험과 자기가 증거할 수 있는 사실들을 들고 일어나서 아주 직접적으로 이야기했습니다.

여기에 베드로의 말끝에 바울의 일행의 보고가 있었습니다. "온 무리가 가만히 있어 바나바와 바울이 하나님이 자기들로 말미암아 이방인 중에서 행하신 표적(表蹟)과 기사(奇事) 고하는 것을 듣더니"(행 15:12). 바울 일행의 보고는 베드로가 말한 그와 같은 사실이 비단 고넬료의 집에서만 발생한 것이 아니고 아시아 역(域)의 도처에서 확대되고 발전했다는 사실을 증명하는 중요한 개조(個條)로서 자기들이 경험한 바를 이야기한 것입니다. 이것은 좋은 논리적 방법입니다. 어떤 사실을 강조하고 확인하고 확증하기 위해서 무엇보다도 움직일 수 없는 사실들을 끄집어다가 이야기한 것입니다. '이런 일은 그전에 베드로 선생이 고넬료의 집에서 경험한 것에 한정되지 않고, 우리들이 아시아의 밤빌리아 버가로, 비시디아 안디옥으로, 이고니온과 루스드라와 더베로 다니면서 베드로 선생이 전한 것과 같이 말씀을 전한즉 거기에 똑같은 사실들이 발생했다. 하나님께서 원하시는 대로 이방인들도 우리와 똑같이 구원의 크신 은혜 가운데 들어가더라' 하는 것을 이야기한 것입니다.

다른 말로 하면 '유대에서 온 그 거짓 종들이 주장하는 것과 같은 유대적(Hebraistic) 의문(儀文)이나 의식(儀式)이 없이도, 하나님께서는 유일의 조건, 즉 예수 그리스도를 믿는 믿음 아래에서 똑같은 은혜를 주시더라' 하는 말입니다. 이것은 유대적인 의문과 의식을 지킴으로써 과거에 받았던 것과는 다른 것입니다. 유대적인 의문과 의식을 지킴으로써 받았던 것이 무엇입니까? 그것은 율법의 개조(個條)에 의해서 하나님과 맺은 거룩한 언약에 대한 신뢰를 추출하는 데 의의가 있는 것이지, 만일 그것이 없다면 모든 의식적(儀式的)인 종교 행사는 그 자체만으로는 의미를 가지지 않는 것입니다. 그런데 과거 이스라엘 백성들이 의식적인 종교 행사 자체의 공로를 승인하고 좇아간 까닭에 선지자들이 이스라엘 백성의 타락을 타매(唾罵)했던 것입니다.

구약과 신약의 대립?

여기서 우리들이 잠깐 생각하고 넘어갈 것이 있습니다. 구약과 신약의 대조(contrast)와 대립이라는 문제를 때때로 듣게 되고 말하게 되는데, 구약과 신약의 대조와 대립이라는 말부터가 원래 신학적으로 볼 때는 그렇게 좋은 내의(內意)를 갖는 것이 아닙니다. 구약과 신약의 대조라는 말은 본래 신학적인 의미보다는 구약과 신약의 스타일이나 거기에 나타나 있는 이야기나 혹은 인류학적인 관점이나 문학적인 관점에서의 대조를 이루는 결구(結構)를 반영하는 말일 뿐입니다. 예를 들어 고대에 대한 현대(contemporary)의 특징이라고 하면서 신약에 있는 바울 선생의 스타일을 지적한다든지 또는 모세가 가지고 있던 증명의 방법과 바울 선생이 가지고 있던 논증의 방법을 대조한다든지 하는 것뿐입니다. 그러나 그런 것은 원래 어느 시대나 어디서나 가장 효율적인 의미를 가지는 것은 아닙니다. 그런 것은 말하자면 문학적인 공부입니다. 성경이라는 텍스트(text)의 문학적 형식(literary form)을 살피는 것은 성경에 대한 원전적(原典的)인 공부를 해 나가려고 할 때는 필요하겠지만, 일반적으로 믿음의 본질과 능력을 받아서 살려고 하는, 학자나 전문가가 아닌 보통 신자들에게는 그런 것이 큰 의미를 가지는 것이 아닙니다. 그렇게 대조해서 연구하는 것보다 더 중요한 것은 구약에 나타난 신앙과 개조(個條)와 사상과 신약에 나타난 그것들을 비교하여 연구하는 것일 텐데, 만일 그렇게 연구해 나간다고 하면 결코 대조라는 말을 할 수가 없습니다.

자유주의 신학자들이 많은 사례를 들어서 구약과 신약을 대조하는 일을 했고, 또 자유주의 신학자뿐만 아니라 상당히 무슨 지식적인 것을 이야기하고 싶은 사람들이 그런 일을 했습니다. 우리 한국에는 그런 정도의 이야기를 하는 사람들이 없어도 미국이나 영국의 강단에서는 때때로 그러한 이야기를 쉽게 하는 것을 봅니다. 말하자면 '우리는 바울 위에 건설한 이 새로운 신학이면 족한 것으로 생각한다. 구약에 나타난 것은 역사적인 문헌으로서 그런 것이 과거에 존재했다는 역사적인 의의만을 지닐 뿐이다. 혹은 계시의 발전이라는 의미에서는 태생기나 아동 시대, 즉 미숙한 계시라는 점에서 의미를 가진다면 가질지언정, 충만한 계시의 사실로서 우리에게 실용될 수 있는 점에서는 구약이 별로 필요 없다' 하는 주장입니다. 이런 주장은 엄격한 의미로 볼 때 구약이 히브리적인 유전(遺傳)이라는 생각을 보여 주는 것입니다.

한국에서는 그러한 말을 학문적으로 자세히 하지 않는다고 할지라도 적어도 어떠한 교파에서는 부지불식간에 그러한 태도가 널리 퍼진 모양입니다. 그 결과가 어떻게 나타났는가 할 때 일단 어려운 문제가 있을 때 보니까 '구약에 나타난 신은 결국 여호와 신이다. 그것은 유대주의적인 편협한 쇼비니즘(chauvinism)의 신인 까닭에 우리가 그 사상을 본받을 것이 아니라, 신약이 가르친 보편의 신, 사랑의 신, 모든 사람의 마음 가운데 거하고 내재(內在)해서 모든 질서에 순응하고 복종하고 살아가도록 하는 그 신을 우리는 떠받들고 나가야 할 것이다' 하는 선언을 하고 그런 선언으로 전 교단을 움직여서 과거의 큰 위정자들에게 아부했던 사실이 있습니다. 우리 교우들 가운데 그런 사실을 보신 분들은 아실 것입니다.

즉 신사 참배(神社參拜) 문제가 일어나서 각 교단이 가지고 있는 신 개념과 특별히 정치적인 사상을 규명하라고 할 때 찬송가에 있는 '전능왕 오셔서'나 '면류관 가지고'와 같은 찬송에서처럼 예수님을 만왕의 왕이라고 한 가사를 다 먹으로 지우거나 종이를 발라 지우게 하고 교단에서 성명을 발표하라고 하니까 한국의 큰 교단에서 그런 성명이 나왔습니다. '구약은 히브리 사람들의 편협하고 배타적이고 작고 지엽적인 민족주의의 신을 말하는 민족주의적인 산물이요 그러한 사상의 표백(表白)에 불과하고, 신약이야말로 보편적인 기독교의 정신으로서, 질서를 파괴하고 반항하라는 것이 아니라 모든 사람은 위에 있는 권위에 복종하라고 했다. 질서에 순응하고 사람의 마음 가운데 네제에서 부드럽고 사랑스럽고 평화롭게 지내라는 것이다' 하는 말입니다. 그런 생각은 어디까지나 하나님의 왕권이라든지 하나님의 전능이라든지 하나님의 오이코노미아(οἰκονομία)를 무시하는 것입니다. 다만 사람의 속을 도덕적으로 만들고 진실하게 만들어서 대일본 제국의 그 위대한 팔굉일우(八紘一宇)의 정신에 순응하고 나가라는 것입니다. 이것이 한국에 있는 큰 교단이 성명을 발표한 내용입니다. 그것을 읽어 보면 그 사람들은 그동안 강단에서나 학교에서나 교단에서 특별히 구약 대(對) 신약의 문제를 논한 일이 별로 없었지만, 일단 유사할 때는 그러한 것을 받아서 이야기한다는 것을 알 수 있습니다. 그동안에는 어떻게 말할 줄을 몰라서 말을 못했을지언정 부지불식간에 늘 영향을 받아 왔던 것입니다.

그런고로 우리 교우들은 구약적인 사상과 신약적인 사상의 대조라는 말을 주의해야 합니다. 그런 대조란 결코 있을 수 없습니다. 세계에서 위대한 이름을 날리는 학자들 가운데 비교적 성경을 공평하게 관찰하는 사람이라면 자유주의자라도 그런 소리를 하지 않습니다. 자유주의자라도 학자라면 그 사람이 일어나서 쭉 볼 때, 사상적인 기풍으로 보아서 기독교 안에 구약과 다른 전연 독창적이고 새로운 사상이 발생했는가 하면 그런 것이 아닙니다. 우리가 주의할 것은 예수 그리스도께서 유대주의를 고양하고 강조하려고 하신 것이 아니고 이미 유대주의와는 상관없다고 할지라도, 구약에 있는 사상을 파괴한다든지 무시한다든지 구약 사상의 테두리에서 벗어나는 것을 따로 만든다든지 하신 일은 없다는 사실입니다. 예수님은 구약에서 계시하신 거룩한 복음을 구체적으로 좀 더 명료하게 발전한 형태로 보이셨을지언정, 구약에서 말하지 않고 구약과 전연 상관이 없는 새로운 것을 감추었다가 그 비밀을 나타내신 일은 없습니다. 왜냐하면 하나님께서는 과거나 지금이나 충만하고 충분한 계시로 구원하시는 것이고 구원받기에 합당한 계시를 주시는 까닭에, 아브라함이 되었든지 이삭이 되었든지 모세가 되었든지 누가 되었든지 핑계하지 못하게 만드신 것입니다. '주여, 저희들은 계시가 넉넉지 않고 복음이 넉넉지 않았던 까닭에 구원을 못 받았습니다' 하고 말하지 못하게 다 만드셨다는 말입니다.

그런고로 구약의 율법과 신약의 복음과 은혜를 대립시키는 것은 소위 정통주의를 주장하는 근본주의자들이 하는 짓이지 성경이 가르친 사상은 아닙니다. 한쪽에서는 자유주의자들이 함부로 말하고 있고, 다른 한쪽에서는 근본주의라고 해서 소위 정통을 가장하는 사람들이 있습니다. 정통으로 스스로 자인하는 사람들이 이런 생각을 하는 것입니다. 그러나 실상은 구약에도 율법이 있고 복음이 있고, 신약에도 율법이 있고 복음이 있고, 하나님의 법칙은 신약에도 있고 구약에도 있고, 사람이 따라야 할 규범은 신약에도 있고 구약에도 있는 것입니다. 신약은 반법주의(反法主義, antinomianism)이고, 구약은 율법주의(legalism)라는 주장은 사실이 아닙니다. 그러한 까닭에 구약적인 사상이라고 할지라도 성경의 사상이고, 신약적인 사상이라 할지라도 성경의 사상입니다. 서로 따로따로 있는 것이 아니고 성경의 사상이 구약에서부터 신약까지 면면히 이어져서 일관하여 흐르고 있는 것입니다.

그런고로 지금 여기에서 의식(儀式)과 의문(儀文)을 가지고 바리새인의 여당(餘黨)이 안디옥까지 올라와서 한 이야기는 성경의 사상이 아니고, 다만 곡해(曲解)한 유대주의(Judaism) 사상을 전한 것입니다. 사도들과 바울이 일어나서 맹렬히 싸운 것은 구약의 사상이 나쁘다고 해서 싸운 것이 아닙니다. 그러므로 우리가 명료하게 파악하고 넘어갈 것이 이것입니다. 예루살렘 회의의 중요성이라고 할 때 자칫 잘못하면 그 회의가 구약에 대해서 대항하고 구세대의 것에 대항하고 '이제는 새로운 언약이 왔으니끼 옛날 언약이라는 것은 다 무효이다' 하고 나아긴 것으로 오해될 수 있는데, 그것이 아닙니다.

여러분, 신약과 구약을 대조한다고 하지만, 신약이 구약을 하나라도 위배하는 것이 있습니까? 신약이 옛날에 맺은 언약을 더 강조하고 더 명료하게 하고 더 보강한 것은 있을지언정 위배한 것은 없습니다. 그러므로 구약은 구약대로 그대로 유효한 것입니다. 구약에서 누가 율법을 행해서 구원받으라고 한 사람이 있습니까? '너희 가운데 율법을 행해서 구원받을 영혼이 없으니 그런고로 너희는 내가 주는 복음을 믿으라' 하는 것이 구약의 가르침입니다. 그리고 신약의 어디에서도 '너희들은 예수만 믿으면 되고 모든 율법을 파괴해도 괜찮다'고 한 데가 없습니다. "내가 율법이나 선지자나 폐하러 온 줄로 생각지 말라. 폐하러 온 것이 아니요 완전케 하려 함이로라"(마 5:17) 하고 말씀하셨습니다.

구약의 정신과 신약의 정신은 동일함

그러한 까닭에 바울 선생이나 바나바나 사도들이 일어나서 예루살렘 교회의 회의에서 강조한 문제는 구약의 의식(儀式)과 의문(儀文)에 대한 유대주의의 해석을 반대한 것이지, 구약의 할례가 포함하고 있는 계시를 무시한 것이 아닙니다. 할례를 받는다는 것은 거룩한 언약에 대한 신앙입니다. 거룩한 언약에 대한 신앙이 있다면 할례를 받은지 안 받은지 이제는 문제 삼지 않는다는 것입니다. 외적인 형태를 주장할 수 없다는 것입니다. '네가 과거에 자랄 때는 늘 갓 쓰고 상투 틀고 두루마기를 입고 다녔지만, 시대가 변해서 머리를 다 깎고 이렇게 양복을 입고 살 때는 그렇게 하고 살아라. 왜 지금도 갓을 써야만 하고 상투를 꼭 틀어야만 하는 줄로 아느냐? 그런 복고주의(復古主義)와 역행주의(逆行主義)는 부정당하다' 하는 것입니다. 그렇다고 해서 덮어놓고 시체(時體)를 따라가는 것도 아닙니다. '하나님 나라가 발전하고 계시가 발전했으면 그 발전한 계시 위에서 살지, 왜 너희들은 발전하지 못했던 옛날로 돌아가서 마치 하나님께서 내리신 계시가 없는 것같이 혹은 그 위에 아무 계시도 없는 것같이 딴 짓을 하고 사느냐? 그러지 말아라' 하는 것입니다. 하나님께서 한번 명령하시기를 '너, 그동안에 여기에서 이것을 하고 있어라' 하셔서 '예, 그렇게 하겠습니다. 언제까지 여기에 있을까요?' 할 때 '내가 명령할 때까지 있어라' 하셨는데, 그다음에 하나님께서 오셔서 문을 열고 '이제는 나가도 좋다' 하시면 나가는 것입니다. 그렇게 하셨는데도 '아닙니다. 있으라고 하셨으니 계속 여기에 있겠습니다' 하는 것이 아닙니다. 먼저 하신 것도 하나님의 명령이고 나중에 하신 것도 하나님의 명령이니까 하나님께서 '이제 자유롭게 나가거라' 하시면 나가야 하는 것입니다. '네가 할례를 해라' 하셔서 '예, 하겠습니다' 했는데, '이제는 할례를 하지 않아도 괜찮다' 하시면 이제부터는 할례를 안 해도 되는 것입니다. 그러나 할례의 정신과 할례가 원래 계도(啓導)하고 구상했던 것은 하나도 없어지지 않았습니다. 할례를 하는 정신, 구별하는 정신, 거룩해야 한다는 정신, 그리고 할례를 함으로써 하나님과 언약을 맺었다는 정신은 오늘날도 그대로 살아 있는 것입니다. 오늘날도 우리가 하나님과의 언약 가운데 있는 것이고, 예수 그리스도로 말미암아 하나님과 맺은 거룩한 언약이 우리에게 실질적으로 적용되어서 오늘날 우리가 구원을 받는 것이지, 언약을 떠나서 무슨 구원이 있습니까? 그래서 우리 교회의 이름도 성약교회(聖約敎會, the Holy Covenant Church)입니다. 하나님과 우리 사이에 거룩한 언약이 맺어져 있다는 뜻입니다.

구약 시대는 행위의 언약이고 신약 시대에는 은혜의 언약인 것이 아닙니다. 구약에서 맨 처음 무죄 시대의 사람인 아담에게 능력이 있을 때에는 하나님께서 요구하신 것이 있습니다. 그러나 일단 죄를 범한 다음에는 절대로 아무것도 할 수가 없다는 것을 아시는 끼닭에 그다음부터는 전부 은혜의 언약이라는 새로운 언약을 세우신 것입니다. 다른 말로 하면 하나님께서 새로 약속하신 것입니다. '너희들이 부패하고 타락한 까닭에 이제는 구원받을 수 없으니 내가 너를 건져야겠다' 하는 말입니다. '너희는 과거의 아담, 즉 죄 없었을 때의 아담에게 하라고 한 대로 도저히 할 수가 없다. 그러니 이제는 내가 너에게 할 수 없는 것을 하라고 하지 않는다. 내가 너를 구원의 복음 위에서 건지겠다' 하시는 것입니다. 그것이 구약부터 시작된 내용입니다. 그래서 그와 같은 사실을 구약의 모든 의식(儀式)과 의문(儀文)과 제도 안에서 명료하게 우리에게 가르치는 것입니다.

모세의 모든 제도와 의식을 비판할 때는 그 의식과 의문이 구상하고 의도하고 목적한 바를 파악하라는 것이고 의식과 의문을 지켰다는 것 자체가 공로를 만들지 않는다는 것입니다. 그것은 구약이나 신약이나 마찬가지입니다. 연보(捐補)나 헌금이라는 것도 그렇습니다. 구약 시대에 하나님 앞에 무엇을 드리라고 했을 때 하나님께서 그렇게 바친 공로를 요구하신 것이 아닙니다. 하나님께서 물건이 없어서 달라고 하신 것도 아닙니다. "삼림의 짐승들과 천산(千山)의 생축(牲畜)이 다 내 것이며 산의 새들도 나의 아는 것이며 들의 짐승도 내 것임이로다. 내가 가령 주려도 네게 이르지 않을 것은 세계와 거기 충만한 것이 내 것임이로다. 내가 수소의 고기를 먹으며 염소의 피를 마시겠느냐?"(시 50:10-13) 하고 말씀하셨습니다. '내가 요구하는 것이 무엇인 줄 아느냐? 그것을 제물로 표시하고 고백해라' 하신 것입니다. 오늘날도 마찬가지입니다. '너희들이 십분지 일을 가져와야만 내가 받고, 십분지 일에서 덜 가져오면 내가 좀 덜 기뻐한다' 하는 이야기는 없습니다. 십분지 일이라는 것으로 무슨 제도를 만들고 그 제도 안에서 '이것이야말로 하나님을 기쁘시게 하는 양(量)이다'라고 하는 것이 옳은 일입니까? 어째서 내 것의 십분지 일만 드리는 것이 하나님을 기쁘시게 하는 것입니까? 하나님께서 요구하신 것은 몸으로 산제사를 드리라는 것이지(참조. 롬 12:1), 십분지 일을 드리라는 것이 아닙니다. 우리의 몸을 드리라고 하셨는데 십분지 일이 무엇입니까? 그렇게 '네 몸으로 산제사를 드리라' 하는 말이 명백히 있는데도 겨우 십분지 일만 드리고 '나는 했습니다. 더 이상은 못합니다. 그것만 받으십시오' 하는 식으로 왜 몸으로 산제사를 드리라고 하지 않고 십일조만 하라고 하는 것입니까?

그런고로 이와 같은 헌상(獻上)의 원리도 구약 시대나 신약 시대나 어느 때나 마찬가지입니다. 하나님 앞에 무엇을 드린다는 정신이 무엇을 의도하는가 하는 것은 오늘날이나 그때나 마찬가지입니다. '네가 주어서 내가 받을 것이 무엇이 있느냐? 내가 너에게 안 준 것이 어디 있느냐? 다 내 것인데 드릴 것이 어디 있느냐?' 하는 말입니다. 하나님 앞에 아무것도 드릴 것이 없는 것이고 아무것도 드릴 자격이 없는 것입니다. 하나님의 것을 가지고 하나님 앞에 드린다면 이야기가 안 되는 것입니다. 내가 하나님의 것을 하나님 앞에 돌릴 수는 있어도 엄격한 의미에서 '내 것'을 하나님 앞에 드릴 재주는 없는 것입니다. 자기 것이라고 생각할 때 거기에 소위 양(量)이라는 양감(量感)이 생기는 것입니다. '이것은 내 것이니까 내 마음대로 얼마만큼만 드려야겠다' 하는 식입니다. 아나니아와 삽비라에게 다른 죄가 없고 자기 것이라고 자기 소유권을 승인하기 시작해서 하나님도 속일 수 있을 줄 알고 속이려 한 것입니다. '이것은 내 것인데 다 안 드린들 어떠랴' 한 것입니다. 다 안 드리더라도 명명백백히 '내가 이만큼 드리겠습니다' 했으면 그만일 텐데, 처음부터 마음자리가 부정당했던 것입니다.

그런고로 헌금은 첫째로 하나님의 소유권을 승인하는 데 의미가 있지, 내 것이라는 것을 승인하는 데서부터 헌금이 시작된다면 그것은 벌써 뒤집어진 이야기입니다. '하나님, 저에게 만 원이 있으니까 만 원을 드리겠습니다. 가지십시오' 하는 식의 정신없는 생각을 하지 말라는 말씀입니다. '하나님, 제가 가진 것 가운데 하나님 것이 아닌 것이 무엇이 있습니까? 다 하나님의 것입니다. 다만 이 헌금으로써 저를 대표합니다. 이것이 만 원이 되었든지 백 원이 되었든지 십 원이 되었든지 하나님께서 쓰시려면 다 가져다 쓰십시오. 언제든지 제 것은 하나도 없습니다. 하나님께서 주셔서 있게 된 것이 아닙니까? 그런고로 하나님의 절대의 소유권과 대권을 제가 승인합니다' 하는, 하나님의 대권과 소유권에 대한 승인과 고백으로서의 헌금이어야 하는데, 그런 고백은 어디로 가고 '하나님, 이렇게 제게 주셔서 감사합니다. 이것은 제 것인데 제 것 가운데 이것을 하나님 앞에 드리니까 이것이 적지만 큰 덕으로 보시고 새로 새 덕을 많이 주십소서' 하는 식입니다. 옛날 사람도 그런 짓을 했습니다. '이것이 적지만 적은 것을 드립니다. 그동안 받은 덕도 많사오나 앞으로 새로 새 덕을 입혀 줍소서. 우리는 이것을 준비하느라고 밤에는 새우잠을 자고 낮에는 동동걸음을 걸었습니다' 하고 푸념을 합니다. 낮에는 동동걸음으로 열심히 장만했고 밤에는 새우잠을 자서 꼬부리고 자다가 후닥닥 일어나서 또 만들었다는 것입니다. 그래서 '이것이 적지만 많은 것으로 보시고, 과거에 입은 덕도 많사오나 새로 덕을 입혀 줍소서' 하고 푸념 좋게 말합니다. 그런데 신자들이 지금 그런 푸념을 입으로는 할 줄 몰라서 못해도 속으로는 여전히 하면서 헌금을 드린다는 말씀입니다. 구약 시대도 그래서는 안 되고, 신약 시대도 그러면 안 되는 것입니다. 십일조도 그래서는 안 됩니다. 그런데 이렇게 타락한 것입니다.

그런고로 오늘 우리가 중요히 생각할 것은 여기 이 예루살렘 회의의 의의가 구약에 대한 반대가 아니라는 것입니다. 이것은 그때 깊이 돌아다녔던 유대주의(Judaism) 혹은 유대주의적 사상에 반대하고 일어난 것입니다. 유대주의는 구약의 정신을 왜곡해서 자기네 종교를 하나 만들어 냈습니다. 시대가 흘러가는 가운데 그릇된 선생들과 그릇된 교사들이 나타나서 율법의 한마디 말끝만 붙들고 자꾸 적극적으로 야단을 냈습니다. 그들은 말에는 지극히 충성했고 그래서 잔과 대접의 겉까지 다 깨끗하게 했고 박하(薄荷)와 회향(茴香)과 근채(芹菜)의 십일조까지 드렸지만, 그보다 더 중요한 의(義)와 인(仁)과 신(信)은 다 집어 내버렸습니다(참조. 마 23:23, 25; 눅 11:39). 그러한 사람들이 구약의 본의(本義)를 왜곡하니까 그것을 반대한 것입니다. 오늘도 마찬가지입니다. 오늘도 기독교가 오래되었다고 하고, 무엇을 더 한다고 하면서 자꾸 왜곡하는 것입니다. '성경의 자자구구(字字句句)의 일점일획에까지 다 충실합니다' 하면서 무슨 짓을 하는가 하면 바리새인과 같이 박하와 회향과 근채의 십일조는 드리지만 중요한 것은 다 버린다는 말씀입니다.

'아, 십일조를 드리라고 했으니 십일조를 드리십시오. 안 드리면 안 됩니다. 드리면 복을 붓는가 안 붓는가 보십시오' 하고서 위대한 공리(功利) 종교를 막 양성시켜 놓는 것이 과거의 이교와 무엇이 다릅니까? 하나님은 '네 것이 어디 있느냐? 몸으로 산제사를 드리라고 했다. 다 드려라'

하시는 것입니다. 번제(燔祭)는 벌써 그런 정신을 가르쳤습니다. 구약에서 번제를 드리고 그 정신을 확실히 체득했던 이스라엘의 경건한 신자 같으면 하나님 앞에 곡식을 가지고 제사를 드리라고 할 때 '이것은 하나님의 것이고, 나머지는 내 것이다' 하는 생각을 한 일이 없습니다. '하나님께서 저에게 땅을 주셨고, 하나님께서 우순풍조(雨順風調)하게 해 주셨고, 하나님께서 곡식을 나게 하셨으니 결국 하나님께서 다 만드신 것이 아닙니까? 그러니 이것이 모두 하나님의 것이 아닙니까?' 하는 것을 표시하라고 해서 밭에서 한 단을 뽑아서 따로 놓고 '이것은 하나님의 것이다' 한 것입니다. 이것은 '거기에 있는 땅도, 그 땅에서 나온 것도, 살아 있는 너의 목숨도, 네가 이끼던 모든 정력도 다 내 것이다' 하는 말씀입니다. 이렇게 시작한 정신이 오늘날은 어떻게 되었습니까?

이와 같이 바울 선생이 갈라디아서에 말한 그 강력한 반대 의사는 구약에 대한 반대가 아닙니다. 구약의 정신과 참된 뜻을 추호만큼도 반대한 것이 아닙니다. 오히려 그는 그 정신을 바로 터득했기에 그것을 비틀어 왜곡시킨 유대주의의 선생들에 대해 반대한 것입니다. 이제는 의식과 의문이 없다면 그러면 아무 조건도 없는가 하면 '하나님께서 네 안에 조건을 만드시고 그 조건을 요구하신다' 하는 것입니다. 그리고 그것은 늘 믿음이라는 조건입니다. 구약 시대에도 믿음이라는 조건이 절대로 필요했고 모든 시대를 통해서 결국 도달해야 할 것은 하나님께서 구원하신다는 사실을 확신하는 것입니다. 그것을 확신하지 않고서는 구원받을 영혼이 없습니다. 그리고 내부에 들어가서 본다면 모든 의식과 제도를 통해서는 중생(重生)이라는 사실이 그에게 확증되어야 합니다. 중생함이 없이는 아브라함이고 노아고 이삭이고 모세고 다윗이고 구원을 못 받는 것입니다. 거듭나지 아니하고 하나님 나라에 들어갈 자가 없습니다(요 3:3). 그런데 구약 시대의 그 사람들은 하나님 나라에 못 들어가고 가만히 어디 다른 데에 갇혀 있다는 그런 소리들을 많이 합니다. 그렇게 가르치는 사람이 많이 있습니다.

야고보의 연설과 예루살렘 회의의 결정

그다음에는 야고보가 일어났는데, 그는 예수님의 동생 야고보입니다. "말을 마치매 야고보가 대답하여 가로되 형제들아, 내 말을 들으라"(행 15:13). 야고보가 예루살렘 교회의 감독이어서 그랬다고 하는 사람도 있지만, 그가 감독이었는지 아닌지는 지금 우리에게 중요한 것이 아닙니다. 좌우간 교회에서 기둥같이 여기는 인물입니다. 야고보는 예수님의 동생으로서 처음에는 예수를 안 믿었습니다. 사람들이 예수님이 미쳤다고 하니까 동생들도 예수님을 믿지 않고 예수님을 데리러 다니고 그랬습니다(참조. 막 3:21). '집에 가만히 앉아 있지 왜 그러고 다니느냐?' 고 한 것입니다. 그러던 야고보나 유다가 나중에는 예수님의 참되고 신실한 제자가 되어서 나중에는 예수님을 가리켜 '형님' 이라고 하지 않고 항상 '주님, 주님' 하면서 야고보서를 쓸 때에도 '주' 라고 다 썼습니다.

"야고보가 대답하여 가로되 형제들아, 내 말을 들으라. 하나님이 처음으로 이방인 중에서 자기 이름을 위할 백성을 취하시려고 저희를 권고(眷顧)하신 것을 시므온이 고하였으니 선지자들의 말씀이 이와 합하도다"(행 15:13-15), '지금 금방 시므온이 말하지 않았느냐? 하나님께서 이제는 이방 사람을 자기 이름을 위할 백성으로 여기셨다. 그것은 선지자들의 말씀과도 합하는 내용이다' 하고서는 결국 구약의 정신을 여기에 넣었습니다. '봐라, 구약도 그것을 가르쳤다' 하는 뜻입니다. 하나도 구약을 반대한 것이 아닙니다. "기록된 바 이후에 내가 돌아와서 다윗의 무너진 장막을 다시 지으며 또 그 퇴락(頹落)한 것을 다시 지어 일으키니 이는 그 남은 사람들과 내 이름으로 일컬음을 받는 모든 이방인들로 주를 찾게 하려 함이라"(16-17절). '왜 다윗의 무너진 장막을 다시 지으며 퇴락한 것을 다시 지어 일으키시느냐 하면 남은 사람들, 곧 유대 사람들 가운데 남은 신실한 자들과 하나님의 이름으로 일컬음을 받는 모든 이방인들로 주를 찾게 하려고 하신 것이라고 구약에 벌써 예언하지 않았느냐?' 하는 뜻입니다. "즉 예로부터 이것을 알게 하시는 주의 말씀이라 함과 같으니라"(18절) 하고 아모스 9:11-12을 인용했습니다. "그런고로 내 의견에는 이방인 중에서 하나님께로 돌아오는 자들을 괴롭게 말고 다만 우상의 더러운 것과 음행과 목매어 죽인 것과 피를 멀리하라고 편지하는 것이 가하니 이는 예로부터 각 성에서 모세를 전하는 자가 있어 안식일마다 회당에서 그 글을 읽음이니라"(19-21절). 이것은 '성경을 읽는 사람도 있다. 그런고로 성경의 일관된 정신으로서 우리가 딴 조건을 붙이지 말자' 하는 것입니다. 아주 거두절미(去頭截尾)하고 이야기했습니다. '딴 조건을 도무지 붙이지 말고 은혜로 구원받는다는 사실을 확인할 뿐 아니라, 은혜로 구원받은 사람은 아름다운 하나님 나라의 도덕을 지켜야 할 것이라고 가르치자' 하는 것입니다.

은혜로 구원받았으니까 도덕 없이 아무렇게나 살아간다는 말이 아닙니다. 그것이 소위 인도(人道)입니다. 하나님의 사람들이 마땅히 지켜야 할 참된 인도주의(humanitarianism)가 여기에 나타납니다. '그런고로 그 거룩한 생활이 필연적으로 요구하는 생활의 도덕적인 규범을 우리가 지키기만 하면 그것으로 그만 아니냐? 그것은 강조할지언정 왜 다른 의문(儀文)을 구원의 조건으로 가르쳐서 올무를 놓아야 하느냐? 구원의 조건으로는 다른 것이 없다. 구원받은 사람은 이렇게 신령하고 거룩하고 겸손하게 살아야 한다는 것뿐이다. 그것이 핵이다. 나의 사견(私見)에는 그렇다' 하는 것입니다.

이 사견에 대해서 교회도 결국은 동의해서 그대로 편지를 했습니다.

"이에 사도와 장로와 온 교회가 그중에서 사람을 택하여 바울과 바나바와 함께 안디옥으로 보내기를 가결하니 곧 형제 중에 인도자인 바사바라 하는 유다와 실라더라. 그 편에 편지를 부쳐 이르되 사도와 장로 된 형제들은 안디옥과 수리아와 길리기아에 있는 이방인 형제들에게 문안하노라"(22-23절). 그 유대인들이 쓸데없는 소리를 하고 돌아다닌 것이 상당히 멀리 안디옥과 수리아와 길리기아 지방에 있는 많은 교회에 영향을 미쳤던 모양입니다. "들은즉 우리 가운데서 어떤 사람들이 우리의 시킨 것도 없이 나가서 말로 너희를 괴롭게 하고 마음을 혹하게 한다 하기로 사람을 택하여 우리 주 예수 그리스도의 이름을 위하여 생명을 아끼지 않는 자인 우리의 사랑하는 바나바와 바울과 함께 너희에게 보내기를 일치 가결하였노라"(24-26절). 이것이 처음의 서두(序頭)입니다. "그리하여 유다와 실라를 보내니 저희도 이 일을 말로 전하리라. 성신과 우리는", 자기네가 단독으로 결정하는 것이 아니라 많은 변론이 있고 많은 의논이 있고 혹은 의견의 상충도 있는 다음에 최후의 결론으로는 성신께서 이와 같이 결정해 주신 것을 확신한 까닭에 이렇게 말한 것입니다. "이 요긴한 것들 외에 아무 짐도 너희에게 지우지 아니하는 것이 가한 줄 알았노니 우상의 제물과 피와 목매어 죽인 것과 음행을 멀리할지니라. 이에 스스로 삼가면 잘 되리라. 평안함을 원하노라 하였더라. 저희가 작별하고 안디옥에 내려가 무리를 모은 후에 편지를 전하니 읽고 그 위로한 말을 기뻐하더라. 유다와 실라도 선지자라. 여러 말로 형제를 권면하여 굳게 하고 얼마 있다가 평안히 가라는 전송을 형제들에게 받고 자기를 보내던 사람들에게로 돌아가되 바울과 바나바는 안디옥에서 유하며 다수(多數)한 다른 사람들과 함께 주의 말씀을 가르치며 전파하니라"(27-35절).

성경을 읽은 그대로 보면 더 이상 긴 설명이 필요 없습니다. 결정은 전원이 일치했습니다. 누가 하나 일어나서 '그렇게 하지 맙시다. 율법을 지켜야 한다고 합시다' 하고 반대하지도 않았고, '아니, 그럼 타협합시다. 여러 가지를 다 지킬 수 없다면 그 대신 이런 의식 한 가지만 하라고 합시다' 하는 그런 정치적인 공작이 없었습니다. 기면 기고 아니면 아닙니다. 요긴한 지식이 무엇인지 딱 가르쳐 주었습니다. '구약적인 임무는 지킬 것이 없으나 도덕적인 규범은 지켜야겠다' 한 것입니다. 그것은 구약 시대나 신약 시대나 마찬가지입니다. 이와 같이 성신의 화해 안에서 결국 전원 일치가 이루어졌고, 헬라 신자들을 괴롭게 하지 않되 해서는 안 될 것을 가르쳤습니다. 그리스도인으로서 그리스도적인 도덕적 표준에 신실하라고 한 것입니다. '사랑은 연약한 기타 교인들을 괴롭게 하는 것이 아니다' 하는 말입니다. 한마디로 말해서 자유와 순결과 사랑을 강조했습니다. 여기에는 자유가 있습니다. 예수 그리스도를 믿는 믿음의 자유가 있고, 또한 생활의 순결이 있습니다. 그리고 단순히 생활의 순결뿐 아니라 남의 양심을 위해서 절제하는 사랑이 있습니다. '네가 우상의 제물이 아무것도 아닌 줄 알고 그것을 먹을 자유가 있을지라도, 만일 남이 그로 말미암아 올무에 걸린다면 다른 사람의 양심을 위해서 고기를 안 먹는 것도 사랑이다' (참조. 고전 8:1-13) 하고 나중에 바울 선생이 가르친 그 위대한 교훈들이 다 이런 정신과 부합합니다. 이렇게 해서 자유가 있고 순결이 있는 동시에 남들에 대해서는 사랑을 표준으로 해서 살라고 했습니다. 고린도전서 10:27-33 가운데 특별히 32-33절을 보면 '네 스스로의 자유는 있으되 다른 사람의 양심을 생각해 주어야 한다' 하는 것입니다.

우상으로 더럽혀진 것과 음행과 목매어 죽인 것과 피를 멀리하라고 했습니다. 이것은 이른바 진보적인 정신을 용납하지 말라는 말인 동시에 헬라 사람들이 율법을 과민하게 지키는 유대 신자들에게 너무나 무관심한 것은 좋지 않다는 말입니다. '유대 사람들은 지금까지의 전통이 있어서 그것을 확실하게 지키고 사는데 그것이 아무것도 아닌 것같이 그냥 뚜들겨 부수지 말고 좀 지지해 주어라. 사랑으로써 그 사람을 용납해 주어라. 그리스도께서 사랑으로 매어서 하나를 만드신다는 이 표준과 정신에 위배되지 않아야 할 것이 아니냐? 믿음이 연약한 자를 너희가 받되 그가 의혹을 가지는 일로 인하여 변론하지 말아라'(참조. 롬 14:1) 하는 이야기입니다. '다른 사람은 믿음이 풍성해서 고기를 다 먹지만, 어떤 사람은 믿음이 연약해서 채소만 먹지 않느냐? 너는 고기를 먹는다고 해서 자랑하고 뽐내고 쓸까스르고 채소만 먹는 사람을 낮게 보지 말아라. 언제든지 거룩한 코이노니아(κοινωνία), 즉 거룩한 교통을 위해서 너희가 연합해서 그리스도 안에서 하나 되었다는 사실을 유지해라' 하는 것입니다. 그렇게 거룩한 형제의 사랑, 사랑으로서의 교통을 유지하기 위해서는 그 사람도 이해하고 존중할 줄 알아야 합니다. '저 사람은 채소밖에 먹을 줄 모르고 고기도 먹을 줄 모르는 사람이다' 하고 무시하고 '봐라. 나는 마음대로 먹는다' 하면서 그 사람 앞에서 고기나 질겅질겅 씹지 말고 모든 사람을 겸손히 대하고 사랑으로 대하라는 것입니다. 이것이 여기에 있는 헌장의 근본정신입니다.

우상의 제물과 피와 목매어 죽인 것과 음행을 멀리하라

우상으로 더러워진 것과 음행과 목매어 죽인 것과 피를 멀리하라고 했습니다. 우상의 제물에 대해서는 성경 여러 군데에 있는데 그것을 하나씩 살펴보자면, "저희 중에 어떤 이들과 같이 너희는 우상 숭배하는 자가 되지 말라. 기록된 바 백성이 앉아서 먹고 마시며 일어나서 뛰논다 함과 같으니라"고 했습니다. 고린도전서 10:7입니다. 그러나 우상의 제물에 관한 이야기는 앞에서 언급한 고린도전서 10:27-33에도 있고, 출애굽기 32:1 이하에도 있습니다. "아론이 그들의 손에서 그 고리를 받아 부어서 각도(刻刀)로 새겨 송아지 형상을 만드니 그들이 말하되 이스라엘아, 이는 너희를 애굽 땅에서 인도하여 낸 너희의 신이로다 하는지라. 아론이 보고 그 앞에 단을 쌓고 이에 공포하여 가로되 내일은 여호와의 절일(節日)이니라 하니 이튿날에 그들이 일찍이 일어나 번제를 드리며 화목제를 드리고 앉아서 먹고 마시며 일어나서는 뛰놀더라"(출 32:4-6). 이것은 물론 모세가 시내 산에 있는 동안에 산 아래서 이스라엘 백성이 하던 짓인 것을 여러분도 다 아실 것입니다. 그런데 아론이 애굽에서 늘 보던 송아지를 만들어 놓고 '이것이야말로 애굽의 라(Ra) 신이다' 하고 말한 것이 아닙니다. 그렇게는 하지 않았습니다. 여호와의 절일이라고 했습니다. 이것은 자기네 고유의 사상과 고유의 명칭을 될 수 있는 대로 그냥 고지(固持)하려고 한 것입니다. 다른 말로 하면 그릇된 개념에 정당한 이름을 붙이거나 혹은 무엇을 오해해서 정당한 이름 아래에서 정당한 개념을 못 가질 때 우상을 섬기는 것입니다. 예를 들면 우리가 하나님과 예수 그리스도와 성신의 삼위일체를 섬긴다고 할지라도 삼위일체에 대한 그릇된 개념을 가졌을 때는 우상을 섬기는 것입니다. 이것이 무서운 이야기입니다.

 오늘날도 예수를 믿는다 하지만 '어떤 예수를 믿는가?' 하고 그 기독론을 자세하고 면밀하게 검토한다면 성경이 가르친 기독론 이외의 다른 것을 말하거나 성경이 가르친 기독론에서 무엇을 뺀 이상한 예수를 만들어서 말하는 일들이 많이 있습니다. 사람들이 그런 이상한 일들을 합니다. 그러면서도 그 사람들은 예수를 믿는다고 말하고 또 어떤 정도 안에서는 보통으로 다 일치하는 기독관을 가지고 이야기하는 까닭에 '아, 확실히 예수 믿는 사람이다' 하지만, 일단 어떤 문제에 들어가면 그들의 기독관이 비뚤어져 있는 것을 알 수 있습니다. 왜냐하면 교회가 그리스도에 대해서 잘 가르치지 않기 때문입니다. 강단은 무엇보다도 그리스도를 증거하는 자리입니다. 예수 그리스도는 누구신가 하는 것을 올바로 가르쳐

넣어야 하는데, 그리스도의 품위(品位)에 대해서나 그의 인격에 대해서 잘못 가르쳐서 잘못 배운 것입니다.

  기독론도 문제이지만, 한국에서 가장 큰 오해는 성신론입니다. 성신께 대해서 빈약한 신관을 가지고 있는 것이 한국에 있는 일반적인 약점입니다. 물론 성부 하나님에 대해서도 아는 것이 빈약하고 잘 모릅니다. 아는 것 같지만 자꾸 물어보면 하나님의 속성에 대해서나 하나님의 거룩한 내용에 대해서 잘 모르는 것입니다. 또 그리스도에 대해서도 큰 오해가 있습니다. 그러나 가장 비뚤어지게 잘못 생각하고 있고 방자하게 잘못된 것을 취하고 나가는 것은 성신론입니다. 이런 데서 기독교는 기독교라는 이름 아래에서 우상 종교를 이루어 나가는 것입니다. 아론이 시내 산 밑에서 여호와의 종교를 버린 것이 아닙니다. 자기는 여호와를 섬기는 줄 알았습니다. 여호와의 절일이라고 했습니다. 그러고서는 무엇을 챙겼는가 하면 애굽에서 그가 보던 풍습 그대로를 본떠서 이교적인 여호와 종교를 만들어 낸 것입니다. 물론 그것이 애굽의 라(Ra) 종교는 아닙니다. 그러나 송아지를 섬기면서 그것이 여호와라고 했습니다. 성경의 가르침은 '이런 우상을 섬기지 말아라' 하는 것입니다.

  음행에 대해서는 고린도전서 10:8에서 "저희 중에 어떤 이들이 간음하다가 하루에 이만삼천 명이 죽었나니 우리는 저희와 같이 간음하지 말자"고 했는데, 이에 관한 이야기가 민수기 25:1-9에 있습니다. 모압 평지, 곧 여리고 건너편에서 이스라엘 백성이 유진(留陣)할 때 발락과 발람이 이스라엘을 시험에 빠뜨린 이야기가 거기에 있습니다. "이스라엘이 싯딤에 머물러 있더니 그 백성이 모압 여자들과 음행하기를 시작한지라"(민 25:1). 그래서 하나님께서 염병으로 막 치셔서 그 염병으로 죽은 자가 2만 4천 명이었다는 이야기입니다. 이들의 이런 고사(古事)를 인용해서 '너희는 그래서는 안 된다' 하고 말한 것입니다. 광야의 이스라엘 백성은 하나님을 반대하고 배반하고 이방 여자들과 딴 일을 했다는 말입니다. 이것은 단순히 육신의 문제일 뿐 아니라 신령한 의미에서도 음행이 많이 있습니다. 하나님을 섬기면서 동시에 딴것을 섬기거나 혹은 맘몬(mammon)을 섬겨 나가는 것입니다.

다음에 목매어 죽인 것과 피라 할 때 이것은 물론 유대의 법전에 대한 이야기인 것만이 아닙니다. 앞에서 말한 두 가지, 즉 우상 숭배와 음행에 대해서는 '너희는 내 앞에 다른 신을 두지 말라' 든지 '간음하지 말라' 든지 해서 계명에 다 나와 있지만, 피에 대해서는 유대의 법전이 있기 훨씬 이전에 벌써 늘 주의를 시켰습니다. 창세기 9:4-5에 "그러나 고기를 그 생명 되는 피째 먹지 말 것이니라. 내가 반드시 너희 피, 곧 너희 생명의 피를 찾으리니 짐승이면 그 짐승에게서, 사람이나 사람의 형제면 그에게서 그의 생명을 찾으리라"고 하였고, 레위기 3:17에도 "너희는 기름과 피를 먹지 말라. 이는 너희 모든 처소에서 대대로 영원한 규례니라" 하였습니다. 이렇게 피를 생명의 가장 중요한 표호(標號)요 표로 보는 까닭에 그것을 취해서는 안 되는 것입니다. 그러한 인도적인 정신, 혹은 남의 생명을 해하지 않는다는 정신, 즉 남의 생명을 내가 찬탈해서 그 위에 내 행복을 건설하지 않는다는 이 정신이 피를 금한 것이라는 말씀입니다. 피를 먹으면 동티 난다는 말이 아닙니다. 피를 가져다가 선지 국을 끓여서 먹으려면 먹을 수 있지만, 그러나 피를 먹는 그 정신, 즉 '피라도 상관없이 먹는다' 할 때는 그 정신이 문제인 것입니다. 그동안 우리가 구약에서 몇 가지 조목을 배웠습니다. '염소 새끼를 그 어미의 젖에 삶지 말아라' (출 23:19; 34:26; 신 14:21) 하는 율법이 있습니다. 염소 새끼를 그 어미젖에 삶아서 먹는다고 동티 날 일은 아마도 없을 것입니다. 배 아플 일도 없는 것이고 먹어도 맛이 있을 것이지만, 그렇게 삶지 말라는 말씀입니다. 이런 것은 과학적인 결과보다는 항상 그 정신적인 것, 즉 근본적으로 의도하는 것이 무엇인가를 교훈하시는 것입니다.

'피를 먹지 말라' 할 때 '남의 생명이나 혹은 남의 희생을 찬탈하거나 횡취(橫取)해서 그 위에 네 행복을 건설하지 말아라' 하는 것입니다. 그것이 피를 먹지 말라고 할 때의 정신입니다. 오늘날은 음식을 만들 때에도 사람이 잘 속아 넘어가게 만듭니다. 초콜릿도 아닌데 초콜릿같이 좋게 물들여서 속이고, 달걀도 아닌데 달걀같이 노랗게 물들인, 암을 발생하게 하는 무서운 염료를 사용하고 방부제를 섞어서 케이크를 만들어 파는 사람도 있습니다. 사람들이 그것을 보고 좋다고 여기고 눈요기부터 해서 그것이 눈 속으로 빨려 들어가서 사 먹으면 뱃속에 들어가서 탈을 냅니다. 자꾸 그런 것을 사다 먹으면 어떻게 되겠습니까? '그 사람이 생명을 마감하더라도 돈만 벌면 나는 그만이다' 하는 것이 남의 희생의 대가 위에 나의 행복을 건설하고 살겠다는 정신입니다. 이것이 피를 먹는 사람의 정신입니다. 그런 짓을 하지 말라는 것입니다. 그래서 '너희는 피를 먹지 말아라' 하셨습니다. '남의 희생의 대가 위에 네 행복을 건설하려고 하지 말아라' 하는 말씀입니다.

레위기 17:10-11, 14을 보면 "무릇 이스라엘 집 사람이나 그들 중에 우거하는 타국인 중에 어떤 피든지 먹는 자가 있으면 내가 그 피 먹는 사람에게 진노하여 그를 백성 중에서 끊으리니", 끊는다는 말은 쫓아낸다는 말입니다. 출교(黜敎, excommunicate)한다는 말이고 취해 내버린다는 말입니다. "육체의 생명은 피에 있음이라. 내가 이 피를 너희에게 주어 단에 뿌려 너희의 생명을 위하여 속(贖)하게 하였나니 생명이 피에 있으므로 피가 죄를 속하느니라. 모든 생물은 그 피가 생명과 일체라. 그러므로 내가 이스라엘 자손에게 이르기를 너희는 어느 육체의 피든지 먹지 말라 하였나니 모든 육체의 생명은 그 피인즉 무릇 피를 먹는 자는 끊쳐지리라" 하였습니다.

그런고로 신자는 항상 이런 것들을 유의해야 합니다. '이것을 문자대로 이해할 것이 아니다. 문자는 껍데기일 뿐인 것을 알았으니까 우리는 먹는다' 하고 함부로 생각하기보다는 그것들이 무엇을 가르치는가를 늘 주의해야 한다는 말씀입니다. 하나님 외에 다른 것을 마음에 두는 것도 옳지 않고, 하나님 외에 다른 것과 더불어 즐거움을 나누는 일에 교회가 한 무리가 되어 돌아다니는 이 신령적(神靈的) 우맹(愚氓)도 부정당한 것이고, 하나님만을 섬기는 사람들이 절개를 버리고 마음 가운데 세상도 섬기고 명예도 섬기고 돈을 섬기면서 하나님도 섬기겠다고 하는 식으로 하나님의 이름을 가지고 딴것을 해서는 안 됩니다. 그리고 그다음에는 목매어 죽인 것과 피를 먹지 말아야 합니다. 즉 남의 생명이 자차(咨嗟)하게 죽고 비참하게 죽는 것도 무시해 버리고 '너야 살든지 굶어 죽든지 배가 터져 죽든지 나와 무슨 상관이 있느냐? 나는 내 행복만 돌보면 된다' 하는 이러한 모지락스럽고 괴악하고 이기주의적인 생각을 하지 말라는 것입니다. '남의 생명을 위반해서 남의 피 위에 네 생명과 네 행복을 건설하려는 그따위 짓을 하지 말아라. 그것이 그리스도교의 아름다운 도리이다. 이런 것을 지켜라. 이런 것은 지키되 할례를 받으라고 무식한 말로 떠들지 말아라' 하는 것입니다.

이것이 예루살렘 회의의 결과이고 결정입니다. 이 결정의 결과로 안디옥이나 수리아나 길리기아 다소 지방에 다 안식이 있어서 이제는 그런 시답잖은 문제로 괜히 시끄러울 것도 없고 걱정할 것도 없이 다음 사업을 위해 평안하게 적극적으로 준비할 수 있게 되었습니다. 과연 그 후에 바울 선생과 바나바 선생은 교회를 튼튼하게 하려고 열심히 가르쳤습니다. 유대인 교사들의 이 교훈은 사도나 장로의 보증이 없는 제멋대로의 가르침인 것을 분명히 알게 해서 무엇이 올바른 기독교의 본질이고 무엇이 그릇된 교훈인 것을 가르쳤습니다. 그런 다음에 다시 파송을 받아서 또 전도하러 나셨습니다.

신령하게 자유스럽게 자연스럽게

여기서 바울 선생이 가지고 있었던 정신과 또 하나님께서 기독교를 어떻게 분별하시고 원칙적으로 보존하시려고 했는가를 늘 주의하시기 바랍니다. 한 가지만 더 주의하고 넘어갈 것은 바울 선생이 반대한 것은 구약적인 의식(儀式)이 구원의 조건이 된다는 것을 반대한 것뿐이라는 사실입니다. '구약적인 의식이라는 것은 아무짝에도 쓸모없다' 하고 발로 짓밟아 버렸다는 이야기가 아닙니다. 이것을 또 주의해야 합니다. 바울 선생은 구약의 의식을 전적으로 반대한 것이 아니고, 구약의 의식이 구원의 조건으로서는 절대로 의미를 갖지 않는다는 것을 말한 것뿐입니다. 그래서 그는 '구약적인 의식은 히브리 사람들의 국민적인 한 특징이고 국민적인 특성을 표백(表白)하는 방식이다' 할 때는 '아, 그렇다' 하고 그대로 따라갔습니다. 그런고로 이런 점을 늘 주의해야 합니다. 그래서 바울 선생은 복음을 나타내고 복음을 전하기에 좀 더 나은 기회를 얻기 위해서 어느 때는 구약의 의식을 이용하기도 했습니다. 바울 선생은 복음을 전하기 위해서 자기가 로마 사람인 것을 이용한 것같이 히브리 사람의 특성이 의식으로 표시되는 것도 복음 전하는 데 유리할 때는 이용했습니다. 그러나 그것이 구원의 조건이 된다고 강요한 일은 한번도 없습니다.

예를 들면 디도라는 헬라 사람을 데리고 예루살렘에 가긴 갔지만 절대로 할례를 못 받게 했습니다(참조. 갈 2:3). 왜냐하면 그때 할례를 받으면 '아, 디도도 할례를 받는 것을 보니 이 구약적인 의식이라는 것은 구원의 조건으로 필요한가 보다' 하고 오해할 우려가 있었기 때문입니다. '헬라 사람에게 할례가 무슨 소용이 있는가? 할례는 히브리 사람의 표상(表象)인데 헬라 사람이 그런 표상을 나타낼 필요가 없다' 한 것입니다. 그렇지만 디모데는 할례를 받게 했습니다(참조. 행 16:3). 그러니까 '할례를 그렇게 반대하면서 왜 디모데는 할례를 받게 했는가?' 하는 문제가 생깁니다. 그러나 디모데에게 할례를 받게 한 것은 디모데가 유대인 어머니의 아들인 줄을 누구나 다 알고 있었기 때문입니다. 유대인이 박해를 받아서 사방으로 흩어져 나간 후에는 항상 모계로 유대 사람을 따졌습니다. 지금도 모계로 유대 사람을 따져서 아버지가 이방 사람이라도 어머니가 유대 여자이면 그 사람은 유대 사람입니다. 이렇게 지금도 모계로 다 따집니다. 왜냐하면 박해가 하도 많으니까 박해를 받을 때 아버지를 따라서 도망가지 않고 주로 어머니를 따라 피난을 다니기 때문입니다. 그러니까 아버지는 다 잃어버리는 식입니다. 그렇게 어미니만 따라다니니까 결국 '이 사람이 유대 사람인가 아닌가 할 때는 그의 어머니가 유대 사람인가만 보자' 해서 유대 민족을 보존해 나갔습니다. 좌우간 그때에도 디모데의 어머니가 유대 사람인 까닭에 적어도 유대 사람의 피가 있다는 것을 확증한 경우인데, '디모데의 경우에 아무런 비방 없이 전도하게 하려면 할례를 받게 해서 유대 사람이라는 확증을 확보해 가지고 가면 좋겠다' 해서 전도하는 데 도움이 되게 하려고 한 것뿐이지, 결코 디모데가 할례를 받지 않으면 구원이 없다고 해서 할례를 받게 한 것이 아닙니다.

히브리 사람으로서의 특성을 나타낸다고 할 때는 할례를 행하든지 무슨 특별한 일을 하든지 그것은 한두 가지 특성으로서 용인할 수 있습니다. 우리 한국 사람의 특성이라고 해서 주의(周衣), 즉 두루마기를 입고 나가는 것과 같은 것입니다. 미국 같은 데 가서 각국 나라 사람들이 모여서 친목회라도 할 때 제 나라의 의상(costume)을 다 입고 오라고 하면 한국 학생들은 두루마기를 입고 가는 것이 보통입니다. 두루마기를 입고 가서 '우리 한국에서는 이렇게 입는다'고 합니다. 한국 사람의 특성을 나타내려고 그렇게 하는 것입니다. 만일 그렇게 하지 않고 양복을 입고 가면 중국인인지 일본인인지 한국인인지 베트남인인지 알 수가 없습니다. 그래서 두루마기를 입고 문을 열고 들어가서 '이것이 한국이다' 하고 나타내는 것입니다.

이런 식으로 히브리 사람으로서 히브리 사람을 전도하려고 할 때는 히브리 사람처럼 되는 것이 바울 선생의 방도입니다. 가난한 사람에게는 가난한 사람과 같이 되고, 부(富)한 사람에게는 부한 사람같이 되고, 이방 사람에게는 자신이 헬레니스트(Hellenist)이기도 하니까 이방 사람같이 되고, 히브리 사람에게는 가장 순수한 유대 사람이 되었는데, 결국 목적은 한 사람이라도 더 그리스도의 구원 가운데 이르게 하려는 것입니다(참조. 고전 9:19-23). 그런고로 그는 극빈에 처할 줄도 알고 부요에 처할 줄도 알아 신축 유연했습니다(참조. 빌 4:12). 옛날의 우리 한국말로 '대룡(大龍)은 굴신(屈伸)이 자유라' 하는 말과 같습니다. '용이 크다고 할 것 같으면 꼬부렸다 폈다를 마음대로 하는 것이다' 하는 말입니다. 밤낮 죄고만 있는 것이 아니고 펼 때는 펴고 꼬부릴 때는 꼬부리는 것입니다. 이와 같이 항상 하나님의 큰 은혜를 받은 사람은 어디든지 적응할 수 있게 자기를 만드는 것입니다. 이렇게 하기 위해서 디모데에게 할례를 받게 하면 히브리 사람에게도 당당하게 히브리 사람으로서 전도할 수 있으니까 전도할 때 문제가 없는 것입니다. 그렇지 않으면 디모데가 전도할 때 어떤 사람이 '당신 유대 사람입니까? 할례 받았습니까? 왜 할례도 안 받고 무슨 말을 하시려고 그러오?' 하고 까다롭게 따지려고 할 때 할 말이 없습니다. 그 사람이 복음을 받고 구원받은 다음에 할례에 대해 깨달아 알기 전에는 그렇게 반대하기가 쉬운 것입니다. 그러니까 가급적 그런 어려운 면에서부터 시작하지 않게 하려고 한 것뿐입니다. 그러나 추호라도 할례가 구원의 조건이 된다든지 그것이 하나님 나라에 들어가는 데 중요한 요건이 된다고 생각한 것은 아닙니다. '할례가 도움이 된다고 할 때는 쓰지만, 그것을 구원의 조건으로는 안 쓴다' 하는 것입니다.

　이것이 자유로운 태도입니다. '그런 것이 있어서는 안 되겠다' 하고 기를 쓰고 반대만 하고 나가는 것도 어느 하나의 사상에 구애(拘礙)되는 것입니다. '그것은 있어도 그만이고 없어도 그만이다' 하는 것이 바울 선생의 넉넉하고 자유롭던 심정입니다. 이런 바울 선생의 태도는 예루살렘의 회의 때에도 명확히 나타났지만 그 후에 더욱더욱 잘 나타났습니다. 바울 선생 자신이 예루살렘에서 결례를 행하고 성전에 들어갔고, 서원한 일이 있을 때에는 머리를 깎았습니다(참조. 행 21:26; 18:18). 바울 선생이 하는 방식은 그런 것입니다. 다른 사람들이 다 양복을 입고 사는 데 갈 때 자기는 꼭 상투 틀고 갓 쓰고 들어가야만 한다고 생각한다면 우스운 것이고, 다른 사람들은 다 파마(permanent)를 하고 돌아다니는데 '아, 우리는 파마라는 것을 하면 안 됩니다. 염색은 죽어도 안 됩니다' 하고 그냥 머리를 이렇게 바싹 치켜 올리고 다니면 더 신령하고 거룩한 것인가 하면 그것이 아닙니다. 그럴 것이 없습니다. 이런 점에서는 자유로워야 하고 자연스럽게 해야 합니다. 그 속에 들어갔으면 그 사람들이 생활하는 것에 너무 특별나게 뒤떨어지지도 말고 특별하게 앞서서 유행의 첨단을 걷지도 말고 같이 보조(pace)를 맞추어 주는 것이 좋은 것입니다. 그리스도의 지체로서 어떤 한 사람에게 가서 그를 친구로 삼고 될 수 있는 대로 그리스도를 증거할 수 있는 지혜를 찾으려 하는 사람은 항상 그런 데에 정신을 써야지, 항상 유행을 거부해서도 안 되고 특별나게 하고 돌아다녀서도 안 되는 것입니다. 길을 걸어갈 때에도 꼭 큰 성경책을 끼고서 '나는 목사요 교회의 무엇이다' 하고 자랑하려고 떠들 것도 없는 것이고, 또 어떤 자리에 가든지 그냥 앉아서 건성으로라도 기도해야만 그 사람이 가장 거룩한 것도 아닙니다. 언제든지 그런 자리에 가서는 구애될 것이 없이 자유롭게 행하면 되는 것입니다. 그런데 그렇게 하지 않으면 '그 사람이 왜 그러는가? 신령하지 않다. 거룩하지 않다' 하고 조그마한 것을 가지고 번문욕례(繁文縟禮)로 자꾸 굴레를 씌우고 자꾸 멍에를 메우는 일을 하지 않아야 합니다. 그전에 필요한 것은 대철칙과 큰 원칙과 큰 능력을 소유하고 살아가는 것입니다. 이것이 그리스도교인이 일차적으로 추구할 문제이고 특별히 우리 교회에서 일차적으로 추구할 문제입니다.

기도

거룩하신 아버지시여, 저희에게 은혜를 베풀어 주셔서 주님의 나라의 거룩하고 깊은 도리를 더 깊이 깨닫고 충성할 마음을 가지게 하시며, 저희의 생활이 항상 그리스도의 지체답게 자연스럽고 자유스럽게 하시고, 그러나 거룩한 원칙이 저희 안에 엄연히 늘 있어서 세상과 더불어 타협하거나 이 세상을 사랑치 않게 하시고, 저희가 이 세상 사람들과 모양을 같이하고 잘 조화되어 가면서 산다고 할지라도 세상을 사랑하거나 세상을 추구하고 사는 태도가 없게 하시고, 항상 원칙에서는 일보도 양보함이 없는 거룩한 정신을 가지게 하시며, 그러한 거룩한 정신이 아버님을 향한 간절한 마음과 충성과 절개로 늘 나타나게 하시고, 또 거룩한 그리스도의 사랑과 정신을 저희의 생활과 태도에서 늘 나타냄으로써 그리스도인의 고고한 도덕을 늘 드러내고 살아가게 합소서. 예루살렘 교회에서 결정한 사실이 안디옥이나 수리아에 있는 다른 교회들에게 마음의 평안을 준 것 같이, 저희로 하여금 하나님 나라의 거룩한 사상을 품고 살게 하시고, 공연한 종교적 의식과 번문욕례적인 그릇된 해석으로 마음을 괴롭게 하거나 짊어질 수 없는 부담을 지는 일이 없이 은혜를 참으로 은혜롭게 가지고 살게 하시며, 그러나 또한 거룩한 생활의 규범을 늘 지키고 살아서 신령한 사람이 실질적인 생활에서와 도덕적인 생활에서와 마음과 심정에서 어떻게 그리스도를 나타내는가를 입증하고 살게 하옵소서.

주 예수님 이름으로 기도하옵나이다. 아멘

1966년 8월 17일 수요일

제10강

교회는 사회에 대해 어떤 태도를 취해야 하는가

사도행전 15:1-35

¹어떤 사람들이 유대로부터 내려와서 형제들을 가르치되 너희가 모세의 법대로 할례를 받지 아니하면 능히 구원을 얻지 못하리라 하니 ²바울과 바나바와 저희 사이에 적지 아니한 다툼과 변론이 일어난지라. 형제들이 이 문제에 대하여 바울과 바나바와 및 그중에 몇 사람을 예루살렘에 있는 사도와 장로들에게 보내기로 작정하니 ³저희가 교회의 전송을 받고 베니게와 사마리아로 다녀가며 이방인들의 주께 돌아온 일을 말하여 형제들을 다 크게 기쁘게 하더라. ⁴예루살렘에 이르러 교회와 사도와 장로들에게 영접을 받고 하나님이 자기들과 함께 계셔 행하신 모든 일을 말하매 ⁵바리새파 중에 믿는 어떤 사람들이 일어나 말하되 이방인에게 할례 주고 모세의 율법을 지키라 명하는 것이 마땅하다 하니라. ⁶사도와 장로들이 이 일을 의논하러 모여 ⁷많은 변론이 있은 후에 베드로가 일어나 말하되 형제들아, 너희도 알거니와 하나님이 이방인으로 내 입에서 복음의 말씀을 들어 믿게 하시려고 오래 전부터 너희 가운데서 나를 택하시고 ⁸또 마음을 아시는 하나님이 우리에게와 같이 저희에게도 성신을 주어 증거하시고 ⁹믿음으로 저희 마음을 깨끗이 하사 저희나 우리나 분간치 아니하셨느니라. ¹⁰그런데 지금 너희가 어찌하여 하나님을 시험하여 우리 조상과 우리도 능히 메지 못하던 멍에를 제자들의 목에 두려느냐. ¹¹우리가 저희와 동일하게 주 예수의 은혜로 구원받는 줄을 믿노라 하니라. ¹²온 무리가 가만히 있어 바나바와 바울이 하나님이 자기들로 말미암아 이방인 중에서 행하신 표적(表蹟)과 기사(奇事) 고하는 것을 듣더니 ¹³말을 마치매 야고보가 대답하여 가로되 형제들아, 내 말을 들으라. ¹⁴하나님이 처음으로 이방인 중에서 자기 이름을 위할 백성을 취하시려고 저희를 권고(眷顧)하신 것을 시므온이 고하였으니 ¹⁵선지자들의 말씀이 이와 합하도다. 기록된 바 ¹⁶이후에 내가 돌아와서 다윗의 무너진 장막을 다시 지으며 또 그 퇴락(頹落)한 것을 다시 지어 일으키니 ¹⁷이는 그 남은 사람들과 내 이름으로 일컬음을 받는 모든 이방인들로 주를 찾게 하려 함이라 하셨으니 ¹⁸즉 예로부터 이것을 알게 하시는 주의 말씀이라 함과 같으니라. ¹⁹그러므로 내 의견에는 이방인 중에서 하나님께로 돌아오는 자들을 괴롭게 말고 ²⁰다만 우상의 더러운 것과 음행과 목매어 죽인 것과 피를 멀리하라고 편지하는 것이 가하니 ²¹이는 예로부터 각 성에서 모세를 전하는 자가 있어 안식일마다 회당에서 그 글을 읽음이니라 하더라. ²²이에 사도와 장로와 온 교회가 그중에서 사람을 택하여 바울과 바나바와 함께 안디옥으로 보내기를 가결하니 곧 형제 중에 인도자인 바사바라 하는 유다와 실라더라. (23절 이하 생략)

제10강

교회는 사회에 대해
어떤 태도를 취해야 하는가

사도행전 15:1-35

주님이 오신 유대인 사회와 초대 교회가 처한 사회

오늘도 지난 주일에 계속해서 사도행전에서 생각해야 할 문제를 하나 더 생각하겠습니다. 교회가 이 세상, 곧 인류 사회에 존재하게 되면 인류 사회와 접촉하게 될 때 어떤 태도를 취하게 되는데, 과연 교회는 일반적으로 인류 사회에 대해서 어떤 태도를 취하고 인류 사회를 어떻게 상대하며, 또한 인류 사회 속에서 무엇을 자기 임무로 하고 나가는 것인가 하는 것을 사도행전에 나타난 초대 교회의 시작과 전진의 자태 가운데서 알아보려는 것입니다. 이런 문제를 우리가 알려고 하면 특별히 우리 주께서 이 세상에 오셔서 속하여 계셨던 사회에 대하여 어떤 태도를 늘 취하시고 살아가셨는가를 잘 아는 것이 중요합니다. 사도행전에 나타난 초대 교회의 역사(歷史)를 보면 초대 교회는 분명히 우리 주님을 증거하고 나타내 보이는 것으로 임무를 삼은 까닭에 거기에 주님께서 보이신 큰 진리와 도리가 나타납니다. 특별히 초대 교회는 벌써 그 사회나 인류 일반에 대해서나 인간의 역사에 대해서 어떻게 해야 할 것을 분명히 아는 위치에서 지도를 받고 나아갔습니다. 그런 점을 우리가 무시하지 말고, 그냥 표면에 있는 바 '전도하고 교회를 세웠다' 하는 이야기로만 알지 말고, 전도하고 교회를 세우면서 그들이 전도하여 그들의 전도를 받는 일반 인류 사회와 접촉할 때 그것이 이방 사람의 사회였든지 이스라엘 사람의 사회였든지 간에 그들에게 분명히 무엇을 이야기했으며 무엇을 이야기하지 않고 나아갔는가 하는 것을 잘 파악하는 것이 교인으로서는 중요한 일입니다. 왜 그것이 그렇게 중요한가 하면 교회의 역사를 볼 때 '교회가 이렇게 해도 괜찮은 것이며 이렇게 하는 것인가?'를 생각해야 할 문제들이 자꾸 생기는 것이고, 오늘날 우리가 세계 교회의 현실을 볼 때에 교회와 사회의 접촉에서 '교회가 인류의 일반 사회에서 저런 일을 해도 괜찮으며 저렇게 해야 하는 것인가?' 하고 생각할 만한 문제가 자꾸 생기는 것입니다. 개신교(Protestant)가 되었든지 가톨릭이 되었든지 여기저기에서 이런 문제가 발생하는 것을 여러분도 아실 것입니다.

최근에(1981. 5. 13.) 교황 요한 바오로 2세를 암살하려는 무서운 기도(企圖)가 있었습니다. 실제로 저격을 하여 교황은 지금 병원에서 회복하는 중에 있는데, 누가 되었든지 간에 잘 회복하기를 우리가 바라고 비는 것이지만, 왜 그런 일이 발생하는가 할 때 이것은 교인이 교회의 수장(首長)에 대해서, 즉 교회의 머리 되는 지도자에 대해 불평이 있어서 한 일이 아닙니다. 외부의 일반 사회인이 그런 짓을 했는데, 자기와 아무 이해관계도 없는데 그렇게 했겠습니까, 아니면 가령 망상을 했든지 과대평가를 했든지 간에 무엇이 관계가 된다고 생각해서 그렇게 했겠습니까? 교황은 평화를 이야기하고 인류애와 인도주의를 이야기하면서 세계 각국을 많이 여행했습니다. 그리고 이것이 최초의 암살 기도가 아닙니다. 그런데 그런 기도에 봉착하더라도 그것을 무릅쓰면서 교황은 여러 나라를 다니면서 그런 일을 했습니다. 이것은 가톨릭의 문제입니다. 최근에 일어난 일이어서 여러분이 잘 아시는 사실이니까 하나의 예로 들었고, 가톨릭이라도 다 기독교회인 까닭에 자연히 동병상련(同病相憐)이라는 말처럼 병나면 서로 돕는다는 정신이 있어서 우리가 이런 생각을 하는 것입니다만, 그러나 동시에 심각하게 '우리 개신교는 어떤 길을 가고 있는가?' 하는 것을 생각해 볼 필요가 있습니다. 사도행전을 읽을 때 그들은 초대 교회의 기초를 놓고 역사의 기초를 놓으면서 전진할 때 어떻게 했는가를 보아야 합니다. 말이나 웅변으로 비판하고 이야기하지는 않았지만 사회 문제 앞에서 명백하게 어떤 태도를 딱 취하고 나갔던 것입니다. 이런 것은 또한 우리가 하나님의 말씀을 볼 때 주의해서 깊이 생각해야 할 문제들입니다.

최근에 세계에 소위 에큐메니즘(ecumenism, 교회 일치 주의)이라는 문제가 중요한 문제가 되었습니다. 그것은 어제오늘의 문제가 아니고 갈수록 에큐매니즘 운동이 공고해지고 확대되면서 분명히 하나의 중요한 세력으로서 일반 인류 사회에서도 인정하게 되었고, 이렇게 인정을 받은 중요한 세력이라고 스스로 의식한 자답게 세계의 문제에 대해서 가부를 이야기하고 때때로 용훼(容喙)하고 관여하게 되었습니다. 그런 문제로 심지어 이 한국에 있는 교회까지 한바탕 시끄러웠던 것을 여러분이 다 아실 것입니다만, 그러나 문제의 배후에 있는 핵심의 기본적인 것이 무엇인가를 올바로 알아야 할 것입니다. 그러기 위해서는 물론 교회관이 성숙하고 분명해야 합니다. '교회란 무엇인가? 교회란 무엇을 할 수 있고 무엇을 해서는 안 되는 것인가?'를 알아야 하는 것입니다. 그런데 그런 데 대해서 희미하게 지내면 '그 일이 좋으니까 한다' 하고 여러 가지 일에 착수하거나 가담하거나 뛰어들 수가 있는 것입니다.

일반 인류 사회와 특수한 유대인 사회

그런 것을 생각하기 위해서 우리 주님은 이 세상에 오셔서 사회에 대해 어떤 태도를 취하셨는가에 대해서 잠시 별견(瞥見)을 해 봅시다. 우리 주님께서 이 세상에 오신 사회가 있습니다. 그런데 그 사회는 일반 이교 사회와 같은 여러 가지 요소를 포함하고 있을지라도 그와는 또 다른 독특한 특성을 가지고 있던 사회입니다. 요컨대 주님이 오신 사회는 유대인의 사회요 유대인의 전통적인 신앙과 종교를 가지고 있는 사회입니다. 그리고 그것이 일반 인류 사회와 달리 특수성을 가졌다고 할 때 그 의미는 유대인 사회도 하나의 종교를 가진 민족 사회이니까 그렇다는 뜻이 아닙니다. 그 종교가 계시에 입각해서 형성된 종교인 까닭에, 하나님의 그 존귀하고 영원하신 말씀이 토대가 되어서 그것을 해석하고 그 해석에 의해서 종교 생활을 하고, 거기에서 민속이 생기고 그 사람들의 주장이 생긴 그런 사회입니다. 그렇지 않은 일반 사회라고 할 때에도 거기에 종교가 없는 것이 아닙니다. 그러나 그것은 인간들이 만든 여러 가지 종교일 뿐이지, 특별 계시에 입각해서 만든 종교는 아닙니다. 그러한 까닭에 유대인 사회는 특별 계시라는 하나님의 말씀, 곧 구약을 원전으로 해서 거기에 전거(典據)를 두고 조성되고 역사를 지어 오던 유대인들의 특수한 종교를 가진 사회인 동시에 또 하나의 중요한 특성이 있습니다. 그 특성은 물론 그동안 여러 번 이야기해서 여러분도 얼른 짐작하실 것입니다. 즉 그들에게는 메시야 사상이 있습니다. 메시야라는 어떤 특이한 인물을 기대하고 있었습니다. 우리 주님은 실지로 메시야이셨고 메시야로 오셨지만, 메시야에 대한 유대인의 기대 혹은 소위 메시야 사상이라는 것이 우리 주님이 오심으로써 실제로 발생한 메시야의 사실 혹은 메시야의 현실과 부합하지 않은 데서 서로 착오가 생기고 어긋남이 생겼습니다. 그런 저어(齟齬)가 생긴 사회에 우리 주께서는 오신 것이지, 일반 이방인의 사회에 오신 것이 아닙니다. 이것이 우리 주님이 그 사회에 대해 어떤 태도를 취하실 때에 우리가 고려하고 주시해야 할 중요한 점들입니다.

그런데 초대 교회의 최초의 역사 창조의 자취를 보면, 교회가 유대인들 속에서 시작하면서도 예루살렘뿐 아니라 온 유대와 사마리아와 땅 끝까지 퍼져 나가면서 여러 가지 주의(主義)와 사상과 행습과 종족과 언어와 민족들을 가지고 있는 이방인의 사회를 향해서 그대로 전진해 나갔습니다. 이렇게 전진해 나가는 것을 사도행전이 기록하는 방식을 보면, 누가는 하나님께서 은혜를 주셔서 성신의 충만한 은혜 가운데 영감을 가지고 유려한 필치로 그리되 아주 간결하게 이야기했습니다. 어떤 민족 사회에 들어가면 그 민족 사회의 언어나 풍속이나 전통이나 종교나 그들이 가지고 있는 특수성 같은 것들이 다 있을 것이지만, 그런 것들을 일일이 다 기록하지 않았습니다. 사도 바울 선생이 여행을 할 때 혹은 누가와 같이 가기도 하고 누가 없이 혼자 여행한 사실도 있습니다. 그런데 아마 후일에 가이사랴에서 로마로 가기를 기다릴 때는 누가와 함께 있었으니까 그때 누가에게 계속적으로 구술을 한 듯합니다. 그래서 누가가 자세히 미루어 살펴서 기록한 것을 보면 거기에 어떤 민족 사회의 특수성을 일일이 다 들거나 부각시켜서 전부 기록한 내용이 없고 그냥 일반 인류 사회라는 대범한 견지에서 늘 이야기해 나갔습니다.

그런데 루스드라 사람들이 바울과 바나바를 신이라고 여기고 제우스나 헤르메스 혹은 주피터나 머큐리라고 생각해서 제사를 지내려고 막 야단냈던 것을 여러분이 다 기억하실 것입니다. 한참 그렇게 하다가 그 일을 말려서 그만두었더니 조금 있다가 유대인들이 다른 유대인들을 막 초인(招引)해 와서 돌로 쳐서 바울이 거의 죽은 줄 알고 가 버렸다는 그런 이야기가 있습니다. 거기에 보면 그 루스드라 사람들이 가지고 있는 독특한 성격이 잠깐 별견(瞥見)되게 썼습니다. 즉 그들이 놀라서 '신들이 내려오셨다'(행 14:11) 하는 말을 할 때 루가오니아 방언으로 떠들었다고 해서 그들이 독특한 언어를 가지고 있다는 것을 말하고 있습니다.

그러나 그 이외에는 대체로 민족들의 서로 다른 특수성을 일일이 꼬집어서 말하지 않았습니다. 서로 다른 종족 속으로 들어갔고, 아시아에서도 이런저런 종족이 섞여 있는 속에서 말을 했습니다. 갈라디아에서는 고울 종족을 향해서 이야기했는데 그 사람들은 저쪽에 잇는 에베소 사람들과는 또 다른 아시아 사람들입니다. 그다음에 펠로폰네소스 반도의 마케도니아에는 마케도니아 사람들이 있고, 그 아래의 아가야에 가면 옛날부터 아테네와 스파르타의 순종 헬라 사람들이 살고 있어서 서로 다르지만 통일된 언어인 헬라어를 가지고 그냥 다 통했습니다. 누가는 어떤 문제를 드러낼 때는 비교적 보편성 있는 문제를 들어서 기록했습니다. 그러면서도 누가의 기록 방식을 보면 일반 유대 사람의 문제에 관해서 이야기할 때는 유대 사람의 특수성 때문에 발생하는 것을 항상 꼭 지적하면서 이야기해 나갔습니다.

그런고로 우리가 사도행전의 기록을 볼 때 거기에는 유대 사람 속에 들어가서 전도한 것과 그로 인한 반응이나 반동을 기록한 것이 있고, 또 이방 사람 속에 들어가서 전도하고 그로 인한 반응이나 반동을 기록한 것이 있습니다. 이렇게 두 가지의 특별한 범주(category)를 볼 수 있습니다. 즉 하나는 일반 인류 사회 보편의 문제에 대한 이야기이고, 하나는 유대 사람이라는 특수성이 있는 사람들에 대한 이야기를 써 나간 것입니다. 이렇게 해서 교회는 그 양방(兩方)의 사회를 상대하되, 유대 사회, 즉 계시에 입각한 종교를 가진 유대인 사회요 메시야를 기다리고 대망(待望)하고 있던 사회요 메시야를 대망만 한 것이 아니라 실제로 오신 메시야를 죽여 버린, 아주 대단히 흉악하고 극단적이었던 사회를 놓고 이야기했습니다.

우리 주님이 오셨을 때의 이방인의 문제를 생각해 보면, 예수님이 십자가를 향해서 점점 가까이 접근하셨을 때 헬라 사람들이 주님을 만나기를 원한 기록이 잠깐 나오는 것이 있습니다(참조. 요 12:20-21). 그 이후에는 대체로 '이스라엘 집의 잃어버린 양'(마 10:6, 15:4)이라 해서 유대 사람과 접촉을 하시거나 이야기하셨습니다. 또 두로와 시돈 지방으로 잠깐 가셨다가 수로보니게 여자의 귀신 들린 딸을 낫게 해 주신 일이 있지만, 거기서도 '자녀의 떡을 집어서 개들에게 던지는 것이 마땅치 않다'(참조. 마 15:26; 막 7:27) 하는 식으로 말씀하셔서 수로보니게 여자의 신앙을 일으키고 북돋아 주시는 동시에 그러한 용어를 쓰신 데에서 주님께서 어떻게 그 사회를 보고 계셨는가를 우리가 규지(窺知)할 수가 있습니다. 주 예수님은 사회를 보실 때 일반 인류 사회와 특수한 이스라엘 사회로 나누어서 보신다는 사실과 예수님 자신은 특수한 이스라엘 사회에 오셔서 그 특수한 문제와 항상 대항하시면서 그것을 붙들고 말씀을 해 나가신다는 것을 우리가 알 수 있습니다. 이렇게 주님이 오신 사회와 초대의 신약의 교회가 처한 사회는 어떠한 사회이고, 그 사회의 반응은 무엇이었으며, 그에 대해서 우리 주님이나 초대의 교회는 어떤 태도를 취하고 나가려고 했는가 하는 문제를 염두에 두고서 생각해 보겠습니다.

가령 어떤 사회에 처하면 그것이 유대 사람의 사회였든지 이방인의 사회였든지 거기에는 그 사람들이 가지고 있는 특수한 신관(神觀)과 종교가 있고, 또한 그 사람들이 가지고 있는 특수한 사관과 인생관과 세계관이 있습니다. 구체적으로 체계를 이루어서 명확하게 서술을 하든지 혹은 일반적으로 사람들이 그저 하나의 추상적인 감정 정도로 가지고 있든지 간에 근저(根底)를 논리적으로 규명해 나가면 어느 사회나 분명히 어떠한 신관이나 사관이나 인생관이나 세계관 같은 것들을 가지고 있는 것입니다. 그것이 체계 있게 하나의 사상으로 형성되었든지 혹은 사상으로 여물기 전에 하나의 관념이나 단편적인 관념들의 조각으로서 그 사람들의 마음 가운데 하나의 지적 감정을 일으키는 정도에서 빙빙 돌고 있든지 간에 그런 것들로써 한 사회의 윤리나 예의나 생활 감정이나 습관이 성립되는 것입니다. 가령 한국 사람들이 어떤 신에 대해서 분명한 관념을 체계 있게 다 세우지 않았을지라도 밥을 먹기 전에 밥 한 숟갈을 들어서 '고수레' 하고 던진다면 거기에서 무엇을 볼 수 있습니다. 그 사람들이 가지고 있는 종교 감정뿐만이 아니라 그 근저에 어떤 신관을 가지고 있다는 것을 규지할 수 있는 것입니다. 그런 것이 여러 가지 건이면 그 건들을 유추해서 최종적으로 하나의 신관을 얻을 수 있다는 말입니다. 사회에는 그런 것들이 움직입니다. 유대 사람은 유대 사람답게 그런 것을 가지고 있고, 이방 사람은 이방 사람들답게 다 그런 것을 가지고 있다는 말씀입니다.

주님은 사회에 대해 어떤 태도를 취하셨는가

주께서 오신 사회는 특수한 사상과 습관과 생활이 있던 특수한 유대인의 사회였습니다. 그 사회는 이방인의 사회와 여러 면에서 공통된 점도 없지 않지만, 또한 여러 면에서 좀 특이하게 다른 것들이 있었습니다. 그런데 우리 주님이 계시하신 바와 가르치신 바를 우리가 주의해서 보면, 주님은 주님이 계셨던 그 시대의 유대인의 사회의 여러 습관이나 사상과 꼭 합치되어서 그런 것들을 좀 더 향상시키고 조금 더 보강한다든지 개조한다든지 하신 일이 있는가 할 때 절대로 그런 것이 없었습니다. 주님은 유대인의 사회 사상과 불합(不合)하고 나아가셨습니다. 이 점을 아주 주의하시기 바랍니다. 이스라엘의 잃어버린 양을 위해서 오신 그분이고 이스라엘이 역대로 기다리고 있던 메시야이셨지만, 그분이 내놓은 진실이나 현실이나 사실(fact)은 절대로 이스라엘의 당시 사람들이 가지고 있던 기대나 생각이나 요구에 합치되지 않았던 것입니다. 합치되었다면 주님을 죽이지 않았을 것이고 주님은 왕이 되셨을 것입니다. 그뿐 아니라 만일 예수님이 이방인의 사회에 들어가셨다면 어떠하셨겠습니까? 유대 사람들은 한때 예수님께 '너는 귀신이 들렸거나 사마리아 사람이 아니냐?' (요 8:48) 하고 말했습니다. 공생애 제3년 말 초막절 때 예수님께서 예루살렘에 오신 이후에 그런 말을 했습니다. 그렇게 말할 만큼 예수님은 유대 사람의 사회와 맞지 않고 저어(齟齬)될 뿐 아니라 이방인의 사회와도 저어되었습니다. 이틀과 이가 서로 안 맞듯이 그렇게 어긋났다는 말씀입니다. 그런 사회에 대해 주님은 어떻게 하셨으며, 어떻게 하시려고 했습니까?

여기에 주님께서 주시는 하나의 큰 은혜가 있습니다. 주님은 아주 바르고 높은 세계를 우리에게 주시는 것이고, 말씀으로 가르치시고 성신님으로 역사하셔서 우리로 하여금 그것을 받게 하십니다. 그런 높고 바른 세계를 생각해 보시기 바랍니다. 당시 유대인 사회의 몇 가지 특징을 본다면 계율주의가 강했고 도덕적인 엄격성이 거기에 없는 것은 아니었지만 그것은 외형주의요 형성주의(formalism)였습니다. 형성주의란 단순한 형식주의가 아니라 사람의 종교적인 노력이라든지 의지적인 노력과 도덕적인 노력으로 각고면려(刻苦勉勵)해서 무엇을 형성해 나가는 주의입니다. 그다음에 그 사람들에게 또 하나의 특성이 있다면 그것은 일종의 쇼비니즘(chauvinism)입니다. 히브리 민족의 편협한 민족주의입니다. 히브리 민족을 위해 무엇을 해야겠다는 것입니다. 이런 것은 세계 민족마다 가지고 있는 것입니다. 그리고 어떤 종족은 그런 쇼비니즘을 더욱 강하게 가지고 있습니다. 예를 들면 독일의 게르마니즘(Germanism)이라는 것이 있습니다. 게르만 족들은 오랫동안 가톨릭 교권하에서 라틴 세력에게 눌려 지내다가 종교개혁이 일어나자 사방에서 각성을 했습니다. 르네상스 이래로 차츰차츰 계몽되어서 정신을 차린 다음에 종교개혁을 계기로 해서 마르틴 루터를 게르만 족의 영웅으로 삼아 게르만 족 중흥이라는 큰일을 해 보려는 그런 정치적이고 사회적이고 종족적인 의도를 가지고 활동한 사람들이 있습니다. 거기에 대해서 루터는 단연코 거절했던 것입니다.

우리 주님은 이런 때 결코 타협을 하시지 않았습니다. 그러면 그때 유대 사회가 가지고 있던 율법주의(legalism)라든지 형성주의라든지 쇼비니즘에 대하여 나타난 주님의 교훈과 능력의 역사(役事)를 볼 때 그것을 율법주의라고 할 수 있겠습니까? 그분은 분명히 "누구든지 이 계명 중에 지극히 작은 것 하나라도 버리고 또 그같이 사람을 가르치는 자는 천국에서 지극히 작다 일컬음을 받을 것이요, 누구든지 이를 행하며 가르치는 자는 천국에서 크다 일컬음을 받으리라"(마 5:19) 하고 말씀하셨지만 그것이 율법주의입니까? 아닙니다. 우리가 그러한 말씀을 하신 산상보훈 전체를 놓고 주의해서 연구해 보면, 그 사람들에게는 하나의 임시적이고 민족 사회적이고 실정법적인 의미가 가장 중요했지만, 예수님이 가르치신 큰 의미는 영원한 법, 즉 렉스 아에테르나(lex aeterna)로서의 의미를 더 강하게 가집니다. 그런 영원법의 세계를 보여 주신 것이 벌써 다른 것입니다. 또 인간의 의지적인 노력과 도덕적인 노력으로 거룩한 위치에 도달하겠다는 형성주의에 대해서는 그 대신 오직 성신의 능력과 그 능력으로 역사하는 하나님 나라의 사실을 가르쳐 주셨고, 유대 민족의 편협한 쇼비니즘에 대립해서는 전 인류 가운데 하나님께서 택하신 백성을 뽑아서 새로운 한 백성을 이룬다는, 말하자면 보편주의(universalism)와 보편성(catholicity 또는 catholicism)을 이야기하셨습니다. 그런 것을 계시하시고 우리로 하여금 그런 것을 사실로서 향유하게 하셨으니 그 사회와 무엇이 맞겠으며 어떻게 맞을 수가 있겠습니까?

유대의 일반 백성들은 생각해 보면 사실상 그들이 스스로 잘못했다기보다는 지도자들이나 사상가들이나 교사들을 잘못 만나서 그러한 역사의 과정을 겪어 온 것입니다. 처음에 그 사람들이 가지고 있는 기본 원전(原典)인 모세의 율법이나 구약의 하나님의 말씀이 잘못되어서 그렇게 된 것이 아닙니다. 거기에 대한 해석과 가르침과 그로 인한 지도가 온당치 못해서 그렇게 된 것입니다. 마태복음 23:2-3은 예수님이 십자가를 지시기 전 마지막 주 화요일에 바리새인들과 서기관을 맹렬하게 질책하시는 장면인데 거기에 보면 "서기관들과 바리새인들이 모세의 자리에 앉았으니 그러므로 무엇이든지 저희의 말하는 바는 행하고 지키되 저희의 하는 행위는 본받지 말라. 저희는 말만 하고 일체로 행치 아니하며"라고 말씀하셨습니다. '그들이 지도자요 가르치는 자리에 앉아 있으니까 모세의 법을 그대로 가르칠 때는 그것을 듣고 행해라. 그러나 그 사람들이 어떻게 행하는가를 볼 것은 없다' 하는 말씀입니다. 그다음에 공생애 제3년 말에 예루살렘에서 예수님이 나면서부터 소경 된 자를 낫게 해 주셨을 때 유대인들이 '너를 낫게 해 준 그가 누구냐? 어디에 있느냐?' 하고 자꾸 따져 물으니까 나면서부터 소경 되었다가 눈을 다시 뜬 사람이 '당신들도 그의 제자가 되려고 그렇게 자꾸 물어 대는가?' 하고 반박을 했습니다. 그러자 유대인들이 분이 나서 "욕하여 가로되 너는 그의 제자나, 우리는 모세의 제자라'(요 9:28) 하였습니다. 그들은 이렇게 모세의 법을 배우고 그 법을 지키고 살아가는 것이 자기네의 아주 큰 특권으로 자부하고 있던 백성이었습니다.

또한 마태복음 16:6-12을 보면 예수님이 공생애 제3년에 데가볼리 지방에서 "바리새인과 사두개인들의 누룩을 주의하라" 하고 그들의 교훈을 주의시키신 일이 있습니다. 12절을 보면 누룩은 곧 교훈임을 알 수 있습니다. 누가복음 12:1에서도 "바리새인들의 누룩, 곧 외식(外飾)을 주의하라" 하고 가르치셨습니다. 이것은 그 이전인 공생애 제2년 중에 하신 말씀입니다. 주님은 소경으로서 다른 소경 된 사람을 인도하는 그런 짓을 무섭게 질책하셨습니다. 마태복음 23:16에도 "화 있을진저, 소경 된 인도자여" 하셔서 '너희의 인도자가 소경이 아니냐' 하셨고, 17절을 보면 "우맹(愚氓)이요 소경들이여" 하셨고, 24절에도 그랬고, 26절을 보면 "소경 된 바리새인아" 하셨고, 또 33절을 보면 "뱀들아, 독사의 새끼들아, 너희가 어떻게 지옥의 판결을 피하겠느냐" 하셨습니다. 또 마태복음 15:14에 보면 공생애 제3년 중에 다시 가버나움에서 "저희는 소경이 되어 소경을 인도하는 자로다. 만일 소경이 소경을 인도하면 둘이 다 구덩이에 빠지리라" 하셨습니다. 이와 같이 유대의 일반 민초들은 스승과 선생과 인도자를 잘못 만난 것이 아주 보편적이고 파다한 현실이었습니다. 누구 하나 똑똑히 일어나서 그것을 대항할 세력을 만든 것도 아니고, 올바로 가르치는 사람의 소리가 있었는지 모르지만 혹시 있었다고 해도 지극히 미미해서 세력을 형성하지 못한 까닭에 다수가 그릇된 가르침을 그냥 따라가서 그것이 정통이 되어 버렸습니다. 그러면서 자기네가 정통이라고 생각했던 것입니다.

여러분, 이런 것을 다 주의하시기 바랍니다. 주님이 그들을 그렇게 타매(唾罵)하고 비판하신 것은 당시 '모세의 자리' (마 23:2)라고 하는 자리에 앉은 사람들, 곧 하나님의 권위로 말미암아 선민(選民)인 이스라엘 백성을 교도할 수 있는 자리에 앉아 있는 사람들이 자기들이 인도해야 할 불쌍한 어린양들을 그릇되게 인도하는 것을 보신 까닭에 그런 바리새인들과 서기관들을 책하신 것이고, 그에 따라서 참된 것이 무엇인가를 많은 교훈 가운데서 가르쳐 주신 것이지, 결코 우리 주님께서 어떤 사회적인 개선책을 전제로 하고 그 사회를 비판해서 말씀하신 것이 아닙니다. 문명 비평이나 사회 비판이라는 것이 있고 그렇게 비판할 때는 '그러면 개선책은 무엇이고 대안은 무엇이다' 하고 대안을 내놓습니다. 그러나 우리 주님은 그 사회와 같은 수준(level)에서 '이렇게 하지 말고 요렇게 했어야 할 텐데 왜 이렇게 했느냐?' 하고 비판하신 것이 아니라는 것을 주의해야 합니다. 신문이나 논설지에서 사회 현실이나 어떤 시책을 비평할 때는 대개 '그 일을 이러한 안(案)으로 했어야 했는데 잘못되었으니까 비판한다' 하는 그러한 어조(tone)로 말하는 것입니다.

그러나 예수님께서 바리새인을 비판하실 때는 '너희의 종교가 이래야 하겠다' 하고 그 사회와 민중을 전제로 하고 별다른 대안을 내놓으려고 하신 것이 아니고, 오히려 예수님은 그와는 다른, 훨씬 더 큰 사실과 진리를 가르쳐 놓으시고, '바리새인들과 서기관들이 어떻게 그 진리를 흐리고 있는지 보아라' 하고 비판하신 것입니다. 주님은 결코 이스라엘 국민 사회 혹은 민족 사회의 생활이나 성격을 좀 더 낫게 하시고자 어떤 시책을 하시려고 하신 것이 아니고, 그것 때문에 어떤 이론을 베푸신 것이 아니라는 것을 첫째로 주의해야 합니다. 한마디로 간단히 말해서 주님이 내놓으신 큰 사실은 그 사람들의 능력을 가지고 문제를 고치고 개선해서 향상해 보라고 하는 안이 아니었습니다. 그러면 무엇이었는가 하면 주님이 내놓으신 사실은 죽은 자를 살리는 사실입니다. 오직 죽음에서 새로운 생명으로 재창조하는 사실을 보이신 것이지, 현실의 생명의 능력과 인간의 선이라는 것을 전제로 하고서 이야기하는 비판이 아니었던 것을 주의해야 합니다. 이것이 만대에 변할 수 없는 큰 진리인 것을 알아야 할 것입니다. 기독교는 언제든지 죽음에 있는 사람을 생명으로 인도하기 위해서 그 일을 하시는 예수님을 증거하고 소개하는 일을 하는 것이지, 기독교가 사회 세력이 되어서 다수를 가지고 도덕적인 개선책을 쭉 내걸고 운동하는 것이 아닌 사실을 알아야 합니다.

기독교는 사회 개선 운동이 아니라 죽음에서 생명을 주는 것임

그리고 이와 같이 명백한 사실과 명백한 원칙(principle)하에서 초대 교회는 역사를 시작하고 전진했던 것을 사도행전에서도 주의해 보아야 합니다. 어떤 사회에 들어가서 그 사회를 개선하려고 하는 노력이나 발언을 한 일이 사도행전 어디에 있습니까? 그때 그 사회는 노예 제도를 가지고 있는 사회였고 검노(劍奴)를 가지고 있던 사회였습니다. 그렇지만 기독교가 검노를 폐지하겠다든지 노예 제도를 폐지하겠다든지 하면서 그 사회 제도에 대해서 비판하고 대안을 내놓은 것이 아닌 것을 사도행전뿐 아니라 바울 선생의 많은 서신 가운데서도 보는 것입니다. 오히려 '종 된 자는 주인을 섬기되 주를 섬기는 것처럼 섬겨라'(참조. 골 3:22-24) 하고 정신을 고쳐서 새로운 생명을 받은 자답게 살도록 가르쳤지, 그 생명이라는 사실을 무시한 일이 없습니다. 또한 사회의 많은 사람이 하나님 앞에 죽어 있다는 사실을 무시하고 '그 사람들은 살아 있고 선의를 가지고 있으니까 노력해서 향상시키자. 이렇게 운동하면 그 사람들이 아는 날이 올 것이다' 하는 식으로 그런 일반적인 삶이나 육신의 생명을 전제로 하고 이야기하지 않았습니다.

주께서 가져오신 사회는 하나님의 나라입니다. 성경은 분명히 고린도전서 15:50에 말씀하시기를 '혈육은', 즉 사람의 피와 사람의 육신, 또 인간이 가지고 있는 인간적인 모든 능력은 '하나님 나라를 유업(遺業)으로 얻지 못할 것이다'라고 하셨습니다. '하나님의 나라는 너희의 인간적인 노력으로 얻는 것이 아니다' 하는 말씀입니다. 우리 주님께서 그렇게 사회를 보시고 사회에 대해서 그런 태도를 취하신 이유가 거기에 있습니다. 그런데 만일 가장 고귀하고 비류(比類)할 수 없고 비견(比肩)할 수 없이 위대한 생명을 주시는 사실을 바꿔서 사회를 개선하는 운동과 사실로 고쳐 놓는다면 무엇을 얻겠습니까? 비유하자면 어떤 사람이 죽었는데 죽은 사람에게 비단 옷을 입히고 꽃을 꺾어서 갖다 놓고 장식을 잘해 주고 그렇게 잘 위하면서 '거기서 평안히 있다가 일어나십시오' 하고 말하는 것과 마찬가지인 것입니다. 아무리 기화요초(琪花瑤草)를 가지고 가서 장식을 하고 아무리 찬란한 의복을 가지고 죽은 사람을 장식해도 시체는 죽은 사람에 불과한 것이고, 그 사람이 그것으로 살아나지는 않는 것입니다. 그와 마찬가지로 죽어 있는 사람에게 아무리 좋은 사회를 갖다 주고 아무리 좋은 시책을 하고 아무리 굉장한 것을 갖다 주어도 죽은 사람이 산 사람은 안 됩니다. 에베소서 2:1에 보면 "너희의 허물과 죄로 죽었던 너희를 살리셨도다"라고 했습니다. 죽어 있는 사람을 살아 있는 것으로 생각하는 이것이 기본적인 오해입니다. 술 먹는 사람에게 '술을 끊어라' 하면 그 사람이 이 세상에서 살면서 술을 끊고 좀 도덕적으로 개선된 사람 노릇을 하겠지만, 그래 보아야 그 사람이 가는 길은 결국 이 세상일 뿐입니다. 기독교가 그런 것을 하러 왔습니까? '주마(酒魔)를 토벌합시다' 하고 나서서 돈을 들여 큰 현수막을 만들어 떠들고 다닌다고 한들 결국 무엇이 나오겠습니까? 주께서 그 제자들에게 명령하신 것이 그런 것입니까? '너희는 사회에 들어가서 담대히 사회의 비위(非違)를 지적하고 그 비위에 대한 대안을 내어서 사회를 개선하여 지상에서 사람들이 공동으로 인류애와 평화 가운데 서로 잘 도와 가는 도덕적인 사회를 건설하게 하여라' 하는 말씀을 하신 일이 없습니다. 도리어 '너희는 예루살렘과 온 유대와 사마리아와 땅 끝까지 이르러 내 증인이 되라. 나를 증거해라. 가서 내가 누구라는 말을 해라. 왜냐하면 내가 생명을 줄 것이기 때문이다. 내가 변혁시킬 것이다. 내가 세운 왕국의 왕으로서 통치할 것이다' 하고 말씀하셨습니다. 그런데도 세계의 문제에 대해서 기독교가 책임을 질 의무가 있다고 해서 그 문제에 대해 이야기한다면 기독교가 무엇을 얼마나 기여하겠습니까? 그것은 기독교로 서는 것이 아니라 하나의 사회 세력으로 서는 것입니다. 그러나 기독교의 능력은 예수님의 능력이지, 자기의 사회 세력이 아닌 것입니다. 이것을 우리가 참으로 주의해야 합니다.

주님이 세우신 것은 사회의 복지 향상의 기구나 그런 기관이 아닙니다. 오직 하나님 앞에서 산 자들만으로 형성되는 하나님 나라를 가져오셨습니다. 교회는 죽은 데서 삶으로 들어오는 이런 기쁘고 복된 소식을 전하려고 있는 것이지, 이 세상의 인간 사회의 복지 증진을 위해서 어떤 대책이나 방법을 제시하려고 온 것이 아님을 주의해야 합니다. 그러한 '사회 복음'은 복음이 아닙니다. 주님의 모든 교훈과 주님의 지상의 생애의 모든 생활과 활동과 사업은 결코 이스라엘 민족 사회의 복지 증진을 위한 이론이나 시책이나 방법을 제시하는 것이 아니었습니다. 이처럼 분명한 주님의 길과 방도도 원칙과 그 진리의 사실이 결국 교회의 행보를 정해 줍니다. '교회도 그렇게 가거라' 하는 것입니다. 초대 교회의 행진에도 그런 원칙이 분명했습니다. 유대인이나 이방인의 사회에 복지 향상을 위한 어떤 시책이나 어떤 도덕적인 운동을 일으키려고 하지 않은 것을 주의해야 합니다.

이런 관점에서 볼 때 유대인의 전통적인 메시야관의 목표는 결국 유대 민족을 중심으로 한 지상의 현실적인 복지 사회였던 것입니다. 이상적인 복지 사회를 세우려고 했습니다. 그런 메시야관을 가졌던 제자들이 예수님을 만나고 따라다니면서 예수님께 배워서 잘못된 생각을 고친 것입니다. 어떻게 고쳤습니까? 그런 복지 사회를 건설하기 위한 위대한 정치적 지도자가 곧 메시야라고 생각했던 생각을 뚜들겨 고쳐서 당시 유대 사람으로서는 아주 철두철미한 사상상의 변혁이라고 말할 수 있는 새로운 생각을 가지게 되었던 것입니다. 즉 예수님을 하나님의 아들로 믿었습니다. 그 의미는 유대 사람들 가운데 많이 돌아다니던 보편적인 의미의 하나님의 아들이라는 뜻이 아니고, 하나님과 동등으로 거룩한 신성을 가지신 분이라는 의미입니다.

이 말이 왜 필요한가 할 때 예수님이 오신 것은 죽은 사람에게 생명을 주시러 오신 것이기 때문입니다. 생명을 주시는 일은 하나님이 하시는 일이고 신성이 하시는 일이지, 인간이 하는 일이 아닙니다. '인간 메시야는 유대 민족 사회를 고쳐서 이상 사회로 만들되 유대인들을 조직하여 군대로 만들어서 로마와 싸워 기적으로 이긴다. 기적이 아니면 못 이기지만 기적으로 이겨서 마침내 복지 사회를 건설하고 이상적이고 도덕적이고 자유로운 세계를 건설한다' 하고 기대하고 바라고 원했지만, 예수님은 죽은 자를 살리러 오신 것이고 영원한 생명을 주려고 오신 것입니다. 이것이 사람으로는 되는 일이 아닙니다. 그것을 믿으려면 그것을 주시는 분은 누구신가 할 때 신성을 가지신 분이라는 것을 알아야 합니다. 이렇게 그들의 기독관은 예수님을 따라다니면서 변했고, 부활하신 후에도 분명히 그 사실을 가르쳐 주셨고, 나중에 오순절에 성신을 받은 이후에는 그 사실에 대한 확신을 가지고 가서 전파했던 것입니다. 그런고로 그 사실에 대한 확신을 가지고 전파하는 그 사람들에게는 사회 복지나 개량이 중요한 문제가 아니었던 것입니다.

오히려 신자들끼리 모인 사회에 가난한 이들이 있으니까 사랑으로 그들을 구제하려고 해서 처음에 그렇게 구제하는 일을 좀 맡아 하다가 그것 때문에 문제가 생기니까 깨닫기를 '우리가 하나님의 말씀과 그리스도를 증거할 일을 두어두고서 이렇게 하는 것이 일이 아니다' (참조. 행 6:2) 하고 생각했습니다. 사실 그렇게 구제하는 일은 떳떳한 일이었습니다. 왜냐하면 다 자기 교회 안에 있는 사람들이고, 교회 안에 있는 사람들이 다 같이 믿음을 가지고 최초의 교회를 형성하면서 전진하려면 다 같이 먹고 살아야 할 것이기 때문입니다. 그런데 가난하고 괴롭고 어려움 가운데 있는 헬라 파의 과부들에게 헌금 혹은 의연금이 잘 안 돌아가는 것을 보고 그 사람들이 불평하니까 그 불평이 무엇을 깨닫게 했는가 할 때, '이런 일을 하는 것이 우리의 일이 아니다. 물론 교회가 교회 그 자체의 존재를 정확하게 인식하고 능력 있게 나타내기 위해서 서로 사랑으로 연결되는 것은 필요하다. 그러나 말씀을 부탁받은 사도가, 즉 가장 중요하고 핵심적이고 본질적인 일을 가진 사람이 본질을 떠나서 그런 부수적인 형체를 만드는 일에 주력하는 것은 일이 아니다' 하고 판단했습니다. 여러분, 교회가 아무리 행정을 하고 야단을 내도 형체를 만드는 일만 해서는 소용없는 것입니다. 교회에서 가장 중요한 일은 예수님을 소개하는 것이고 복음을 소개하는 것입니다. 그래서 거기에서 생명이 작용하는 사실이 나타나야 하고 하나님 나라의 원칙들이 시행되어야 합니다. 사실상 가난한 과부에게 연금(捐金)이 돌아가는 것도 하나님 나라의 거룩한 원칙이 시행되기 위해서만 필요한 것이지, 아나니아와 삽비라같이 '돈만 내면 된다' 하는 생각을 하는 사람은 '돈 가지고 일하는 줄 아느냐?' 하고서 징계를 받았던 것입니다. 이와 같은 명백한 사실이 처음부터 거기에 있었습니다. 그래서 사도들도 기도하는 일과 복음, 곧 말씀을 전하는 일에만 오로지 힘써야겠다고 해서 올바로 제 길을 찾았습니다. 한때 그 무리가 커지니까 그러한 사회 현상 앞에 어쩔 줄을 모르고 막 갈팡질팡 했는지도 모르지만, 적어도 사도들은 역사를 그르칠 만큼 그렇게 미로 가운데 들어가서 방황하지는 않고 당장 깨달았던 것입니다.

  오늘날의 교회도 그것을 깨달아야 합니다. 다른 것을 하거나 다른 문제들에 휘말려서는 안 됩니다. 어느 때는 민족주의, 어느 때는 종족주의, 어느 때는 문화주의, 어느 때는 도덕적인 인류 복지주의 같은 것이 항상 유혹하고 강요하고 요구하면서 교회를 끌어가려고 하지만, 예수님께서는 비교할 수 없이 가장 고귀하고 중요한 생명이 거기에 나타나는 사실을 주시기 위해서 우리를 쓰시는데, 그 일은 하지 않고 딴것을 이야기하고 있다면 말이 안 되는 것입니다. 세계를 돌아다니면서 인류애를 아무리 강조해 보아도 이 세계가 별것이 안 됩니다.

사회 복음주의와 참교회의 길

그러나 그런 일을 하는 것은 교회의 방향이 거기에 있는 까닭에 그렇게 하는 것입니다. 오늘날 에큐메니컬(ecumenical) 운동이 항상 사회 복음주의적인 경향을 띠고 나아가는 것은 벌써 교회관이 그렇게 변한 까닭에 그렇습니다. '수가 많아서 몇 억이나 되니까 그 사람들을 결성해서 하나의 사회 세력을 가지고 거기서 나오는 여러 가지 능력이나 민중의 세력이나 민중이 내는 여러 가지 물질적인 세력을 가지고 우리도 한번 세계의 무대 앞에서 강한 발언권을 행사해 보자' 하는 것입니다. 이것이 될 이야기입니까? 중세에는 교황권이 확립되어서 교황이 모든 왕들 위에 왕이 되었습니다. 특별히 피핀이라는 사람은 이태리로 막 침공해 들어가서 이태리의 많은 땅을 교황에게 주어서 처음으로 교황이 지상에 영토를 가졌고 그 이래로 계속 영토를 가졌습니다. 그다음에 피핀의 아들인 샤를마뉴라고 하는 자는 굉장히 넓은 판도를 46년간이나 통치해 가면서 프랑크의 왕으로서 독일과 불란서와 에스파냐의 일부분과 스위스와 이태리를 다자기의 판도에 넣고 법왕권을 확대해 주었습니다. 교황과 왕이 서로서로 도와 가면서 이렇게 한 것입니다. 이렇게 해서 교회가 세상의 정치권력의 정상에 서게 되었습니다. 교회가 그렇게 나가야 합니까?

오늘날은 교회가 정치권력이 아니라 사회 세력으로 밀고 나가고 있습니다. 그런 데에서 개결(介潔)한 태도를 취하지 않고 아무 비판도 없이 술에 술 탄 듯 물에 물 탄 듯 흥흥하고 따라가는 많은 교회가 호왈백만(號曰百萬)이라고 하고 호왈(號曰) 복음주의라고 하지만 그것이 무슨 복음입니까? 복음이라고 하면 철저히 생각해야 하는 것입니다. 그렇게 뜨뜻미지근하게 '이래도 좋고 저래도 좋다' 하는 것은 복음이 아닙니다. 그러니까 '그럴 수 없다. 거룩히 구별하는 것이 교회이다' 해서 우리가 따로 나온 것입니다. 그러한 보람을 여러분이 느끼면 좋지만, 못 느낀다면 다른 좋은 데 가서 좋은 사람들과 같이 지내는 것이 더 나을 것입니다. 교회가 따로 떨어져 있으면 떨어져 있는 의식이 분명해야 합니다. 그리고 그것이 다른 것과 바꿀 수 없는 중요한 것이라는 사실을 각성해야 합니다.

예수님 당시에 유대 사람들은 예수님에게 지상의 왕이 되기를 요구했고 억지로 끌어다 임금으로 삼으려고 했습니다. 그러나 예수님이 자기를 억지로 끌어다가 임금으로 삼으려고 하는 일을 그냥 승인하셨는가 하면 승인하시지 않았습니다. 벳새다 들판에서 5천 명을 먹이고 나니까 '아, 5천 명이나 되는 많은 사람들을 먹였다. 저분이야말로 참으로 우리들의 왕이다' 하는 생각을 했습니다. 성경을 보면 "무리 중에 많은 사람이 예수를 믿고 말하되 그리스도께서 오실지라도 그 행하실 표적이 이 사람의 행한 것보다 더 많으랴?"(요 7:31) 했습니다. 이것은 예루살렘에서 한 이야기인데 여기서 말한 표적은 무엇입니까? 5천 명을 먹인 큰 표적도 있고, 하여간 그런 이적이 물질적으로나 물리적으로 자기네에게 효과를 준다는 것입니다. 예수님이 기적을 행하셨으면 기적이 가지고 있는 별다른 의미가 있는데 그 의미를 간취하지는 않고, 그것이 낳은 물질적인 결과에 대해서만 '자, 저런 큰 기적을 행하셨는데 앞으로 그리스도가 온다 한들 얼마나 더 훌륭하겠는가?' 해서 그를 억지로 왕으로 삼으려고 한 것입니다. 요한복음 6:14을 보면 "이는 참으로 세상에 오실 그 선지자라" 하고 말했고, 15절을 보면 "그러므로 예수께서 저희가 와서 자기를 억지로 잡아 임금 삼으려는 줄을 아시고 다시 혼자 산으로 떠나가시니라" 했습니다. '오냐, 내가 너희의 임금이 되어 주마' 하신 것이 아니고 산으로 떠나가셨다고 했습니다. '이 맹목적인 사람들이 아무것도 알지 못하고, 무엇이 참으로 필요한 것인지도 알지 못하고, 그저 하나의 복지 사회나 건설했으면 그만인 줄 알고 저렇게 하는구나' 하고 판단하신 것입니다. 공생애 제3년의 유월절 때 아직 갈릴리에 계시면서 5천 명을 먹이셨더니 그때 바로 이런 짓을 했던 것입니다. 그다음에 제3년의 시월에 초막절 혹은 장막절이 되어 예루살렘에 오셨을 때는 예수님을 가리켜 그리스도라고 했습니다. '저렇게 많은 기적을 행하니 그가 그리스도가 아니냐?' 해서 그를 따라가려고 했던 것입니다. 이런 것들이 다 마찬가지입니다. 가령 예수님을 가리켜 그리스도라고 했더라도 왕이라고 한 것과 마찬가지인 것입니다. 예수님은 그런 그릇된 기독관이나 그릇된 메시야관이나 그릇된 메시야 왕국관하에서 요구하는 것에 응하지 않으셨습니다. 그리고 '너희가 참으로 나를 알려면 내가 하나님의 아들인 것을 알라'고 해서서 예수님이 자신을 가리켜 하나님의 아들이라고 말할 때는 그들이 돌을 들어서 치려고 했습니다. 이렇게 사회라는 것은 제멋대로 자기에게 유리하기만을 바라는 것입니다. 옛날에는 예수님을 대해서 그렇게 했지만, 오늘날은 기독교를 향해서 '이렇게 되어 다오, 저렇게 되어 다오' 하는 것입니다. '왜 그렇게 안 되느냐?' 하고 비판하기도 합니다. 교회가 거기에 귀를 기울이고서 거기에 따라 춤추어야 합니까?

그러므로 사도행전을 읽을 때 초대 교회의 전체의 움직임이나 초대 교회가 진행하는 역사의 노선에서 역사의 방향을 잡고 걸어가는 길에서 볼 것은 이것입니다. 즉 교회는 처음부터 그리스도를 증거했고, 생명을 증거했고, 하나님 나라가 거기에 나타나도록 자기들에게 맡겨 주신 복음을 전파하는 일과 주님을 의지하고 주님께서 약속하신 대로 역사해 주시기를 기대하는 그 길에서 벗어나지 않고 나아갔던 것입니다. 이런 것을 우리가 사도행전의 역사의 진행 가운데서 간취하는 것입니다.

기도

거룩하신 주님이여, 주께서 저희를 이 세상에서 뽑아내시사 거룩한 교회로 세우시며 참된 교회의 순결성과 거룩한 영광을 가지게 하시는 이유는 교회가 가지고 있는 비류 없는 큰 은혜의 사실, 곧 복음의 사실과 생명의 사실을 이 죽어 있는 흑암의 사회에 전하고 깜깜한 가운데서 사탄의 권세하에 갇혀 있는 이 사회에 전해서 그 속에 있는 사람들을 어둠에서 빛으로, 사탄의 권세 앞에서 하나님 앞으로, 죽음에서 삶으로 이끌고자 하는 것이요, 주께서 친히 그렇게 이끌어 주시는 은혜를 나타내 주시기를 바라서 주님의 약속과 분부대로 나아가는 것임을 다시 정신을 차려 알게 하시고, 그럼으로써 이 세상이 모두 혼동해서 각각 제 길을 가는 착잡한 현실에 대해서 주의하게 하시옵소서.

  우리 주 예수 이름으로 기도하옵나이다. 아멘.

1981년 5월 17일 주일 오전

성구 색인

창세기
9:4-5/ 277

출애굽기
23:19/ 277
28:30/ 114
32:4-6/ 275
34:26/ 277

레위기
3:17/ 277
17:10-11/ 278
17:14/ 278

민수기
10:29-32/ 115
21:4-9/ 229
21:9/ 234
25:1/ 276
25:1-9/ 276

신명기
14:21/ 277

사무엘상
15:22/ 190,236

시편
32:9/ 129
50:10-13/ 266
50:12/ 190

잠언
3:5-6/ 188
17:3/ 130
24:16/ 184

이사야
1:18/ 114

예레미야
30:7/ 148

요엘
3:2/ 148
3:12/ 148

아모스
1:1/ 54
9:11-12/ 271

스가랴
14:5/ 54,148

마태복음
4:5-7/ 230
5:17/ 263
5:19/ 298
6:33/ 127
7:21/ 112
10:6/ 295
10:34/ 25
12:43-45/ 211
13:45-46/ 178
15:4/ 295
15:14/ 300
15:26/ 295
16:3/ 27
16:6-12/ 299
23:2/ 300
23:2-3/ 299
23:16/ 300
23:17/ 300
23:23/ 268
23:24/ 300
23:25/ 268
23:26/ 300
23:33/ 300

마가복음
3:21/ 270
7:27/ 295

누가복음
11:24-26/ 211
11:39/ 268
12:1/ 299
12:31/ 127
12:51/ 25
17:21/ 54

요한복음
3:3/ 269
6:14/ 308

7:31/ 308
8:48/ 297
9:28/ 299
12:20-21/ 295
14:6/ 185

사도행전
5:4/ 209
6:2/ 305
8:26/ 236
8:40/ 236
10장/ 215
11:1/ 67
11:20/ 171
13:2-3/ 117
13:9/ 16
14:5-6/ 17
14:11/ 294
14:11-28/ 15
14:19/ 17
14:20-28/ 43
14:21-28/ 35,65
14:22/ 66,67
14:22하/ 118
14:22-28/ 95
14:23/ 67
14:24-25상/ 75
14:26-28/ 117
14:27/ 118
15:1/ 197
15:1-2/ 140
15:1-35/ 135,165,197,225, 289
15:2하/ 215
15:2하-3/ 141
15:3/ 216
15:4/ 216,225

15:4상/ 141
15:4하/ 142
15:5/ 142,216
15:6-11/ 257
15:6-7상/ 216,220,226, 257
15:7-11/ 227
15:8-11/ 258
15:10/ 228
15:10-11/ 248
15:12/ 227,249,258
15:12-13/ 220
15:13/ 270
15:13-15/ 270
15:13상/ 227
15:18/ 271
15:19-21/ 271
15:22-23/ 272
15:24-26/ 272
15:27-35/ 272
15:28/ 169
15:28-29/ 186
16:3/ 281
18:18/ 283
19:29/ 35
20:4/ 35
21:26/ 283
21:40/ 99
22:2/ 99
26:14/ 99

로마서
1:16/ 109
12:1/ 184,266
14:1/ 274
14:17/ 89,184
16:23/ 35

고린도전서
1:14/ 35
2:2/ 177
8:1-13/ 273
9:19-23/ 282
9:27/ 109
10:7/ 274
10:8/ 276
10:9/ 229
10:27-33/ 273,274
10:32-33/ 273
15:1-2/ 179
15:50/ 302
16:8-9/ 131

고린도후서
5:20/ 25
11:25/ 37
12:1-6/ 111
12:9/ 130

갈라디아서
1:6/ 115
1:7-9/ 135
1:11-2:10/ 137
2:1/ 214
2:1-5/ 168
2:2/ 216,225
2:2상/ 215
2:3/ 280
2:5/ 139
2:6-10/ 168
2:9/ 217
2:11-14/ 169
2:11-16/ 139
2:16/ 182
3:10/ 182

3:13/ 182
4:4-5/ 182
4:8-9/ 182
6:17/ 45,117

에베소서
2:1/ 303

빌립보서
3:8/ 177
3:12/ 178
4:12/ 282

골로새서
3:22-24/ 302

데살로니가후서
2:3/ 26,56
2:9/ 80

디모데후서
3:10-11/ 18
4:1/ 127

야고보서
1:5-7/ 113
4:4/ 27

베드로전서
2:20/ 131

요한일서
3:9/ 184
3:15/ 58
5:18/ 184

요한삼서
1:1/ 35

유다서
1:3/ 21

요한계시록
9:16/ 149